U0134371

神灵衰落

祈雨与乾隆朝的信仰危机

吴十洲——著

陕西新华出版 陕西人民出版社

图书在版编目（CIP）数据

神灵衰落：祈雨与乾隆朝的信仰危机 / 吴十洲著.
—西安：陕西人民出版社，2024.2
ISBN 978-7-224-14825-1

Ⅰ.①神… Ⅱ.①吴… Ⅲ.①祭祀—风俗习惯—研究
—中国—清代 Ⅳ.①K892.29

中国国家版本馆 CIP 数据核字(2023)第 012812 号

出 品 人：赵小峰
总 策 划：关 宁
策划编辑：王颖华
责任编辑：王颖华
封面设计：姚肖朋
版式设计：白明娟

神灵衰落：祈雨与乾隆朝的信仰危机
SHENLING SHUAILUO：QIYU YU QIANLONGCHAO DE XINYANG WEIJI

作　　者　吴十洲
出版发行　陕西人民出版社
（西安市北大街 147 号　邮编：710003）
印　　刷　陕西龙山海天艺术印务有限公司
开　　本　787 毫米×1092 毫米　1/16
印　　张　20.25
字　　数　318 千字
版　　次　2024 年 2 月第 1 版
印　　次　2024 年 2 月第 1 次印刷
书　　号　ISBN 978-7-224-14825-1
定　　价　89.00 元

如有印装质量问题，请与本社联系调换。电话：029-87205094

前 言

欣悉吴十洲先生大著《神灵衰落：祈雨与乾隆朝的信仰危机》行将问世，遵十洲先生嘱，谨赘数语。

吴十洲先生早先负笈南开，师从朱凤瀚先生问先秦史，由梳理典章制度入手而得治史门径。爬梳文献，会通经史，遂成《两周礼器制度研究》力作。其后，开阔视野，驰骋古今，集历年所学而再成《乾隆一日》大著。为乾隆一朝史事所独具的研究价值吸引，最近数年，十洲先生深入其间，左右采撷，精力尽在清代三百年历史中。好学深思，用力专一，终成此新著《神灵衰落：祈雨与乾隆朝的信仰危机》。

有清一代，高宗当政的六十年，凭借其父祖奠定的雄厚国基，经济平稳发展，社会相对安定，一度将文明古国推向鼎盛。然而曾几何时，国库空虚，民怨沸腾，贪风炽烈，政以贿成，太平盛景倏尔已成万马齐喑。同经历工业革命的资本主义世界相比，此时的清王朝已经落伍太多，相去越来越远。落后就要挨打，落后就要遭人侮辱、宰割，这样的历史教训是何等的沉痛啊！

十洲先生的新著，试图从一个侧面本质地还原历史，探讨酿成历史问题的深刻根源，进而总结其间所蕴含的历史教训。一叶知秋，由小见大，此一小题大做的为学方法，祖武最是佩服。因之而东施效颦，敢唱同调，敬请十洲先生并诸位大雅指教。

陈祖武　谨识

目录

1

干旱的梦魇

广袤的帝国土地，因少雨、无雨而干旱，因干旱持续而引发饥荒，赤地千里，民乱纷纷……这样的记录在历朝历代的史书中比比皆是。据统计，自17世纪至19世纪的300年间，全国出现受灾范围在200个县以上的大旱灾有8个年份，即明崇祯十三年（1640）、清康熙十年（1671）、清康熙十八年（1679）、清康熙六十年（1721）、清乾隆五十年（1785）、清道光十五年（1835）、清咸丰五年（1855）及清光绪三年（1877）。其中乾隆五十年，全国有13省受旱，河水干涸，最终造成“十室九空，牛损七八”[①]的悲惨场面，人们只能以树皮草根充饥，流浪异乡，饿殍盈野，死者枕藉。

《清史稿·灾异志》载，有清一朝，特大型旱灾的受灾州县1188个，年均6.09个，波及了清朝的整个版图。可以肯定地说，旱灾的危害不但大大超过了水害，而且，由于人类活动对自然环境的破坏，在我们这块土地上，旱灾危害正在逐年递增。随着干旱的延续，在时间存在形式上，人们所受到的生存威胁将次第加大，到头来，雨泽愆期，深潭俱竭、湖井尽涸，人类将难以找到生存的出路。

“旱既大甚，涤涤山川。旱魃为虐，如惔如焚。”无助的人们“上下奠瘗，靡神不宗”[②]。人们在呼救中，绝望的情绪一天天地蔓延，祖先神像是脱离了神位，不

①《清高宗实录》卷161，乾隆十五年二月丁卯。

②《诗经·大雅·云汉》。

能保佑，天神就像是横下了一条心，拒绝将福祉降临人间。为此国家纲纪混乱，人心惶惶。对于无雨的恐惧犹如胆战心惊的人听到了天边的无雨雷霆，最终化成了在黑暗中哀号的梦魇。

肥遗

梦魇其一，直到乾隆七年（1742），人们似乎还在寻觅能为百谷祈得膏雨的“雩宗”。在礼制具备，会典载有躬祷之仪的乾隆朝，居然祈雨的神祇还未定位，这在干旱频仍的状况下，是多么的不可思议……《山海经》也许是上古的一部童话。这么说的理由是，上古的先民们需要童话所提供的希望，这种希望或是真实故事不能提供的。各种灾祸不仅造成了现实生活中的恐惧，也造成了黑暗中的梦魇影像。现实中的恐惧在梦魇中被另一种恐惧所咒缚，而脱离了现实的恐惧则需要脱离现实的冀望。与生存愿望相比，可怕的现实和有限的承诺往往成了再度失望的体验，为了寻求一种有意义的心灵慰藉，先民们处心积虑……于是乎，上古童话诞生了。

《山海经 · 西山经》上说：“又西六十里，曰太华之山，削成而四方，其高五千仞，其广十里，鸟兽莫居。有蛇焉，名曰肥遗，六足四翼，见则天下大旱。”①“肥遗”是有翼有足的图腾龙，它在华山上鼓动翅膀而发威，它无情地将旱灾降临天下，以示亢厉。相传商汤自伐桀后，大旱七年，殷史卜曰：当以人祷，……汤曰：……吾请自当，遂以己为牲，祷于桑林之社。② 当时，人们用特化的龙（鼍）的原型——六足四翼的肥遗作为神祇来求雨，而在后人看来，肥遗反倒异化了，成为天下大旱的标志。

---

①《山海经 · 北山经》亦有相似文字：“又北百八十里，曰浑夕之山，无草木，多铜、玉，嚣水出焉，而西北流注于海。有蛇，一首两身，名曰肥遗，见则其国大旱。”“至于太华”，《尚书 · 禹贡》上说，它远远望去其形如花（华），这样有了西岳华山的名字。《山海经》说“太华之山”高五千仞，一仞八尺也，其高且险。今测出华山海拔 2160 米。

②《艺文类聚》卷 12《殷成汤》，引《帝王世纪》。

那么,《山海经》所提供的希望在哪儿呢？或寄希望于“肥遗”的不出现，这似乎是童话故事的编造者所不甘心的。在《海外东经》中出现了一个小神祇：“雨师妾在其北，其为人黑，两手各操一蛇，左耳有青蛇，右耳有赤蛇。一曰在十日北，为人黑身人面，各操一龟。”

在中国人的宗教意识中，大凡那些只具备单一功用（无论善恶与否）的神祇，在神坛上一定是一个卑微而无足轻重的小神，也就是说它们的神功愈是做得专业，其神格在多神崇拜的宗教信仰体系中就愈低下。在多神的奉祭神系中，譬如“雨师妾”这样的小神，她似乎在“兴雨”这条专门之路上走得过远了，以致她的神位在“重、黎绝地天通”[①]之后，仅仅归属于巫觋。郭璞曾注解说：雨师谓屏翳也。《楚辞·天问》竟疑惑地问道：“蓱号起雨，何以兴之？”王逸的注释说：“蓱，蓱翳，雨师名也。……言雨师号呼，则云起而雨下，独何以兴之乎？”《风俗通》说：玄冥为雨师。《左传》昭公二十九年载：“水正曰玄冥”，“少皞氏有四叔，曰重、曰该、曰修、曰熙，实能金、木及水。使重为句芒，该为蓐收，修及熙为玄冥”。杜预注：“二子相代为水正。”所说纷纭。

今人《山海经注证》说，雨师妾盖亦国名，即如《周书·王会篇》有姑妹国矣。《焦氏易林》乃云：雨师娶妇，盖假托为词耳。乾隆四十年的进士王念孙（1744—1832）说:《御览·鳞介》上无“妾”字。袁注：郭（璞）注亦只释雨师，……确如郝云，是一国名，……郝所谓《王会篇》有姑妹国，则当是姑篾国之讹。雨师是东方勾龙，观察上天气象——雨氏族，名字是妾；雨师是职务分工，同“十日”——太阳氏族有关，但分工不同。妾是女系首领氏族的头人。[②]妾氏族当是以观察雨为己任的一个古老聚落，其国在十日国的北面，他们肤色黝黑，以龙蛇为图腾。

雨师神格之低，以致后来郭沫若在《今译》中要这样发问：“雨师蓱号何以能够兴云雨，他的身子只像个蚕子？”以这样弱小的雨师何以去降服六足四翼的肥遗？更何况诸神的神职重叠，神系也很混乱，可谓是“神”浮于事了，在如潮的

① 所谓“重、黎绝地天通”，是说从此平民不再具有直接和天地之神沟通的权利，巫史有了专职，使过去“夫人作享，家为巫史”的社会状态为之一变。

② 参阅郭郛:《山海经注证》，中国社会科学出版社 2004 年版，第 656 页。

祈雨运动中，这类小神频繁登场，简直就像是走马灯一样。

上古的肥遗或因年代久远为人所淡忘，现代考古学家李济则设想用“肥遗”这个名字指称青铜器上当中正面兽面而左右都有较细长的身体向外伸展的纹样。[①] 李氏否定“饕餮纹”而改用动物面的理由是：“其与自然界中存在的动物的关系不能明显地看出而需使用古文献里的神话中的动物名称来指称。”[②] 他认定高本汉(B.Kalgren)和容庚将无身的纹样称为饕餮，是错误地将其作为“形容词”加到了本来有身的物件之上，这与《吕氏春秋》饕餮有首无身的说法相抵触，故而根据《山海经》“有蛇一首两身”而称之为“肥遗”型图案。不管饕餮是不是“肥遗”，看看商周青铜器上繁多的饕餮纹，大概任何人都不会怀疑它是一个旱灾频仍的国度中普遍存在的神话影像。这是一个天字号的悖论，“肥遗”既可以为人们带来霖雨，又可以为人们带来干旱。风中的故事带来了千古的困惑。

“需”卦

梦魇其二，《易经》中的《需卦》记述的简直就是一场东方冥想式的梦。需，指的是降雨的天象，似乎可以定论。“需”或训为“濡”。综观“需”卦卦意，需，从雨，其本意当为濡湿之濡。诸如“需”卦的爻辞中的“需于郊”“需于沙”“需于泥”都应该是濡湿的意思。因此，需又是“濡”的本字。爻辞上的“需于血”，是说求雨之后，雨如期而至，而且下得很大，沟洫里都积满了雨水。“需于酒食”，是说向天供奉祭品，以息神怒，由此恢复了平衡，扶正乾坤。天降了雨，所以用酒食欢饮来表示喜庆，故曰“贞吉”。

然而，“需”的蕴意远远不止于此。就像是干旱给人们造成的苦难是渐进式的一样，干旱能持续多长时间，也难以预测。可以说，干旱较之其他灾异现象给人们造成的心理压力与困惑更为深重。《说文》上说：“需，遇雨不进，止。”意思

① 李济：《殷墟出土青铜斝形器之研究》，《中国考古报告集新编》古器物研究专刊第3本，台湾商务印书馆1968年版，第69—70页。

② 张光直：《商周青铜器上的动物纹样》，《考古与文物》1981年第2期。

是说，天上云中藏着有雨而不下下来，需，就是要等待。支持这一观点的孔颖达训“需”为“待”，似乎也因从“需”而等待降雨。从这个意义上去理解，“需”的意义才通达。①

“需”，是《易》六十四卦中的第五卦，卦象是乾下坎上，乾阳在下，坎险在前。可释此亦天入水中之像也。需，须也。乾知险，故须四之五。坎为孚，离为光，故有孚光。坎为云，云在天上，云并不就是雨，云须时欲降，乾须时当升，三阳既上，二位天位，故亨贞吉。坎为大川，天为金，金水相生之物也。天出入水中，当有何损，而谓为不可乎？有人竟说，这是在阐述如何处理因饮食之争而引发的矛盾。其实这更像是因亢旱而等待降雨的过程，人们期待着将至而未至的、可消弭一切矛盾的甘霖。

“夫雨者，盖阴阳之和，而宣天地之施者也”②。人生下来就需要饮食，饮食来自庄稼，庄稼的生长需要雨水。需的卦象显示乾为天，坎为水，天上有雨就是下不下来。卦辞所示似祈雨之象。

“有孚，光亨，贞吉”，即心怀诚意去祈求上天，必然光大亨通，因此占卜的结果是吉祥。而“利涉大川”，似乎是说沿途能够排除险阻。《诗·小雅·大田》云:“有渰萋萋，兴雨祁祁。雨我公田，遂及我私。”是说乌云涌起，细雨绵绵，既下在了公田上，也下在了我的私田上。需的卦辞当是记录了干旱之年，人们在不同地块上耕作的情形。乾隆帝说过:“梦虽无何有，而总不出于思，思者，情之远也，真人无梦，盖不牵于思也，然思有有涉者，有无涉者。”③

诸书解释“需”都说是“等待”，讲的是饮食之道，此意或许没错。从更深层的意义上来说，此卦揭示了三个问题:其一是，饮食要靠劳动，“需于郊”“需于沙”“需于泥”描述的是在不同的田里集体耕作。种地要靠天吃饭，天不下雨，就只有等待。“以祈甘雨，以介我稷黍”④。雨旸不时，从君王到各级官吏乃至平头百姓都要祈用酒脯醢，报如常祀，精加祈祷。

---

①对“需”的理解，历来就有分歧。《十三经注疏》孔颖达训为“待”。在《经典释文》中，陆德明引《序卦》之说，训需为“养”。高亨在《周易古经今注》中训需为“驻止”，李镜池在《周易通义》《周易探源》中均释为“濡”。

②《埤雅》卷19，载自〔清〕傅世洵辑《益雅堂丛书》。

③乾隆帝:《梦辨》,《御制文三集》卷10。

④《诗经·小雅·甫田》。

再者是，饮食分配不均就会产生矛盾。“小有言”是发生了口角、争论，是否议论公田、私田分配的不均，就不得而知了。而乾隆帝说了：“均田之法，势必致贫者未富，富者先贫。我君臣惟崇俭尚朴，知愧知惧，使四民则效而已。”① 乾隆一朝，由上而下的均田是没指望了。“致寇至”是矛盾进一步激化了，达到了白天公然抢劫的情况，并发生了械斗，流了血。这些矛盾在贫富不均的社会里是经常发生的，而有小民起来造反，这在有兵的官家看来并不可怕。

其三是，提出了一个解决问题的原则，“需，有孚，光亨”。君主还是要与人民交往，孚信于人民，这样才能给人民带来光明与亨通。《易经》上说的“否之匪人，不利君子贞，大往小来”即以君主为代表的官僚阶层高高在上，不与人民交往，必使社会封闭，天下混乱。

大凡水灾形成后，人们最为关注的是已发生的事；而旱灾形成后，人们最为关注的是尚未发生的事。日复一日，人们一直在等待下雨，人们总是在想，老天肯定是要下雨的，可是下雨的那一天一直没有到来……天神司命主雨，神祇已经临御，雨师已经上临，八神、六合，受命降雨的一刻终将来临……祈雨就是这样一种煎熬般的等待，一种奉祭与诅咒的交替、希望与绝望的更迭。相传商汤在位30年，连续7年遭遇大旱，终有祷于桑林；周宣王时大旱5年，始有《大雅・云汉》之绝唱……乾隆八年至九年，京畿大旱持续了660天……这就是“需”。《易经》上说的下乾上坎，乾为天，坎为水，天上有雨就是不下，干渴饥饿的人们就只有等待，并在等待中煎熬。

乾隆十三年（1748）孟夏月，乾隆帝举行常雩礼已是第五个年头，他照例斋居，并作《雩祭斋居》诗，常雩之典被视为“圣训必躬亲，频年谨从事”的重要政务。他感慨：“北方春旱多，率似成常例。龙见未届期，祈请先小祀。……受宠宜若惊，此理无巨细。广殿引熏风，罘罳晃新霁。慰惧两相萦，要矣终年计。”② 诗中表现了乾隆帝是时复杂的心情，“龙见”时节，预期中的甘霖没有来，祈雨的香火早已点燃……乾隆帝正在为春旱而焦心，这时大殿里吹进了和煦的东南风，门阙外的窗户上映照着光风霁月，这是上天的恩惠，还是惩戒？一种慰藉与忧虑交

---

① 乾隆四十六年冬十月丁酉上谕，引自《清史稿・高宗本纪五》。

②《御制诗集・初集》卷40。自注曰：雩祭向未举行，乾隆八年始议，岁一举行，逮今凡五年矣。

织的心情让他久久不能释然，就像是摆好了酒席，在等待着应邀而迟迟未至的重要宾客。四十七年（1782），这一年72岁的乾隆帝或许是真的等不下去了，持续的无雨让他烦了，不然的话，他绝不会口出此言：

> 慰言懒听云可待，蒿目殷怀叹若何？
>
> ……
>
> （禾）苗而秀矣秀需实，十日为期五又过。[①]

越是高寿，乾隆帝“等”的功力则越高，最终达到了“其诚符我望，惟静候天恩”[②]的境界。这似乎折射出一种精神上的疲惫。等啊，盼啊，最后，人真的是给搞疲了。

打旱骨桩

梦魇其三。怎么说呢？这时的人们每遇旱灾，其心理上的恐惧、恐慌，乃至精神上的高度紧张，其程度比较上古的人似乎更甚了。人们的恐惧体现在社会精神领域的混乱，以至众者神志混沌，自控能力也变得异常脆弱。乾隆年大学者纪晓岚（1724—1805）的《阅微草堂笔记》卷七有这样一则：

> 旱魃为虐，见《云汉》之诗，是事出经典矣。《山海经》实以女魃，似因诗语而附会。然据其所言，特一妖神焉耳。近世所云旱魃则皆僵尸，掘而焚之，亦往往致雨。夫雨为天地之欣合，一僵尸之气焰，竟能弥塞乾坤，使隔绝不通乎？雨亦有龙所做者，一僵尸之伎俩竟能驱逐神物，使畏避不前乎？是何说以解之。

① 乾隆帝：《雩祭进宫斋戒之作》，《御制诗集 · 四集》卷89。

② 乾隆帝：《题符望阁》，《清高宗御制诗 · 四集》卷34（丙申年）。

也许这会让人想起“打旱骨桩”的民俗。基于原始巫术的因素人们进而干起了盗墓的勾当。《明史》记载山东民俗，说每遇旱灾，则掘挖新入葬的冢墓，残其肢体，称作“打旱骨桩”。这种民俗，有较复杂的生成原因和较特殊的流变形式。“打旱骨桩”的语源分析还难以有确定的结论。这样的做法或与古来以为死人骨骼与天气干旱存在着某种神秘关联的观念相关。《春秋繁露》说到当时民间求雨礼俗，主要程序之一，有“取死人骨埋之”。[①]《神农求雨书》也有相同的说法。

英国人类学家弗雷泽（James George Frazer，1854—1941）在《金枝：巫术与宗教之研究》一书中，引述了不同民族求雨习俗中遗留的与此类似的原始巫术形式。他写道：“有时，求雨巫术是用死尸来进行的。比如，在新喀里多尼亚，求雨者把自己全身涂黑，挖出一具尸体，把他的骨头带到一个洞穴里，再按人体形状连接起来，然后把骨架悬挂在一些芋叶上，用水浇洒骨架，让水流到叶子上。……1868 年，因长期干旱，出现了歉收预兆，塔拉申斯克乡的一个村子的居民挖出一具死尸，……人群中一些人一面鞭打那具尸体或尸体残剩部分，一面在他的头部附近高喊‘给我们雨水’……”中国求雨民俗中的“打旱骨桩”，可能与弗氏所记述的做法在原始动机方面有某些共通之处。看来干旱的生存恐惧开始牢牢控制了人们，此后由于灾变反复发生，生存恐惧一道直困扰着人们。

明人杨循吉在《蓬轩别记》中写道：“河南、山东愚民，遭亢旱，辄指新葬尸骸为旱魃，必聚众发掘，磔烂以祷，名曰‘打旱骨桩’，沿习已久。”虽然明王朝已经下令禁止此风流行，但是，实际上直到清代，这一旱时掘墓磔骨的礼俗在民间依然盛行。袁枚《子不语》中“旱魃”条也可见掘坟开棺，“获而焚之，足以致雨”的说法。顾景星（1621—1687）的《攻魃篇》叙述了河北一带打旱魃的恶俗，其序曰：“大名八里庄民郭虎报村人打旱骨，将本庄新葬黄长运之尸开坟打烂。”诗曰：“椎埋攻旱魃，讙击鼓声哑。异俗本西羌，何时入中夏。凶奸动无赖，扇乱惊四野。”[②]

清代法律已有了严禁这种风习的条文，然而因订立规则的人与被确定执行规则的人在利益上有着难以调和的矛盾，如此一种风俗真是屡禁不止。直到近世，

① 摘引自《艺文类聚》卷 100。
②〔清〕张应昌：《清诗铎》，中华书局 1960 年版，第 491 页。

中原民间依然保留有这样的陋俗遗风，终使“国人格外惑乱，社会上罩满了妖气”①。

“无岁不忧旱”

梦魇其四。乾隆年间，旱灾频仍。据统计，乾隆朝 60 年间各省上报的各类自然灾害中以水灾最多，旱灾次之，旱灾共计 251 次。其中全国性的大旱以四十三年（1778）和五十年（1785）为最。乾隆四十三年，甘肃皋兰等 36 厅州县、湖南湘阴等 14 州县、江苏上元等 36 州县被旱成灾，直、鲁、豫旱，湖北江夏等 46 州县大饥。四川大饥，“死亡相踵”，“饿殍盈道”，“立人市鬻子女”，“此岁凶荒为百余年仅见”。

京畿就处于半干旱区，这一带遭受旱灾很普遍。明朝北京发生轻重不同的旱灾总计有 157 个年份，占其总年数的 56.8%。清 268 年，这里出现旱象的有 161 个年份，占其总年数的 60%。康熙五十七年（1718）农历二三月间，天时亢旱，麦苗渐黄。面对此情此景，康熙帝对大臣们说：“京师初夏每少雨泽。朕临御五十七年，约有五十年祈雨。”乾隆帝也曾发出“十年九忧旱”和“无岁不忧旱”的慨叹。

明清时期，北京地区曾发生过连续几年甚至十几年的春夏之旱。大旱之年，也曾出现过“赤地千里”“河干井涸”“二麦无收”“禾苗焦枯”“饿殍遍野”的惨象。就史书所载，乾隆年旱灾几乎是年年都有。原因之一是，被旱成灾的界定即使在今天来看也不是完全清晰的，作为定量分析的乾隆年统计资料更称不上完备。然而作为人文科学的研究资料，这些已经足以让我们对乾隆时期的干旱形势下一个确定的判断了。

① 鲁迅:《随感录三十三》之《热风》，载《鲁迅全集》第 1 卷，人民文学出版社 1981 年版，第 301 页。

私吞赈款

梦魇其五。图腾时代的四个叛逆者之一——共工氏，以水师为名的管理水的官[①]，应是伏羲至太昊大联合时代的水利工程领袖人物的通名，共工为北方黑龙氏，也曾以龙为公共图腾，以黑龙为标志。道家所谓北方玄武——龟蛇，其中蛇的形象便有共工氏的影子。《国语 · 周语》上说："昔共工弃此道也，虞于湛乐，淫失其身，欲壅防百川，堕高堙（堰）庳，以害天下。皇天弗福，庶民弗助，祸乱并兴，共工用灭。"所谓"虞于湛乐，淫失其身"大概就是今人说的贪污腐败行为吧，最终落得个"继嗣绝祀"[②]的可悲下场。

陈其元《庸闲斋笔记》记：江苏淮安府山阴县的一个儒学教谕从自己所监管的准备发给灾民的赈济款中私吞了四百两银子。在这之后，此人就不时地陷入昏迷状态，有一次竟几天昏迷不醒。他醒来之后说，由于他侵吞了赈济银两，得不到救济而饥饿不堪的人们到城隍那里告了状，城隍要将他投入滚开的油锅里，只因其子孝顺，以自残手指的方式请求宽恕父亲，城隍才允许他暂时回家，并让此人"布告大众，以赈务之银，不可侵蚀"。完这番话，这位儒家教谕就死去了。[③]这件事在南京地区广为流传。后来在官场上，如逢赈灾，上级官员会以警示的口气告知下级官员："如果少有沾染，是从饥民口内夺食，损人性命，将来报应必在子孙。"[④]

但就在同一部书中，还有一些相反的事例，那些在赈济饥民时没有按既定规章办事的官员，却保持了良好的声誉，并惠及子孙。[⑤]前后二致，莫非是所谓的"下逮诙谐游戏之类，斐然可观"[⑥]所指吗？这明明是当官的与他们的附庸将眼睛

①《左传》昭公十七年服虔注：共工以水名官，春官为东水，夏官为南水，秋官为西水，冬官为北水，中官为中水。
②《淮南子 · 原道训》。
③〔清〕陈其元：《庸闲斋笔记》卷 5。
④〔清〕《军机处上谕档》卷 884。一八一六年闰六月六日上谕记：一八一〇年甘肃省旱灾，总督那彦成语。
⑤〔清〕陈其元：《庸闲斋笔记》卷 11。
⑥〔清〕俞樾为《庸闲斋笔记》所作的"序"，同治十三年。

盯上了赈济饥民的救命食，心是黑透了。自乾隆中后期，官场上的情况越来越糟糕，吏政已经进入了一个不可逆的漫漫黑暗时期。

乾隆四十六年（1781）抖搂出来的甘肃省通省官员冒赈贪赃事，是通过违例折收捐监粮，捏造灾情冒充赈恤的手段，贪污巨额国家财产的惊天大案。在此案例中，自上至下各级官员贪污白银多则百数十万，少则数千。原任平番（今永登县）知县的何汝南在四十、四十一年（1775、1776）两年内办灾，放过赈银、赈粮共合计16.3万余两，其中，虚报冒销白银5万余两，"前后被总督勒尔锦派买物件银6000余两，王亶望索过银1.8万两，蒋全迪（兰州知府）索过银5000余两"。又，原任狄道州（今临洮县）知州陈常办赈申报需用白银3.9万两，王亶望、蒋全迪命虚报为6.3万两，浮开之银王亶望得银1.2万两，蒋全迪得银1万两。此外，陈常在折捐银时，每名又多收银10两，共浮收银4万余两，又被王亶望索去银1万余两，蒋全迪索过银1万余两。通计此案，装入私囊的赃款数额在数百两至10万余两的州、县官除业已亡故，或在监、在押途中病故之外，甘肃省上下多达110员，其中贪赃2万两以上者近30人。一省官员冒赈贪污数额之巨，固为"从来未有之奇贪异事"，但州县官员贪污数万至十数万两、督抚受贿数十万两者，在乾隆中期以后已不再罕见。①

甘肃全省官员上下相蒙，相沿作弊，自三十九年（1774）恢复捐监，至四十六年（1781），外间早有风闻，而六七年之间竟无一名官员挺身举发。自督抚藩臬至道府州县，上下百余名官员组成的一省官僚贪污集团，为了维护共有利益，相互容隐，官官相护，彼此袒护包庇。正如甘肃省通省官员冒赈贪赃案主犯王亶望被正法前的自供："我贪心重了，想上下合为一气，各自分肥，又令该道府等出结存案，希冀可以蒙混，况有散赈可以借端掩饰，不致败露出来，所以大胆就做了这昧尽天良的事。"②

想也想得出，在这样一场享受国帑的饕餮大宴中，到场的人依官位高低次

---

① 参阅郭成康《18世纪的中国与世界·政治卷》，辽海出版社1999年，第276—277页。包括：乌鲁木齐地方冒销库帑案，算不上特大案件，知县瑚图里亏空库银9万两、侵蚀银3.3万余两；知县窝什浑亏空银3.7万两，贿赂都统索诺穆策凌等3.1万两。该案除瑚图里、窝什浑之外，贪污入己赃款数额在数千两至3万两的州县官还有德平等7员。

②《乾隆朝惩办贪污档案选编》第2册，第1345页。

第落座，按人分食，大吃特吃，你吃我占，肆无忌惮，且窃喜自得，从容不迫，等到大宴散去，或弹冠相庆，或相约再来……可他们吞吃的是嗷嗷待哺的饥民的活命钱、救命粮啊！官僚利益集团壁垒森严，官僚体制内的自我监督形同虚设，而圈外之人到哪里去知情？所以贪官们做起这样保险的搂钱事来还哪管什么“天良”。

2

水何以属黑

无论这种意识是自觉的，还是被动的，当色彩被认定为一种文化性符号——一种品性，它就具有了很高的文化象征与情感联想功能，亦即转化为启示某种观念的精神力量。

乾隆年，在紫禁城内收藏整整一部《四库全书》的文渊阁，屋顶上饰用的琉璃瓦有别于其他宫禁殿宇，那是一码的黑色。用一座木制的楼阁来皮藏满满一楼的纸书，人们当然有理由忧心于由火引起的灾难，设计者的意图在于黑色属水，用以克火。文渊阁三层楼房，仿宁波“天一阁”的规制，楼上通为一间，楼下分为六间，取“天一生水，地六承之”，这是在用意识上的“水”来克制物质形态的火。也许有人认为那是徒劳的，然而，这其中积淀着一个巨大的社会群体的观察、感受与表现，其分量真的很大。

反过来说，如《洪范》曰：“水曰润下。”水若不能润下，则为罹咎之兆。凡恒寒、恒阴、雪霜、冰雹、鱼孽、蝗蝻、豕祸、龙蛇之孽、马异、人痾、疾疫、鼓妖、陨石、水潦、水变、黑眚、黑祥皆属之于水。[①] 这是一种用超越物种分类的想象与排列技巧来构建的神秘知性体系，整个共同体都被赋予了同一种具有效力的特征，这其中起着主导作用的要素是一种色相——黑。这种行为带有浓郁的巫术意味，它与物体似乎可以产生无数的感应联系。黑色作为一个“有机的实体”，它导致了一系列文化符号的确立。这一“有机的实体”代表的是一种文化之中不

① 摘引自《清史稿・灾异志一》。

同个体的总体意愿。对于所囊括的个体而言，除非认定这一色相所代表的是总体的意愿，否则它所体现的意愿就可能是另外一种东西。这其中，值得关注的是，依靠部分和整体的关系或偶然的接触而变为现实的巫术连续性观念。在这里，黑色已经具有了物体的精神特质的属性。

五行说中水属黑色

今天的人说，色彩来自光，其实古人已经认知到了。《易经》中就说：日月丽乎天，百谷草木丽乎土，重明以丽乎正，乃化成天下。《左传》昭公二十五年载，子太叔引子产的话说："则天之明，因地之性，生其六气，用其五行。气为五味，发为五色……"

人们习惯于光线带来的感觉，直至晋人谢赫创"六法论"，其"随类赋彩"的定式也是相信视觉，然后就是赋予它"天不变，道亦不变"的定则。也许唯一的例外是黑色，因为无论有无光线，黑色仍是黑色。而在人们的日常观念中，黑色又与光线的感觉纠缠在一起，这为人们的思维模式注入了视觉认识，进而形成一种惯性，遂成为共有的文化传统固定下来。

今天，人们在纳西族古籍中出现的黑白这两个色彩进行思考后，发现白代表神灵和善，黑则代表鬼怪和邪恶。这一总体象征形式表现在宗教法事，以及人与神鬼的文字之中。纳西族之所以视白为善，视黑为恶，归根结底是因为纳西族为古羌人后裔，而古羌人是崇尚白颜色的。以白为善与以黑为恶，还见于许多原始游牧民族的意识之中，黑白对应的二元色彩观念乃是对白色的昼与黑暗的夜的一种抽象。同时，由于黑白二色为终极性的颜色，因此常象征阴阳对立乃至宇宙间一切相反的事物。

另根据维尔纳 · 道姆的描述，在古代两河流域的农业民族闪米特人的传说中，雨神原是一个年迈的神祇。据说，这样的神祇是不能有儿子或女儿的。然而，他威力无比，且极其富有，因此，他似乎就是闪米特人一神教的至高无上的神，其神格就像是圣经中的上帝或伊斯兰教中的真主。在接下来的民间传说里，一个年轻的神出现后就把这个年迈的神杀死了。这个新神外表特征像是黑色的云——阿拉伯半岛南部暴风雨来临时的乌云。这种乌云的特点是来势汹汹，漆黑一片使人恐惧，但它来得猛去得也快。乌云带来汹涌的洪水，接着是威力无比的雷电；暴风雨过后，原来干涸的河谷里就流淌着河水。[①]

当然，这时的乾隆帝更加热衷的，是在儒家经典中去寻找黑色的文化依据。

传承下来的圣贤之书上根据五行五色相配置的原理，拟定东为木，为青；南为火，为红；西为金，为白；北为水，为黑；中央为土，为黄。因此，位于东方的山常以青相称，位于南方的山常以红或赤相称，位于西方的山常以白相称，位于北方的山常以黑相称，位于中央的山常以黄相称。出于同样的原理，无论是江、河、湖、海、泉、潭、塘等，位于东方者以青相称，位于南方者以红或赤相称，位于西方者以白相称，位于北方者以黑相称，位于中央者以黄相称。当然你也会很容易地找出例外来。众所周知，《尚书·禹贡》谈到了兖州，说“厥土黑坟”“厥田中下”。兖州在东方。这是战国时人按当时土地开发程度，对全国九州土地的优劣所做的概略性判定。

《礼记·月令》将黑色赋予了冬月，称：孟冬之月，日在尾，昏危中，旦七星中。天子居玄堂左个。北堂之西偏也。乘玄路，驾铁骊，铁色之马。载玄旗。衣黑衣，黑深而玄浅，如朱深而赤浅也。服玄玉。食黍与彘。其器闳以奄。是月也，命工师效功，陈祭器，按度程，毋或作为淫巧以荡上心。必功致为上。物勒工名，以考其诚。功有不当，必行其罪，以穷其情。“黑”有一群相近词汇，如：玄、皂、墨、乌、黝、骊等，这其中也有色调的变化，内容很丰富。

《左传》昭公二十九年上说：“夫物，物有其官，官修其方。……故有五行之官，是谓五官，实列受氏姓，封为上公，祀为贵神。社稷五祀，是尊是奉。木正曰句芒，火正曰祝融，金正曰蓐收，水正曰玄冥，土正曰后土。”接下来说：“少皞氏有四叔：曰重、曰该、曰脩、曰熙。实能金木及水。使重为句芒，该为蓐收，脩及熙为玄冥。”杜预注：“二子相代为水正。”黑色表述的显然是形而上体系中完整的一支，详见下表：

---

① 参阅维尔纳·道姆：《古代闪米特人的宗教》，第 42—44 页，转引自［英］朱利安·鲍尔迪著，谢世坚译：《黑色上帝——犹太教、基督教和伊斯兰教的起源》，广西师范大学出版社 2004 年版，第 34 页。

五色关系表

色相	方位	五行	季节	神主	礼玉	五官	五帝（五帝之名）	配祭
青	东方，左	木	春	青龙	青圭	句芒	大皞（灵威仰）	伏羲
赤	南方，前	火	夏	朱鸟	赤璋	祝融	炎帝（赤熛怒）	神农
白	西方，右	金	秋	白虎	白琥	蓐收	少皞（白招拒）	金天
黑	北方，后	水	冬	玄武	玄璜	玄冥	颛顼（汁光纪）	高阳
黄	中央，中	土				后土	黄帝（含枢纽）	轩辕

在方位上，北与南相对，属水，色黑，神主是四象之中北方的龟蛇神，名叫玄武，玄亦即黑色。所谓开北门“肃杀就阴”之说也是以上一连串关联词中的一项。《楚辞 · 远游》“召玄武而奔属”，洪兴祖注：“玄武，谓龟蛇。位在北方，故曰玄。身有鳞甲，故曰武。”由鳞甲曰武，到甲胄为武，玄武主兵之说。玄武门通常为北门。从汉瓦当图案看，玄武已然是龟蛇合体……如此符号，均在古老的形而上体系的表述之中。

求雨与黑色

董仲舒在《春秋繁露》中也将黑色指向了冬季的“求雨”，具体方法是：“冬舞龙六日，祷于名山以助之，家人祠井，无壅水，为四通之坛于邑北门之外，方六尺，植黑缯六，其神玄冥，祭之以黑狗子六、玄酒，具清酒、膊脯，祝斋三日，衣黑衣，祝礼如春。以壬癸日为大黑龙一，长六丈，居中央，又为小龙五，各长三丈，于北方，皆北乡，其间相去六尺，老者六人，皆斋三日，衣黑衣而舞之，尉亦斋三日，服黑衣而立之，虾蟆、池，皆如春。”用黑色来求雨的做法当然不是原创，其稿本源于上古。“三代之礼一也，民共由之，或素或青，夏造殷因。殷尚白，夏尚黑。素即白也，青近于黑，不言白黑而言素青，变文耳。此类皆制作之末，举此以例其余，则前之创造，后之因仍，皆可知矣。”大夏又是如何崇尚黑色的？理由是什么？原来，夏后氏尚黑，禹以治水之功得天下，故尚水之色。

传说中的水神叫"玄冥"，他是少皞的儿子。又叫作"脩"，又叫作"熙"，是水官。《礼记·月令》孟冬之月上说："其帝颛顼，其神玄冥。"郑玄为此作注说："此黑精之君，水官之臣，自古以来，著德立功者也。颛顼，高阳氏也。玄冥，少皞氏之子，曰脩，曰熙，为水官。"孔颖达疏曰："脩与熙为玄冥，是相代为水官也。"

汉代昭帝时，雩祭禁举火，祈雨用皂衣（皂衣就是黑色的服装），祈晴用朱衣。晋穆帝时就采用后汉之礼，雩祭时舞童皆皂服，执羽翳，歌《云汉》之诗。武帝时以雩坛不当在南郊正阳之方，移之东郊，改燔燎为瘗埋。北魏文成帝和平元年（460），天旱无雨，下诏各州郡在辖界内洒扫祭祀大小神明。举雩祭祈雨，选伎工端洁善证者，歌《云汉》每一章句。又，《吴录》记载："湘东郡新平县有龙穴，中有黑土，天旱，人共遏水渍此穴，辄雨。"足见为了祷雨祭龙，民间有在"中有黑土"的特定地方渍水求雨的习俗。

至今在苏州弹词《描金凤·玄都求雨》的唱词中还有："人家门首还插了杨柳条①，有的还挂了黑色布旗。"黑色布旗与杨柳条一同，召唤水汽，以解除天旱。到了乾隆朝，每岁巳月择日行常雩礼，奉祭规格如冬至郊坛之制。雩祀礼典，皇帝躬诣行礼，衣服、旗帜亦皆用皂色。

黑色的云

水究竟为什么被赋予黑色？从古人能观察到的角度来看，比较确定的物象在于云。人类学认为："这些看似随意的分析和解释并不会导致可能的符号结构无限地膨胀。相反，我们已经注意到，在任何一个巫术体系中可供发挥生动想象的范围令人吃惊地有限。"②《周礼·春官·保章氏》上说："以五云之物，辨吉凶，水

①《晋书·天文志上》："柳八星，……又主雷雨"。佛教在中国流传中，有一个中国化了的偶像——观音，这救苦救难的观世音，手持净瓶，瓶里的柳枝可洒下甘露。这些给人们以提示，借用柳枝表达祈雨的愿望。

②［法］马塞尔·莫斯、昂利·于贝尔著，杨渝东等译：《巫术的一般理论献祭的性质与功能》，广西师范大学出版社2007年版，第85—86页。

旱降丰荒之祲象。”郑玄注引郑司农云：“以二至、二分观云色：青为虫，白为丧，赤为兵荒，黑为水，黄为丰。故《春秋传》曰：凡分、至、启、闭，必书云物，为备故也。”①

黑色的云蕴藏着降雨的希望，因此说云色黑，辨为水。下雨是有征兆、有规律的自然现象，“云气发于丘山”，“云散水坠，名为雨矣！夫云则雨，雨则云矣！”“云雾，雨之征也。夏则为露，冬则为霜，温则为雨，寒则为雪，雨露冻凝者，皆由地发，不从天降也。”这些认识既加深了人们对降雨这一自然现象的了解，又延展了对水汽循环的思索。在这里，虽然人们对它们期望的效果非常明确——一场及时的雨泽，但却往往对其特殊的性质以及它们马上能产生的作用不甚明了。因此，迷茫的人们将自己的精神力量转向云这一物体现象背后蕴含着的无穷意念，并最终将雨泽的期望演绎为一种巫术。

汉乐府诗《歌黑帝》云：白日短，玄夜深。招摇转，移太阴。霜钟鸣，冥陵起。星回天，月穷纪。听严风，来不息。望玄云，黝无色。曾冰洌，积羽幽。飞雪至，天山侧。关梁闭，方不巡。合国吹，飨蜡宾。统充微阳，究终始。百礼洽，万观臻。

要下雨前的云为什么是黑色的？云的颜色预兆一定的天气变化，云的黑色是阳光透不过云体所造成的。谚语说：“乌云接落日，不落今日落明日。”指太阳落山时，西方地平线升起一朵乌云接住太阳，说明乌云东移，西边阴雨天气正在移来，将要下雨了。一般来说，如接中云，则当夜有雨；如接高云，则第二天有雨。“早上乌云盖，无雨也风来”，是说早晨东南方向有黑云遮日，预示有雨。因为早晨吹暖湿的东南风，温度较本地空气为高，形成上冷下热，水汽上升成云，再加上白天地面受热，空气对流上升，更促使云层抬高，水汽遇冷成水滴，从而使天气有了不风即雨的可能。

《史记·五帝本纪》曰：“治气以教化，絜诚以祭祀。”鬼之灵者曰神，鬼神谓山川之神也。是说颛顼践行祈雨时以象天气，用鬼神聪明，当尽心敬事，因制尊

①《左传》僖公五年：“凡分、至、启、闭，必书云物，为备故也。”“分”为春分、秋分，其日昼夜相平；“至”为冬至、夏至，其日或极长或极短；“启”为立春、立夏，春生夏长，阳气用事为启；“闭”为立秋、立冬，秋敛冬藏，阴气用事为闭。“云”指五云，即青、白、赤、黑、黄五色云气；“物”指风、气、日、月、星辰等。古礼，国君于二至、二分、四立之日，必登台观云物之象，以预测吉凶，书之于册，好早做相应之备。

卑之义以象天气，用云的变化和现象教化人民。“动静之物大小之神，日月所照，莫不砥属。”故礼曰“降于祖庙之谓仁义”。能兴云致雨，润养万物，理四时五行之气以教化万人。

《黄帝内经》还提出了水分循环和形成云雨的理论。文中说“地气上为云，天气下为雨。雨出地气，云出天气”①。云是地气上升所形成的，雨是天气下降所形成的。雨虽然是从天下降，溯其本源，却是由地气上升所致；云，虽然是地气上升而成，究其根本，却又是天“气”下降所致。东汉王充也有相似的见解，他说：“雨从地上不从天下，见雨从上集，则谓从天下矣，其实地上也。”②

考古发现最早的云图是马王堆三号墓出土的《天文气象杂占》和敦煌所出唐天宝初年的《占云气书》③。这两种云图都是出于军事需要用于占卜吉凶的。

无独有偶，在古巴比伦“安抚众神的心灵”的祭祀上，在吉日的黎明时分，祭司要宰杀一头黑公牛：公牛被牵进神庙，之后祭司割断公牛的喉管，砍下它的头。这条文献明显把一杀戮场面和突然而来的倾盆大雨联系起来。④在摩洛哥，庄稼没有收成常常是因为气候干旱。为了求雨，有一个部落把所有的孩子都带到神龛跟前，让他们围着神龛转圈圈，直到他们筋疲力尽为止。还有一个部落围着清真寺或神龛走三圈，并且宰杀一只绵羊或山羊祭祀。通常，求雨祭祀时所用的祭祀畜生都是黑色的（特别是黑色的母牛），原因是这些黑色祭牲看起来像下雨前的乌云⑤。众多的古代农业社会的人类学资料证明，“任何人想起那用奉献黑色的牺牲求雨的情景时，都相信它们是象征着雨云。‘它是黑色的，因为那正是雨的本质’”⑥。看来特定的物体品性的观念在一定程度上的确体现了一种力量，体现了巫术的因果关系。

再说水的副神——雷电之神。《山海经·海内东经》：“雷泽中有雷神，龙身

---

①《黄帝内经·素问》卷2。
②《论衡·说日篇》。
③ 刊于1979年10月《中国文化》。
④ 参阅［英］朱利安·鲍尔迪著，谢世坚译：《黑色上帝——犹太教、基督教和伊斯兰教的起源》，广西师范大学出版社2004年版，第67页。
⑤［英］朱利安·鲍尔迪著，谢世坚译：《黑色上帝——犹太教、基督教和伊斯兰教的起源》，广西师范大学出版社2004年版，第139页。
⑥［英］詹姆斯·乔治·弗雷泽著，徐育新等译：《金枝——巫术与宗教之研究》，中国民间文艺出版社1987年版，第102—103页。

而人头，鼓其腹，在吴西。”多种史籍中都记载雷神为龙身人头，说明历史上龙曾被奉为雷神。鄂温克族人认为，雷神是龙。传说中的天上有一条龙，龙身上的每一片鳞片，都盛有100担水，它身上有数不尽的鳞片，下雨就是神龙鳞片洒下的水滴。

同治庚午年（1870）夏，有人自滇南至京师，以手钞《木郎咒》一帙，示汉军宗啸吾司马山，盖楚汉祈雨多持此咒也。一时间信众云集。此人神秘兮兮地宣称：祈雨须分四时……

其咒语，想必也不是空穴来风，此咒云："乾晶瑶辉玉池东，盟威圣者命青童。掷火万里坎震宫，雨骑迅发来太濛……流精郁光奔祝融，巨神泰华登云中。墨旛皂纛扬虚空，掩曦蒸雨屯云浓。阏伯撼动昆仑峰，幽灵翻海玄溟同……雷电吐毒驱五龙，四溟叆叇罗阴容。一声四海改昏蒙，雨阵所至川流洪。金光流精斩旱虹，洞阳幽灵召丰隆。玉雷浩师变崆峒，虚皇泰华扫妖爞……勾娄吉利炎赫踪，登僧泽颐悉听从。织女四哥心公忠，辅我救旱助勋隆……”①

其中“墨旛皂纛扬虚空，掩曦蒸雨屯云浓”两句，说的正是用下界的黑色旗物来感召上天的乌云，并汇集雷电诸神“辅我救旱”，最终的诉求是大沛甘霖，解民间旱情。

---

①〔宋〕白玉蟾:《木郎祈雨咒》，引自《清稗类钞》“迷信类”第十册，中华书局1986年版，第4679页。

3

皇帝求佑

乾隆十三年（1748）三月十二日，乾隆帝心爱的皇后富察氏病逝于南巡的路上，他无论如何无法接受与自己恩爱22年的贤妻就这样与他永远阴阳两隔的事实，深深感受到一种从未经历过的锥心刺骨的痛楚。乾隆帝为逝去的皇后举行了空前隆重的丧仪，并且，由于这个原因他竟没有参加当年的常雩祭典。为此他还作了《常雩之祭岁每亲行，适以后丧未过百日，遣亲藩恭代行礼瞻望·南郊敬成六韵》，云：

> 失配心诚痛，勤民志敢移？
> 徒因丧未释，遂致祭如亏。
> 静验相遭故，明为引慝时，
> 东郊况需泽，首夏已过期。
> 麦陇嗟无及，禾田难再迟，
> 瓣香[①]伸叩吁，额手望恩慈。[②]

在这首诗里，乾隆帝的哀叹之声依稀可闻，丧妻的痛楚与求雨的忧郁交织在一起，身为人主不当以私情为念，但内心的悲痛难以抑制，作为皇帝他有惠天下

① 佛语。犹言一瓣香。〔宋〕陈若水《沁园春·寿游侍郎》词："丹心在，尚瓣香岁岁，遥祝尧龄。"《红楼梦》第114回道："昨日知老太太仙逝，谨备瓣香至灵前拜奠，稍尽微忱。"
②《御制诗集·二集》卷4。

的责任，雨泽，对于天下的农事来讲又是何其至重。虽然遣派亲藩前往致祭祈雨，他还是放心不下，毕竟“麦陇嗟无及，禾田难再迟！”他只有默默地求助神明，救救天下人，也救救他自己。

吁嗟请雨

夏历四月，东方苍龙星开始出现，是万物蓬勃发荣之时，也是五谷待雨水而蕃长之际，因此人们确定此时行祈雨之祭。雩祭即为求雨的祭礼仪典。据《吕氏春秋》说，商克夏，得天下后，七年不雨，汤王乃以身祷于桑林，还剪发，割爪，祈福于上帝。近代学者江绍原写了一本《发须爪》[①]，是关于头发、胡须、指甲三样人体细物的宗教信仰和风俗的研究。他发现，发须爪在古代先民的心里极尊贵，被看作人身上最神妙最富有生命和精力的东西。这个发现，解开了汤祷桑林之谜。汤祭祀上帝时，是用自己的头发、指甲作为祭物来替代肉体以告祭上天之神。从中亦可感受到汤以六事自责，自为牺牲，躬祈祷求雨，以虔诚与肃艾回应天意。

成汤之前或没有祈雨祭仪，或尚未见诸记载，怕是那时还没有进入农业社会。而商后期的情形则大为不同，殷墟甲骨文已见“雩”之祭名。周族是个农业部落，周代起便有了详备的“舞雩”记载。《周礼・地官・舞师》称，舞师“帅而舞旱叹之事”，郑玄注：“旱叹之事，谓雩也。”叹，这里指哀婉的叹息。另有《稻人》云：“旱叹，共其雩敛[②]。”郑玄注：“稻人共雩敛，稻急水者也。”稻人为掌管治水种稻的小吏，征敛雩祭之财。《诗经》中就有“中谷有蓷，暵其乾矣。有女仳离，嘅其叹矣。”[③]讲的是遭旱凶年饥馑，日以哀薄，最终家室相弃，为此妻子发出缠绵悱恻的哀叹。“旱叹”就是因遭亢旱而在祭祀时发出叹息之声以告神。

雩祭的场所被称为“雩宗”。《礼记・祭法》上说：“雩宗，祭水旱也。”郑玄

---

① 江绍原：《发须爪——关于它们的迷信》，上海开明书店 1929 年版。

② 为求雨所征敛的财用。

③《诗经・王风・中谷有蓷》。

注："雩之言吁嗟也。"唐人孔颖达疏："雩，吁嗟也，水旱为人所吁嗟。"《谷梁传》定公元年上也说："雩者，为旱求者也。"《尔雅 · 释训》的解释是："舞号，雩也。"《疏》中说："雩之祭有舞有号。舞者吁嗟而请雨。"可知，古代雩祭有舞，故称舞雩。"舞"者，为求雨者模仿龙出水和蜿蜒行云的模样；"号"者，则是向上天发出呼声；吁嗟，就是集体啼唤，伴有悲哀的叹息。即使如此，"夫万人举口，并解吁嗟，犹未能感天"。天神也可能会说"嗟来，食！"，而人绝对不会说"不食嗟来之食"[①]。这是人们的一份巨大无奈。

圣人的责任就是要"赞天地之化育"，反之则不能治天下。上古圣迹之后，"至乎夏王桀，天有诰命，日月不时，寒暑杂至，五谷焦死。鬼呼国"[②]。即所谓君王"惟命不于常"[③]。"商汤因旱祷于桑林，以六事自责，曰：政不节欤？民失职欤？宫室崇欤？妇谒盛欤？苞苴行欤？谗夫昌欤？何以不雨而至斯极也？"。商汤在位30年，整整7年遭遇大旱。他的祈祷如是之切，上苍没有理由不为之所动。传说中还说，虽遭如此亢旱而民面无菜色，商汤却为人们奉为圣王。

"天地之大德曰生，圣人之大宝曰位。位之所以为大宝者，能发政施仁以安济生民也"[④]。汉武帝当年为什么偏偏一见董仲舒的文字，就击节称赏，呼之为奇文。《春秋繁露》一书，遂上天地人三策，专讲天人感应。大体是说，天意安排民众听从君主，君主则听从天，天又俯听民众的意愿。如果君主做错了事，违背了天的意思，天就会发出警告。屡告不改，天就要动怒，废弃这个君主，也就是民众就要起来革命了，天就听从民众的意愿，赐给他们另一新君主。天所发出的警告是什么呢？就是：日月失明，星辰变逆，地震山崩，江河泛滥，四时颠倒，旱暵少雨，蝗虫灾荒……凡有如此现象之一者，就代表皇天震怒。人主应该急谋补救之策。董仲舒的说法进一步否定了君权的绝对性，似乎并不利于在位的大宝，那汉武帝为什么还如此赞赏它呢？

---

①《礼记 · 檀弓下》载有"嗟来食"的故事。原文：齐大饥，黔敖为食于路，以待饿者而食之。有饿者，蒙袂辑屦，贸贸然来。黔敖左奉食，右执饮，曰："嗟来，食！"（饿者）扬其目而视之，曰："予唯不食嗟来之食，以至于斯也！"从而谢焉，终不食而死。

②《墨子 · 非攻》。

③《尚书 · 康诰》。

④《刻康济录序》，引自《关中丛书》第2辑第2卷，北京古籍出版社2003年，第229页。

原来，《春秋繁露》的学术是把阴阳家的五行论掺糅到儒学里来。儒学在早期中国社会所受到的批评，主要是“迂阔”二字，也就是说它的内容过于空洞疏迟而不切实际，而五行论是比较“实惠”的学说，董仲舒把这样的理论加到儒学里，顿时使儒学从半空中降下，有了实际的凭借。由此他的学问得到了汉武帝的青睐。汉武帝罢黜百家，尊崇儒术，他最中意的莫过于天的警告——天谴的设计，这对于在位的大宝简直就是“缓兵之计”。

看一看中国的史书，几乎处处都见得到这种思想的显现。一旦旱涝等灾异发生，皇帝不是“避殿减膳”“下召求言”，就是“下诏罪己”；或改年号，与民更始。由于古代中国是个农业国，风调雨顺是基本的生存条件，而自然灾害直接影响民生且是不可避免的事实，那干脆把万人的“吁嗟”接过来，由皇帝一人扛着这份“无奈”。这样一来，直接影响政权的民生问题由一种精神力量化解了。因而丞相丙吉问牛喘，不问斗殴[①]，传为识大体的榜样。好榜样虽有，就是少有人照着去做这样的贤臣，于是皇帝只好将避殿、求言、“罪己诏”拿出来秀上一秀，用那些好看的形式敷衍天下，并将之奉行得格外起劲。

乾隆帝便是将其从容运用于股掌之间的高手。在一篇《社稷坛祷雨祝文》中，他对天称臣，说：“闻人事失于下，天变应于上。兹亢旸之示警，洵赞化之无能。言念昨年秋霖缺，而冬雪乏，逮至今岁春望霈而夏未霑，历四时之久矣。嗟三农其如何？”[②]其文应是乾隆二十四年（1759）行大雩祀前所备的功课。皇帝作为“天子”，在干旱时向天祈雨带有为子民祈福的性质，也是其沟通天人、昭显君权神授的最佳方式。

对此，德国社会历史学家马克斯·韦伯（Max Weber，1864—1920）曾这样评述：“皇权由巫术的神性中发展出来，世俗的权威与神灵的权威统一于一人之手……皇帝为了获得神性而必须具有个人品质，被仪式主义者与哲学家加以仪式

---

① 牛因暑热而大口喘气。《汉书·丙吉传》载：“吉又尝出，逢清道群斗者，死伤横道，吉过之不问，掾吏独怪之。吉前行，逢人逐牛，牛喘吐舌。吉止驻，使骑吏问：‘逐牛行几里矣？’掾吏独谓丞相前后失问，或以讥吉，吉曰：‘民斗相杀伤，长安令、京兆伊职所当禁备逐捕。……宰相不亲小事，非所当于道路问也。方春少阳用事，未可大热，恐牛近行，用暑故喘，此时气失节，恐有所伤害也。三公典调和阴阳，职（所）当忧，是以问之。’……”后人包佶《奉和柳相公中书言怀》诗云：“凤巢方得地，牛喘最关心。”

②《御制文初集》卷3。

化，继而加以伦理化。皇帝必须依据古典经书上的仪式和伦理规则生活与行事。这样，中国的君主首先是一位大祭司；他其实是古代巫术信仰中的‘祈雨师’，只不过被赋予伦理的意义罢了。”①乾隆祈雨，一方面不免有一些仪式化和伦理化的特征，另一方面也有作为君主的一番诚挚。考察乾隆朝祈雨，这两种倾向都是不应被忽视的。

乾隆二十四年大雩《御制祝文》

乾隆二十四年（1759），全国再次遭遇重大旱灾。为此乾隆帝从春二月癸亥开始，就不断下令发帑赈灾。不仅如此，这一年的夏四月丁巳孟夏“常雩”，乾隆帝还亲诣行礼圜丘，以天时亢旱步行致祷。就在此前三天，他特下谕令：“日者恭逢雩祭，农民望泽正殷，朕宵旰靡宁，仰祈灵贶，宜从抑损，以懋寅承。前诣坛斋宿，所司应设卤簿法驾一切停止，视坛位拈香时服常服，至翼朝，由斋宫步行恭赴幄次行礼。”②奉行的一套祭祀程序都称得上尽善尽美，然而，雨还是没下。

五月辛丑日，乾隆帝又步祷社稷坛求雨，御制祝文，并增加了荐玉行礼，行前他曾几度降旨阐发其敬天祈雨的思想。这一天内阁奉上谕，宣告天下：“京师去年腊雨未能普遍，而自春徂夏，雨泽愆期，虽屡次设坛祈祷，或雷雨一过，或小雨帘织入土不过一二寸，总未得邀霑沛。今芒种已逾，将届夏至，二麦既多失望，秋田尚有未耕，朕两月以来宵旰忧虑，寝食靡宁，深加修省，昨降旨亲祭社稷坛，虔诚步祷为民请命，不胜迫切。……朕自即位二十四年至今，爱民之心有如一日，凡所以为百姓虑者无一事不极其周详，无一时或释诸怀抱。统计各省蠲赈之需，不啻数千万，而恩膏下逮常如不及，此亦天下臣民所共知者，……凡我臣民，宜共体朕返躬自责之苦衷，各自警省，力挽颓风，则彼苍仁爱阴骘下民，庶雨旸时

①［德］马克斯・韦伯著，洪天富译:《儒教与道教》，江苏人民出版2003年版，第28页。

②《乾隆朝上谕档》第3册，档案出版社1991年版，第308页。

若可冀，转啬为丰，以共享乐利之泽矣。”[①]

进入六月，依然未下上一场称得上“霑沛”的透雨，京畿的旱情进一步加剧。情急之下，十一日，乾隆帝徒步行至圜丘敬举“大雩”之礼，祀昊天上帝于圜丘。他雨冠素服，步祷于坛。……行三献礼，御制祝文，曰：

> 臣承命嗣服，今廿四年，无岁不忧旱，今岁甚焉。曩虽失麦，可望大田，兹尚未种，赤地千里。呜呼，其惠雨乎！常雩步祷，未蒙灵佑，方社方泽，均漠弗佑，为期益迫，嗟万民谁救！敢辞再渎之罪，用举大雩，以申前奏。呜呼，其惠雨乎！上天仁爱，生物为心。下民有罪，定宥林林，百辟卿士，供职惟钦。此罪不在官，不在民，实臣罪日深。然上天岂以臣一身之故，而令万民受灾害之侵？呜呼，其惠雨乎！谨以臣躬代民请命。昭昭在上，言敢虚佞？计穷力竭，词戆诚罄。油云沛雨，居歆赐应。呜呼，其惠雨乎！[②]

乾隆帝祝文的“深切”自责是否具有了宗教的忏悔意识呢？要指出的是，真正的宗教精神，乃是一种充分肯定人生苦难之存在，并因自觉祛除苦难之能力有限，而发生忏悔心，化出悲悯心，由此忏悔心、悲悯心，以呈现一种超越的精神力量，并就此从事道德文化实践的精神。而这篇感人的、有着些许“文学”意义的祷神文字，却少有上面提到的真正的宗教精神。虽然乾隆帝将天下的罪恶揽于一身，吁嗟因天旱带来的民生灾难，确是一副悲天悯人的心肠，但是这样的自责与吁嗟实则是以国家公务为形式，以求天惠雨为目的的宗教仪典，其中的个人不是真实的，因此其中的“忏悔”不能不认为是虚伪的。而且，其中只见求佑，而并未见超越旱灾苦难的精神力量，也没有从中感受到祛除旱灾苦难之能力有限的自觉。然而，谁又能说“心乎爱矣遐不谓，不谓求仙敬吁天”[③]不是一种敬畏情怀呢？

---

①《乾隆朝上谕档》第 3 册，档案出版社 1991 年版，第 324 页。
②《清高宗实录》第 588 卷。
③《清高宗御制诗文全集》第 6 册，第 802 页。

人们还要说，这只是一场空乏的宗教仪式。祭礼上的那舞童十又六人，衣元衣，执羽翳，舞皇舞，按节而高歌圣制《云汉》之诗八章，这些仪节是常雩礼所没有的，其目的无非是彰显昊天上帝至尊至贵的神权，进而突出祈天惠雨的主题。《诗 · 大雅 · 云汉》中有记载，周宣王时大旱五年，人们行雩祭祈祷吁求甘霖，云："旱既太甚，涤涤山川。旱魃为虐，如惔如焚。我心惮暑，忧心如熏。"乾隆帝在《御制祝文》中也是深切自责，并哀鸣怨天，俨然就是再一篇《云汉》，吁嗟之声依稀可闻，兢兢焉，栗栗焉，焦心盼泽，迫切恳挚以哀吁天，庶几动天鉴而迓天和乎！还好，幸哉！未几竟是澍雨大洽，京畿一带田畴终得霑足。反正官书上就是这么写的。

天高听卑

乾隆帝之所以屈尊祈雨源于一种千年共识，在传统的意识中，"盖天高听卑，诚使精诚不懈，自然天意当孚，不然，天体尊而神理赫，曾可以虚文故事动之耶？故将欲行祷，必存救民如救孺子入井、保民如保自己赤子之心，吃斋素，断嗜欲，首宿罪，悔己愆，内辨精诚，外励勤劳，必期天意感格而后可也"①。甚至有人说："盖天之水旱，犹父母之谴责也。人子见其亲声色异常，戒儆畏惕，当何如耶？幸而得雨，则喜而不敢忘，敬而不敢弛，惴惴焉，恐亲之复我怒也"②。由此可见我等先人畏天、敬天的心理是多么的沉重。

乾隆三十二年（1767）夏，北方缺雨，乾隆帝在一首诗中写道：

低麦已吐穗，高麦才三寸，
高低胥待泽，望雨中心闷，
闷望亦我常，今年益彷徨。
潦余民荐饥，亟资接青黄，

①〔清〕王心敬:《荒政考》，引自《关中丛书》第 2 辑第 2 卷，北京古籍出版社 2003 年版，第 200 页。
②〔宋〕真德秀语，引自〔清〕李侪农编《荒政摘要》之道光十三年刻本《竭诚祷》。

青黄惟此赖，迩日风转大，
蓬蓬镇扬尘，披襟悫无奈，
无奈惟自尤，较量忆从头。
盼风而惧雨，春暮犹然愁，
春暮忽立夏，曾未十日暇；
盼雨而惧风，秦越情殊乍，
情殊殊实同，无非嗟我农。
行当举常雩，沛恩希鸿蒙。①

在这首诗中，乾隆帝殷切盼望天降雨泽，而雨期却迟迟未至，日复一日的旱情令人心情郁闷，加上正处青黄不接，等待雨泽的庶民饥肠辘辘，而皇帝对此也彷徨不知所措。一阵阵肆虐的风将黄沙刮起，搅得周天如惔如焚……一时间草木凋零，鱼龙寂寞，为此乾隆帝只有奉上"自尤"的无奈。而在如此呻吟无奈之中又隐匿着尊天崇天的精神。

"夫天高听卑，英灵肸蛮，靡敢不孚？但天体尊而神理赫，其非凡夫假意虚文可以一呼而应，亦明矣。"②欲回天谴，召天和，可不是那么轻易能做得到的。天高听卑，人心向背；以民为本，勤修内政；民心顺畅，才可能政通人和，使国家安宁。

官书记载乾隆帝曾多次因天旱下罪己诏书：五年（1740）夏四月甲午，以旱召九卿面谕，直陈政事阙失。九年（1744）四月己卯，谕曰："一春以来，雨泽稀少。皇太后以天时久旱，忧形于色，今日从寝宫步行至园内龙神庙虔祷。朕惶恐战栗，即刻前往请安，谆恳谢罪，特谕内外臣工知之。"③

当朝大学士陈宏谋进奏说："时当亢阳，惟有祇率仪章，肃坛虔祷，仰吁于天，为民请命"④。在臣下看来，"仰惟皇上春秋躬省耕敛，凡小民稼穑之依，周知

---

① 乾隆帝：《西直门外即事书怀》，《御制诗集 · 三集》卷 30。
②〔明〕屠隆：《荒政考》，引自《中国荒政全书》第 1 辑，北京古籍出版社 2003 年版，第 192 页。
③《清史稿 · 本纪十 · 高宗本纪》。
④《荒政辑要》，引自《中国荒政全书》第 2 辑第 4 卷，北京古籍出版社 2003 年版，第 280 页。

熟睹，渊然雷声时至，取怀而予，适如人之所待命而不敢言者，所谓天高听卑。”①乾隆帝认为：“天高听卑，一念之克，罔圣狂分焉。而天之眷顾与否？亦捷于响应，故求天于天，不若求天于己。人事尽而天理见。几者，事之微，天理存而人事修；时者，理之运，无时无事而不戒，敕则不睹不闻之。戒慎恐惧，励朝乾夕惕而无间，以是而对越顾諟庶几乎？私欲潜消，克己复礼，以是修身，则履中而蹈和；以之施政，则形端而表正。”②

天意的延伸或具体化，就是君父。“在上曰天，在下曰地。君君臣臣，父父子子。在下曰地，在上曰天。父父子子，君君臣臣”③，而这，也就像是乾隆帝的那份真诚。

中国人的自然宇宙观

在古代中国并不乏对天自然性的认识，诸如荀况的《天论》等。到了明代的王夫之，他从两个方面来分析人与自然的关系，一方面，在他看来“天之道，人不可以为道”④，人不可能替代宇宙的生化过程，“天之化裁人，终古而不测其穷，人之化裁成天，终古而不代其之”⑤。另一方面，人道是天道的基础。人依据在自然历史和社会历史中获得的情感认知结构，能动地改造自然与社会，从而使天道的秩序显现出来。

因此，就人道的终极发展而言，人道即天道。王夫之还说：“天者道，人者器，人之所共知也。天者器，人者道，非知德者孰能知之。……人道之流行以官天府地，裁成万物而不见其迹，故曰天者器，人者道。”⑥很显然，在中国人的传统自然宇宙观中缺乏超越必然规律的观念，而是将内在规律认定为其内在于自然事

---

①〔清〕方观承:《赈纪》卷6，乾隆十九年刻本。

②乾隆帝:《经筵御论·敕天之命惟时惟几》,《御制文初集》卷2。

③《高宗纯皇帝御制乡饮酒礼乐章补笙诗·六篇》，乾隆十年。

④《续春秋左氏传博议》下卷，参阅《船山全书》第5册，岳麓书社1996年版，第617页。

⑤《尚书引义·皋陶谟》，参阅《船山全书》第2册，岳麓书社1996年版，第270页。

⑥《思问录·内篇》，参阅《船山全书》第12册，岳麓书社1996年版，第405页。

物之中。这样一来，中国人的自然宇宙观就失去了西方人的自然宇宙观中用系统的科学理论及实验为之说明做证的思维基础。正如乾隆帝所云："予小子法祖敬天虽切于衷，而推测协纪之方实未夙习。"[①]

自然科学本非古代中国之所长，然而，中国人的自然宇宙观，自有其所代表的文化精神与所表现出来的对自然认知的智慧。中国自然宇宙观的文化背景，唯是中国古代传统文化精神，即儒家精神与道家精神。此与西方近代科学的文化背景大相径庭。

在中国古代的宗教思想中，素有天命靡常、天命不已的说法，因此，中国古人所信奉的自然，也就没有绝对的必然规律可言。中国人发现一个规律或条理等之意义，常蔓延出本来事物之外，诸如对天灾的认识。谷梁赤曰：五谷不升为大饥，一谷不升谓之歉，二谷不升谓之饥，三谷不升谓之馑，四谷不升谓之康，五谷不升谓之大侵。大侵之礼，君食不兼味，台榭不涂，驰候廷道不除，百官布而不制，鬼神祷而不祀。此大侵之礼也。[②]由天气的干旱而想到了降雨的世间障碍，由特殊的颜色，想到了特定的方位、专门的神祇（包括祖先神），以及与其自然现象毫无关系的帝王政务，于是乎，皇家"避殿减膳""下召求言"，以至"下诏罪己"变成灾荒年国家的公务程序，每遇"无岁不忧旱，今岁甚焉"的年景，皇帝必将大呼："上天仁爱，生物为心。下民有罪，定宥林林，百辟卿士，供职惟钦。此罪不在官，不在民，实臣（乾隆帝自称）罪日深。"[③]吁嗟感天求雨也就成了皇帝在无雨天里必做的功课。

认识一种事物的普遍关系，尽可在特殊事物发展历程的经验中探索。真正将科学主义思潮引入中国的，是19世纪末的戊戌维新，作为向西方寻找救国救民真理的先进中国人——康有为、谭嗣同都重视科学，但他们主张把西方近世科学知识与中国传统哲学元素结合起来，建构新的哲学体系。而实际上，他们是把西方近世科学知识纳入中国传统哲学框架中，从而把中国传统哲学的宇宙论与本体论相结合的特点推向了极端，如康有为认为："不忍人之心，仁也，电也，以太也，

---

① 乾隆帝：《仪象考成序》，《御制文初集》卷12。
②〔明〕潘游龙辑著，〔清〕张鹏飞重刊：《救荒》，引自《康济谱》，道光十六年重刻本。
③ 乾隆帝：《大雩祝文》，《御制文初集》卷3。

人人皆有之。”① 又如谭嗣同主张：“仁以通为第一义。以太也，电也，心力也，皆指出所以通之具。”② 他们的哲学体系，被梁启超称之为“不中不西即中即西”之学。③

同时代的严复则打破了这种哲学范式。他继承了西方近代经验主义传统和现代实证主义原则，认为“可知者，止于感觉”④，只有在经验范围内的东西才是可知的，而离开了经验的“天地元始、造化真宰、万物本体”⑤之类则是不可认识、不可思议的思维模式。由此，他主张拆解中国传统哲学中的宇宙论与本体论的结合，把能够经验证实的宇宙论与不能够经验证实的本体论分离开来。严复的这一主张，不仅是一种自然图景及其解释系统，还以“物竞天择，适者生存”的理论唤起中国人探索自然宇宙、建构科学自然宇宙观的意识。

①《孟子微》。
②《仁学》。
③《清代学术概论》。
④《穆勒名学》按语。
⑤《天演论》按语。

4 雩帝神祇

诚如乾隆帝所言“惟百神各有攸职，功在苍生，乃庙而食用”[①]，在东方人的意识中，凡灵魂之属，必有神性，凡有神性者必有其象。“雨神”观念产生之后，人们便开始塑造雨神形象。一旦遭遇天旱，上自最高统治者——皇帝，下至公卿官长，便会自充祭司，以此行雩礼求雨。宗教所追究的对象是无限和绝对。这些充斥了神灵的经文的原材料不只出于作者们的观察与实践，而且还有奉祭者的强烈愿望、梦想、智慧与误解。“旱干水溢，交修乎人而祟祷于天，荒政之大者”[②]。

《礼记 · 祭法》上说：“雩宗，祭水旱也。”郑玄注说：“宗，皆当为禜，字之误也。……雩禜，亦谓水旱坛也。……《春秋传》曰：‘日月星辰之神，则雪霜风雨之不时，于是乎禜之；山川之神，则水旱疠疫之不时，于是乎禜之。’”“禜”专指古人为消除自然灾害或瘟疫而对日月星辰和山川举行的一种祭祀仪式。

一种说法是，“山川之神，则水旱之菑禜之；日月星辰之神，则雪霜风雨不时禜之”[③]。由于祈雨关乎天下人的生计，为此行祭者无不“祭如在，祭神如神在”[④]，极尽其精神力量，虔诚祈祷，即使是真龙天子也必用诚意感召天和。又，说雩宗，是既祭水又祭旱的神祇，实际上在中国历来是祈晴少，祈雨多。因而雩的神性归根结底是祈雨之神，由此构成了以农耕社会为背景特征的特定的文化现象。

---

① 乾隆帝：《告风神文》，《御制文初集》卷 3。
② 引自〔明〕俞汝为辑《荒政要览》卷 2，万历三十五年刻本。
③《史记 · 郑世家》。文中“菑”通“灾”，见《诗经 · 大雅 · 生民》：“不坼不副，无菑无害。”
④《论语 · 八佾》。

雩帝

雩帝的出现是人心灵活动积淀的结果，古书上说它是至大至上的“五精之帝，配以先帝”的大神。[①]《礼记 · 月令》仲夏之月载：“命有司为民祈祀山川百源，大雩帝，用盛乐。”郑玄注说：“阳气盛而常旱，山川百源，能兴云雨者也。众水始所出为百源……雩帝，谓为坛南郊之旁”。雩帝是山川百源的主宰，是兴作云雨的根基，五精也就是五方星座，是天上神灵的统帅。它的神位就在南郊圜丘一侧的祭坛之上。

《左传》桓公五年有记，曰“凡祀，启蛰而郊，龙见而雩，始杀而尝，闭蛰而烝”。就是说，夏历寅月、巳月、酉月、亥月有四种大祭，如果不按时奉祭，就会受到时世的责难。那时有专门的人管理历法和岁时之祭，并且观察天象、记录云气。《左传》僖公五年记冬至日视朔时就说：“凡分（春分、秋分）、至（夏至、冬至）、启（立春、立夏）、闭（立秋、立冬），必书云物，为备故也。”其目的是验证祥瑞和灾异。

自古以来，帝王郊祀中就有请雨雩祭。《左传》说龙见而雩，有说那“龙”是指角亢星。“龙见，建巳之月，苍龙宿之体，昏见东方，万物始盛，待雨而大，故祭天。远为百谷祈膏雨”[②]。殷商以后各朝均有大雩之祭，礼制仪乐，大约相同。《春秋》书大雩二十又一次，均在七月以后。雩以四月为主，故不书。凡周之秋，五月之中而旱，亦修雩礼，以求雨。天子雩上帝，诸侯以下雩上公。又，“山川百源能兴云致雨，众水始共出为百源，必先祭其本”[③]。说的是祈雨的时间与祭祀的对象。

《礼记 · 祭法》上说：“雩宗，祭水旱也。”郑玄注：“雩宗，亦谓水旱坛也。”唐人孔颖达疏：“雩宗，祭水旱也者，亦坛名也。……宗，亦营域也，为营域而祭

①《礼记 · 月令》郑玄注。

②《左传》桓公五年原文为：“龙见而雩。”杜《注》：“龙见，建巳之月……故祭天远为百谷祈膏雨也。”

③《礼记 · 月令》上文《杜注》：“山川百源能兴云致雨，众水始所出为百源，必先祭其本。”出自《十三经注疏》，中华书局 1982 年版，第 1369 页。

之，故曰雩宗也。”也可以说，雩祀的祭坛即“雩宗”，就是这么一个坛——一座人工隆起的土坡是也。

雨神话中的祖先神

在上古传说中，与旱、雨相关的祖先神故事很丰富，羿是其中之一。楚辞《天问》：“羿焉彃日？乌焉解羽？”王《注》引《淮南》云：“尧时，十日并出，草木焦枯。尧命羿仰射十日，中其九日。日中九乌皆死，堕其羽翼，故留其一日也。”后羿射日的故事，也是演绎自《淮南子》，云：“羿除天下之害，死而为宗布。”注云：“羿，古之诸侯，此尧时羿，非有穷后羿。”

古时候的祭祀，相传有共工氏，霸九州岛，其子名句龙。能平水土，死为社祠，有烈氏王天下，其子名柱，能殖百谷，死为社稷。舜禋于六宗。禹遵之。至帝孔甲，淫德好神，神黩，二龙去之。应劭曰：“夏帝孔甲，天赐之乘龙，河汉各二，其后媟黩嫚神，故龙去之。”

有学者考证，禹为雨神。原因是应龙即句龙，句龙即九龙，九龙即九首之虺，九虺即禹。禹为姒姓，而姒字则象蛇身自环形。《国语·鲁语上》载展禽曰：“鲧障供水而殛死，禹能以德修鲧之功，夏后氏禘黄帝面祖颛顼，郊鲧而宗禹。”宗禹就是以大禹作为民族的宗神。“禹之为禹，得名于 wu，雨神为其最初神格；继因祷雨山川而演为山川之神；因农业发达，社稷之祀尊于一切，禹之神格，再变而为后土，为稷神。”并且，“因祷雨不如通沟渎神话，乃有禹尽力乎沟洫传说因古者祷雨或在山川，乃有禹主山川传说；因禹为山川之神，于是焉有平水土、奠高山大川传说。”①

1923 年，顾颉刚在《读书杂志》上发表了《与钱玄同先生论古史书》一文，假设禹大约是断蜴之类，说，“我以为禹或是九鼎上铸的一种动物”。随即引起了学者们的群起而攻之。鲁迅在《故事新编·理水》中说，有一座文化山，山上

① 参阅丁山：《古代神话与民族》，商务印书馆 2005 年版，第 214、215 页。

有一位乌头先生（暗指顾颉刚）当人们议论到大禹治水时，他立刻把鼻尖胀得通红，吃吃地说:“这这些些都是废话，你们是受了谣言的骗的。其实并没有所谓禹，‘禹’是一条虫，虫虫会治水的吗?”到1925年，顾颉刚在给钱玄同的回信中写道:“知道《说文》中的禹字的解释并不足以代表古义。”可见，此时顾颉刚已经放弃了“禹为动物”之说。

自商至周，“周公制礼，郊祭后稷，天子祭天下名川大山，诸侯祭其畺内名山大川，大夫祭门、户、井、灶、中五祀，士庶人祖考。淫祠有禁。”

自周平王后，秦襄公始祀白帝，自后所祠者渐众，到始皇帝时，除那些名山大川外，更祀陈宝（雉神）、天神、寿星、日月参辰、南北斗、四海、九臣……更祠风伯雨师。师古曰:“雨师，屏翳也。一名屏号。”秦并天下，令祠官所常奉天地名山大川鬼神可得而序也。

小神——雷神、雨师、水神、风神

当一种神祇最初被创造出来时，它的创造者或许会把过多愿望寄予它，就像是一个被幼稚的理想主义充斥的少年，想要兑现一切祈愿。随着时间的推移，求佑者的热情和对神力的痴迷开始慢慢地消退，并就此放低目光，从想护佑整个生灵，降格护佑某一自然现象下的生灵，最后只想护佑某一自然现象下奉献了祭品的生灵。然而人们面对所创造出的众多神祇，却是哪个也不敢得罪，再小的神也得为之建庙。

事实往往与想象之间有着相当大的距离，那些本事不大的神祇可能会表现得令人欣喜，而那些有着大本事的大神常常表现得令人遗憾。这就是人们为什么在创造主宰世界的至上神之后，还要创造那么多琐碎的神祇的原因吧。历朝历代的雨师形象有很多种，但最早的是龙的形象。龙由图腾演化为雷神的象征，当雨神独立之后，不仅从雷神手中夺走了主宰雨水的大权，而且把雷神最初的形象——龙也窃为己有，这说明人们已普遍把龙视为雨水神的形象。神话传说中的应龙，具有呼风唤雨的神性，当是较早的雨神。而有时它们的神格卑微到不能进入人们祭拜神灵的大堂，譬如龙，它总是被放置在神宇的外装修上，作为守护之用或做配角。

古人以为雷神主宰雨水，雨水是闪电带来的，但人们后来又观察到雷电与雨水没有必然的联系，没有雷电时也会下雨。于是人们开始相信有一个单独的雨水神主宰雨水，这样便产生了雨神的观念。

在南阳市出土的汉画像石中有画像，其形象是人形（也有肩生两翼），乘坐一云气神车，车上生树枝，雷神持槌击鼓。[①] 雷神最早的形象当是龙蛇或龙身人头。如《山海经 · 海内东经》说的："雷泽中有雷神，龙身而人头，鼓其腹则雷。" 龙最初应是雷神形象。汉画的雷神是一人形之神，王充《论衡 · 雷虎篇》又云："又图一人，若力士之容，谓之雷公，使之左身引连鼓，右手推椎，若击之状。" 古人常认为雨与雷相连，雷电是司雨之神，祭祀雷神，以求风调雨顺。汉画像石的雷神也常与雨水之神相伴。南阳汉画像石所刻雷神当与南阳汉代祭祀雷神求雨风俗有关。

《诗》云："朝隮于西，崇朝其雨。""朝隮其雨" 是说早上出虹，预示有雨。雩，在字义上还指虹。虹是云雨之气。考古学资料可进一步说明龙在古代曾被奉为虹神。在甲骨文中，"虹" 字多处出现，字形像是龙蛇类的动物，身形如弓，如虹状，两端有两个龙头，虹似龙蛇弯曲状。《初学记》卷二载："五月二十九日有黑气堕温殿东庭中，黑如车盖，腾起奋迅，五色有头，体长十余丈，形宛似龙。" 虹神观念的产生与雷神和雨神观念有密切的关系。直观的原因是，虹出现是龙下江河吸水或饮水。雨过后，云消雾散，往往出现彩虹。古代人们会感到奇怪，为什么有雷电时没有彩虹，而彩虹出现时没有雷电？人们或许会猜测，以为雷电与虹有内在的联系，以为虹是由天上的龙变化而来的，是龙从天上下来了。

风对于华夏民族的生存状况而言，它是一种复杂而多变的自然现象。《说文》上说："八象气之分散"，气 "散而为风"，也就是说 "八" 即 "风"，"八" 与 "风" 密切相关。《淮南子 · 地形训》："八主风"，古人将风分为八方之风，故风之数

---

① 南阳市博物馆：《河南南阳英庄画像石墓》，《中原文物》1983 年第 3 期。

为八。“八，别也”，“别为阴阳……万物乃形”。也就是说不同方向的风会带来截然不同的现象。《山海经 · 大荒经》说：有神“名曰折丹——东方曰折，来风曰俊——处东极以出入风……”。

据朱天顺《中国古代宗教初探》载，由于对产生风的原因认识不同，各地风神信仰也各具特色。春秋战国时期，风神信仰逐渐集中起来，中原地区的信仰体现在《尚书》《周礼》等记载中，以星宿为风神（箕星）；南方地区的风神信仰体现在《楚辞》《淮南子》等书中，以鸟形或有翼的怪兽形的飞廉为风神。秦汉以来，两物合二为一，纳入国家祀典，有了固定的祭祀时间、地点、仪式。曰：一岁一祭，东门外，祭风者明。相比较而言，南方的“飞廉”信仰更形象，保存了许多原始宗教的残遗，《搜神大全》中说飞廉“能致风气者，身似鹿，头似爵，有角，而蛇尾文如豹”，神乎其神，民间信仰中南方的风神可能更普及一些。朝廷的祈雨和雩祀礼仪也彰显了历史中自然灾害的一些面貌。所谓“庶民惟星，星有好风，星有好雨”[①]，在这个意义上，可知统治者尤为重视天象的观察与祭祀。

乾隆帝曾为祈雨而告祭风神。祝文上说：“维神大元中精，辅翊生成，以吹以嘘，百昌勾萌。”这是对风神的赞美。自雍正帝始将风神的灵宇供奉在紫禁城的巽方[②]。起因是当时“旱魃为灾，彭怒张天，继日以霾”，为此雍正帝命皇族成员，以玉帛、牺牲奉祭风神，并用祝史颂之。由此而厚蒙神庥，使“骇飚为收”，“禾黍沐泽”。后来的乾隆帝也照此办理，告祭风神，“愿敕飞廉速收其暴，油云以作雨师前导”[③]。这真是“风乎舞雩”[④]之怪现象。明明是风伯带来了旱魃，两位父子皇帝都是愿风飚收敛，然后才可能云腾即雨。他们都不将为虎作伥的“风”视为魔鬼，反而供奉之若神明，“屏息以待，惟神之思”，期待风神的开恩。

---

① 江灏等：《今古文尚书全译》，贵州人民出版社 1991 年版，第 243 页。

② 巽，指东南方，亦为风神名，语出《易经 · 说卦》：“巽为木，为风。”

③ 乾隆帝：《告风神文》，《御制文初集》卷 3。

④《论语 · 先进》。

龙神

为什么古人把雷、雷电视为龙蛇？这是基于原始时代人们的二元对立转换的思维结构。世界上许多民族往往都把天上的自然现象与地上的万事万物联系起来，认为两者具有密不可分的关系，是相互转化的关系。

人们奉龙为雨神的化身，其中最重要的原因是相信天降雨水与地上的水有关。天空为什么会降雨，雨水是从哪里来的？在古人看来，天空为弧形，是倒挂的，不可能盛有水，只有湖、海和江河才有大量的水，天下雨当是某种动物把地上的水输送到天上，再从天上洒下来，而输送雨水的动物便是龙。《山海经·大荒北经》记载有“应龙蓄水”，帮助黄帝打败蚩尤。“应龙已杀蚩尤，又杀夸父，乃去南方处之，故南方多雨”。应龙有呼风唤雨的神性，是雨水神的形象。传说黄帝是雷神的化身，《重修纬书集成》卷四《春秋合诚图》云：“轩辕星，主雷雨之神。”而黄帝出行，常以应龙、风伯、雨师为其随从。人们期望着“雷师阗阗，飞廉衙衙。曰时雨旸，利我新畬”。

汉代也有做土龙求雨之俗，《后汉书·礼仪志》说：“……其旱也，公卿官长以次行雩礼求雨。闭诸阳，衣皂，兴土龙……”注引《新论》说，之所以做土龙、吹律及行诸方术，是因为龙一出现就要有风雨兴起以迎送之，“故缘其象类而为之”。

鄂伦春族仍残留这种观念，他们认为，雨是由于龙神下到池子里用龙鳞蘸水上天后形成的。他们还说，看到龙时不能说它上不了天，否则就真的上不去了，只能说快上去吧，并要手持木棍做出往上抬起的姿势，还要喊出“嘿哟嘿”的调子，意思是赶快让它上去。为什么龙从天上下来？是因为龙鳞上的水洒完了，需要到江河湖海中去吸水，让鳞甲装满水，准备下次降雨时用。在《论衡·道虚篇》中就有此记载：“龙起云雨，因乘而行。云散雨止，降复入渊。”也就是说，龙居住在深潭里，天下雨是龙飞到天上去洒雨，雨停云散之后，龙又从天上下来回到深潭中去蓄水。

古代中国人除了把龙与雷神、雨神、水神和虹神联系在一起之外，还把龙与星神联系起来。其中有两个星宿被古人认为与龙有关。其一为轩辕星。《史记 · 天官书》："轩辕，黄龙体。" 众所周知，史载黄帝别号轩辕。《太平御览》卷一引《春秋合诚图》："轩辕，主雷雨之神。"《艺文类聚》卷二引《河图帝纪通》："黄帝以雷精起。" 可知黄帝以雷神自居。如上所述，古人以龙作为雷神的象征，而"轩辕"一名很可能是龙的别称，因此，轩辕星也就是龙星。

再就是苍龙七宿，又称龙星，亦即二十八宿中的东方七宿。苍龙七宿的名称分别是：角宿、亢宿、氐宿、房宿、心宿、尾宿、箕宿。河南南阳市蒲山阮店堂出土有东汉"苍龙星座"画像石，画面下刻苍龙星座及龙形，上方为一圆月，月中有玉兔、蟾蜍。

将东方七宿统称为苍龙，可能是较晚时期的说法。龙星出现之时，必须祭天，古籍中有不少关于祭龙星的记载。例如，《左传》桓公五年："龙见而雩。" 解释为"龙见，建巳之月，苍龙宿之体昏见东方，万物始盛，待雨而大，故祭天，远为百谷祈膏雨"。等等。

为什么古代人把星与龙联系起来呢？天上众星如人类居住的地球一样，本是自然实体，但古人们对神秘的星空茫然无知，产生许多猜测和幻想，以为星辰是地上的万物之精华上升天空而形成的。《说文》有记："万物之精，上为列星。" 古代的人们还把龙奉为星神之像，这与奉龙为雷神、雨神、虹神一样，是古代人们把天上的自然现象与地上万物联系在一起，把天上的龙星与地上的龙蛇相联系的结果。

皇家祈雨用器

清初沿用前朝旧制，坛庙祭品遵古制，唯器用瓷。雍正时，改范铜。乾隆十三年（1748），诏祭品宜法上古，并命廷臣集议，始定制笾编竹，丝绢里，髹漆。郊坛纯漆，太庙彩画。[①] 其豆、登、簠、簋，祭器组合的大致情形如下表：

坛庙名称	用器名称及相关定制
郊坛	豆、登、簠、簋，用陶，纯漆。尊则郊坛用陶。祀天地爵用匏。凡陶必辨色，圜丘、祈谷、常雩、方泽陶登，黄质采（彩）饰
太庙	陶登，采（彩）画，其他用木，髹漆，饰金玉。铏范铜饰金。玉爵。春牺尊、夏象尊、秋着尊、冬壶尊、祫祭山尊，均范铜。两庑陶。太庙陶登，黄质采（彩）饰
社稷	社稷正位，玉一陶二。配位纯陶。又豆、登、簠、簋、铏、尊皆陶。社稷陶登，黄质采（彩）饰
日、月、先农、先蚕诸坛	陶登先农黄，日坛赤，月坛白
帝王、先师、关帝、文昌及诸祠	皆用铜。陶登俱白

皇家祈雨用器当归在郊坛之制，用陶髹纯漆的盛粢盛器——簠、簋，盛菹醢器——豆、登，及盛酒器——尊。并特别规定其中的陶登为黄质采（彩）饰。诏文的用意无非是对神明表达一种“慎终追远，民德归厚矣”[②] 的情怀。

上面所列器物的制式中多为三足器与圈足器，即将所盛的食物架高，有一种对神祇隆敬的意识在其中，其造型表达就高祀神的意识，与“以禋祀昊天上帝”之“歆”的原始影像相合。当时“万物有灵观包含着一定如此一贯地导致拟人化的观点，……只要借助有意识的隐喻就能拟构”[③]。“歆”的影像正是这样被隐喻拟构，并折射到器物的造型当中的。特别是非炊具类的高三足与高圈足类器物，很可能用于氏族集团的祭祀仪礼。

在一位西方学者的研究中，作为“东部陶器传统的主要特征”之一是，“陶器

①《清史稿 · 礼志 · 吉礼》“神位祭器祭品玉帛牲牢之数神位”条。
②《论语 · 学而》。
③［英］爱德华 · 泰勒著，连树声译:《原始文化》，上海文艺出版社 1992 年版，第 288 页。

之器身常因某种方法加高而不着地”[①]。虽然他并没有进一步说明这样的做法背后是怎样的一个思维世界，但是，可以断定这里并非仅出于美观上的考虑，而是用于祭神。由此可以推论，其中必然包括一个类似原始宗教的思维世界，起码在后来的文献中，这种“加高而不着地”的意识已经表达得很明确了，“馨香祀登闻于天”[②]，“以天之高，故燔柴于坛，……天神在上，非燔柴不足以达之”[③]，似乎高三足与高圈足类器皿已有了相近的意识，即在加高的陶器中已具有了“上帝居歆”的影像。

而且，社会的农业程度似乎直接影响着祭神的供品，由于礼用容器是以盛供品的种类做区分的，因此与盛供品的器皿有着相当大的关系。“粢盛”指粮食五谷。“粢”或写作“齍”（异体字，见于东周礼书），泛指五谷，“盛”表示盛于簋、簠等容器，合称“粢盛”，则指祭祀用的五谷供品。《左传》桓公六年云“吾牲牷肥腯，粢盛丰备”，又云“奉盛以告曰：絜（洁）粢丰盛”。

《国语・楚语下》所载观射父曰：“颛顼受之，及命南正重司天以属神，命火正黎司地以属民，使复旧常，无相浸渎，是谓绝地天通。”所谓“绝地天通”，是说从此平民不再具有直接和天地之神沟通的权利，巫史有了专职，使过去“夫人作享，家为巫史”的社会状态为之一变。祭神的礼器也为国家所垄断，由此获得了格外神圣的属性。

---

①［美］基德炜：《从考古器物看中国思维世界的形成》，转引自《中国文化与中国哲学》第三辑，深圳大学出版社1998年版，第474页。

②《尚书・酒诰》。

③《礼记・郊特牲》孔疏。

5

天人合一

就算是皇帝，凭什么合得了天呢？简单地说，就是要做到所谓“明明德”，就是要君主把善心打开，亲民，与民亲善。同时要毋意（不要有为己的意念），毋必（凡事不要坚持），毋固（不可固执自己的立场），毋我（牺牲自我）。总之，就是克己，就是要甘心情愿为民牺牲。或者有人争辩说，孔子的主张或是真意的，也是全面的，如果君王都可以为民牺牲的话，岂不是就没有专制强权了吗？孔子无从作答。

乾隆帝所践行的“常雩”，完整地表达了“天人合一”的理念，反映了天与君主的关系，这种关系又集中体现为敬天、天人感应诸意识。旱涝无常，“非神莫佑。惟修政勤政，以冀雨旸时若。天人感应，捷于桴鼓，自然之理”。在乾隆帝心中，“我朝凝承景命，屡庆降康，敬天勤民，孜孜弗懈，肇称殷礼，尤为明备焉”。更令他念兹在兹的是，“况当万民窘迫之际，使弗夙夜祗肃，以上格天心，不但不能救将来之饥馑，且不能慰怅望之民情矣！为人君者，因祈祷而念民艰，释冤狱，广平粜，或格神于梦寐，或得雨于躬祈，怀保之仁，不于此而见欤？有牧民之责者，无时不当积诚以致感通，将荒之际，要务尚有过于祈祷者哉？”[①] 这里，权力演绎成为中正仁和的愿景，政治现实与政治理想被混为一谈。

似乎这也是政治意识形态的根本目标。一个理性的政治实体需要在被赋予权力的同时也赋予其魅力。在权力的形成中，宗教与神话向来是重要的思维方

①《康济录》，引自《中国荒政全书》第 2 辑第 4 卷，北京古籍出版社 2003 年，第 280 页。

式。尤其是在政治家的形象塑造中，把政治人物神圣化或神话化，就像是中国古代“天”与“天子”的合一。就在 1748 年，也就是乾隆十三年，孟德斯鸠出版了他的著作《论法的精神》，在这本书中他就已经指出：“中国的立法者……把宗教、法律、风俗、礼仪都混在一起；所有这些东西都是道德，所有这些都是美德。与这四者相关的箴规，即人们所说的礼教。中国统治者就是因为严格遵守这种礼教而获得了成功。”在他看来，“礼教里没有什么精神性的东西，而只是一些通常实行的规则而已”①。

天是什么？在中国人那里，天，不仅代表了人们赖以生存的自然，而且代表了一个精神的世界。“天”以“上帝”的神明而作为至上神；人又是什么？人是万物之灵。在这个统一体中，天与人的关系是附和，还是可以融合？人们无数次地问自己，也无数次地解答这个像是永远找不到一个好的答案的问题。这是灵魂之间的对话，灵魂，最为本质的表现就是提出问题和寻求答案的能力。乾隆帝命养心殿“三希堂”之名，其中的蕴意不只是在藏帖，还在于取今复古，重温“士希贤，贤希圣，圣希天”的古训。此处之“希”当作希冀之意理解。

“雩祭”不同于君臣、官民、神祇不分的单纯的“祈雨”祭祀，它是以王（后来是皇帝）为中心的农业社会沟通天神降临甘霖的国家祭典。应特别指出的是，这一祭典对建都于北方半干旱地区的清朝统治者来说意义至关重大。如乾隆帝所说“夫敬天所以勤民，龙见而雩典礼尤重”②。

天与天子的关系

很早以来，中国人就已经开始有了这样的看法，宇宙是相互关联的一个整体，“天”“地”与“人”之间有着深刻而神秘的互动关系，天文学意义上的“天”，与地理学意义上的“地”，及生物学意义上的“人”，乃至政治学意义上的“国”，在精神上互相贯通，在现象上互相彰显，在现实上相互感应。

---

①［法］孟德斯鸠著，张雁深译：《论法的精神》上册，商务印书馆 1987 年版，第 313 页。

②《乾隆朝上谕档》第 11 册，档案出版社 1991 年版，第 110 页。

孔子曾一再地提出“天”这个具有神灵的概念。在《诗经》和《书经》里有“天”“昊天”“上帝”“皇天”“皇天上帝”，称呼虽有时不同，但所指的对象都是一个，亦即“维民有天，匪食则那？”这是儒家哲学的一个基本部分。孔子说过：“惟天为大”[①]，“天何言哉，四时行焉，百物生焉”[②]。

同时，“天”具有可信赖性，常过问人的祸福。乾隆帝也说过，“惟天可感，日惟诚恪。惟农可稔，日惟力作”[③]。当年，孔子路过宋国，司马桓魋要杀他，情况非常危急，他说：“天生德于予，桓魋其如予何？”在匡遇险时，他也说：“天之未丧斯文也，匡人其如予何？”[④]“天既祸之，而自福也，不亦难乎？”[⑤]他认为天是不可抗拒的，天是威严的，因此他说：“畏天命。”天又是全知的，如他所说：“知我者其天乎。”[⑥]天是能审判人的，他说过：“天厌之。”天是具可知性的，他认为：“思知人，不可以不知天”“五十而知天命”[⑦]。孔子的“天”和犹太教《旧约》里的耶和华完全没有不同。只是耶和华很好说话，耶和华整天说东说西的。孔子的“天”并不好说话，所以他说“天何言哉”。

孔子为什么非要如此强调天呢？至少有两个最基本的理由：其一，从慎终追远的角度来看，祖宗的祖宗，必定要源于一个始祖。追至穷极，便是宇宙“第一因”的天。如果不立一个“自在天”，逻辑上必陷入一切皆空（没有）的虚无。其二，如果承认天的创造性，人就成了天手里的造物，人对天就不可能产生抗拒力。因此，古之圣人穷理尽性以至于命，申言，人能尽心知性以知天，存心养性以事天。所谓：雷霆雨露皆是天恩，只好逆来顺受，人与天地万物实为一体，这样才能顺理成章地建立他的“复礼主义”。

天人感应的观念自古有之，并由此产生了“天人合一”的信奉原则。雩祭是一种典型的运用天人感应观于宗教祭典的事例。“天即广义的自然及本然，人则受限制于主体的创造活动（自然的人化过程）及其成果（表现为各种形态的文

---

①《论语·泰伯》。
②《论语·阳货》。
③ 参阅乾隆帝:《大雩乐章云汉诗·八章》，乾隆七年。
④《史记·孔子世家》。
⑤《左传》昭公二七年。
⑥《史记·孔子世家》。
⑦《论语·为政》。

明）”[①]。这种观念使人们放弃了对神的心灵奉献式的宗教追求，而是采用了祈佑的方式，去拜谒那个作为主宰的“天”，以祈求有益于农事的甘霖。康熙帝表述过：“朕惟天人感召，理有固然，人事失于下，则天变应于上。”[②]这，应当说是一种古代农业社会的思维方式。

自然灾害的多发，使中国人逐渐形成了崇尚自然、顺应自然的思维倾向，同时，在治理国家的农业经济思想中，又抱有以人事应天变、克服天灾的意识与理想。孔子说：“道之将行也欤？命也；道之将废也欤？命也。”[③]道，本身是人们认知自然的理想之我，而天命则限制了人的主体活动，道的抉择始终不能超出天命的范围。从孔子的话中可以看到，自由理想与宿命论，并存于中国人传统的观念体系。“天人合一”将天道与人道统一起来，由天的人化，推演出天帝的人格化。天帝把统治权委托给天子，而时常监视着，要求天子模范地、忠实地执行天帝的命令，以造福于人民。

皇帝相信采用“敬天”的方式就会达到希冀的福祉。康熙帝上谕说：“昔年曾因暵旱，朕于宫中设坛祈祷，长跪三昼夜，日惟淡食，不御盐酱，至第四日步诣天坛虔祷。油云忽作，大雨如注，步行回宫，水满两靴，衣尽沾湿。后各省人至，始知是日雨遍天下。”[④]很显然，康熙帝是将他种种“敬天”的心象与天降雨泽的天象联系在一起了。乾隆帝也不例外，一旦遇到旱情，他总会表现出对天的特殊的隆敬。乾隆七年（1742）制定的常雩之制，其目的就是不分常年或灾年，像冬至圜丘祭天一样，皇帝都要亲诣坛址祭祀，对天躬亲行礼，精意祈求，以昭诚敬。

在祭天神的践行过程中，乾隆帝的敬天方式则主张质素。乾隆十三年（1748）上谕曰：“考之前古，笾豆簠簋诸祭器，或用金玉以示贵重，或用陶匏以崇质素。各有精义存乎其间，历代相承，去古寖远。”表现了传统的慎终追远思维方式。

---

① 杨国荣：《善的历程》，上海人民出版社 1994 年版，第 13 页。

② 康熙十七年六月上谕，载《钦定大清会典事例 · 礼部》卷 420。

③《论语 · 宪问》。

④ 载《钦定大清会典事例 · 礼部》卷 420。

天命靡常，唯感召天诚

歌德的伟大作品《浮士德·天上序曲》中的恶魔靡菲斯特，他是否定一切、破坏一切的恶灵，同时他也是天主的仆人，天主允许他对人类进行干扰活动，为的是使人类脱离惰性，永远不断地进行更高等的活动，而最终“进入澄明的境域”。①但是，在中国的传统文化中，自然灾害对于人类并没有这种相辅相成的作用，而更多地被认为是对于人世的“天谴”，即由于下界存在有某种不澄明，上天降临惩罚。长此以往，又加之“天命靡常”②的古训，进而产生了于在世君主不利的说法。然而，“盖天之水旱，犹父母之谴责也。人子见其亲声色异常，戒儆畏惧，当何如耶？幸而得雨，则喜而不敢忘，敬而不敢弛。惴惴焉，恐亲之复我怒也”③。如此一想，乾隆帝或也释然。

乾隆帝每遇雨泽稍愆，便有祷辄应。在常雩之际，他会反复表白宵衣旰食，寝食靡宁，深加修省，并以为民请命的姿态来与上天“感应”。此时“君心为万化之源，普天率土，百司万姓，皆于此托命焉”④。说是感召天诚，实际上也是做给天下人看的。儒家认为，人对天与地的认识，最重要的是能“参”。

《荀子·天论》：“天有其时，地有其财，人有其治，夫是之谓能参。”《礼记·月令》：“毋变天之道，毋绝地之理，毋乱人之纪。”《孟子·离娄下》：“人有不为也，而后可以有为。”乾隆帝的“参”做得是如此的彻底，九年（1744）春，山东、直隶报灾，他焦急自责：“朕躬不德，以致旱灾示警，侧身思省，寝食靡宁，忧怀曷由宽释耶！”⑤

如遭天谴的乾隆帝于二十四年（1759）所行的大雩礼的祝文中，更是充满了自省自责。御制祝文曰：“此罪不在官，不在民，实臣罪日深。然上天岂以臣一身

① 参阅［德］歌德著，钱春绮译：《浮士德·天上序曲》，上海译文出版社1989年版，第16—23页。
②《诗经·大雅·文王》。
③〔清〕李侪民：《荒政摘要》，引自《中国荒政全书》第2辑第4卷，北京古籍出版社2003年版，第513页。
④ 山西道监察御史柴潮生言，出自《清史稿》卷306《柴潮生传》。
⑤《清实录》乾隆九年三月，卷213。

之故，而令万民受灾害之侵？呜呼，其惠雨乎！谨以臣躬代民请命。昭昭在上，言敢虚佞？计穷力竭，词戆诚罄。油云沛雨，居歆赐应，呜呼，其惠雨乎！”①

生存恐惧曾牢牢控制了人们，由于灾变反复发生，中国人似乎从未摆脱生存恐惧。生存恐惧导致对强制力量的崇拜，进而对“神圣秩序”不遗余力地加以强化。“必须生存”和“不得不为了生存”成为“人文精神”的核心命题，同时，生存危机束缚了精神的自由。由于资源短缺，获得物质利益的主要手段便只有依赖强力和机会主义，而国家则就此成为最大的强权实体。

皇帝躬亲祈雨，在乾隆帝看来当然是为了天下苍生，他在三十八年(1773)的一首御制诗中说：“岁举常雩总为民，由来无事合躬亲。”② 为了表示诚心，皇上每次祈雨前都要进行三天的斋戒，同年乾隆帝在另一首诗中写道：“明始御斋宫，兹仍居内殿。”他自注道：凡大斋前二日宿宫内斋宫，前一日诣坛内斋宫驻③。祈雨一旦应验，乾隆帝便会认定雨泽是他从天神那里祈求来的，他深信自己在祈雨中的决定作用，四十三年（1778）的《雩祭礼成述事》就明白无误地表明了这样的意思：

两年大祀未躬承，斋摄升坛意倍兢，
况是东郊待雨亟，颙因夏祭吁云兴。
更思齐豫望膏甚，敢曰晋秦沐泽曾。
调幕无能滋愧怍，面颜祈澍愿垂矜。④

似乎就在御制诗写就的当口，山东巡抚国泰奏报属地降雨的奏折呈到了御前，为此乾隆帝亦喜亦忧，他作诗曰：“常雩已是望霖朝，并为豫齐切祷徼。”并特意加注道：“山东、河南春雪不及京畿之渥。迩日盼雨尤切。是以《雩祭礼成》诗有‘更思齐豫望膏甚’之句。兹国泰奏至，稍慰轸念。惟因初八得雨，云正值雩祭之期，至诚感召云云。予祭时虽竭诚祈祷，然近地未霑，岂能转应于远？如是而谓

① “是日，大雨竟日。”《清高宗实录》第588卷，第17页。
② 乾隆帝：《西直门外作》，《御制诗集・四集》卷13。
③ 乾隆帝：《养心殿对雨》，《御制诗集・四集》卷13。
④《御制诗集・四集》卷50。

之感格并增忸怩，故于第六句并末联及之。”[①]

接下来他还是割舍不下山东优渥而京畿未霑的心结，云：“雩祭而归将浃旬，徒闻山左被恩均。未霑优澍心难已，靡不宗仍叩泽神。”“夹途春麦甫抽苗，废止二三寸嫩翘。谩说依然颜色好，越因亟待泽心焦。”[②]这“天命”与“性命”之间究竟存在着怎样的关系？即超越的“天命”与内在的“性命”。超越的“天命”有如一个活的超越的上帝从外界呼召生命的灵觉；而内在的“性命”，则似人之顺承天命，奉承天命之呼召，受到自己的仁心本性的呼召。儒家的宗教与道德本来就是可以密切地结合为一体的。作为天人合一思想的践行者，乾隆帝奉献给上天的诚意，其积极意义在于自立己命、凝己命、正己命。

禁屠

祈雨过程中，禁止屠宰禽畜，不吃肉食，以此来感动上天。禁屠宰是人们向上天示以自律及慈悲之心的一种象征性礼仪，希望以此达到整理人间秩序的目的，并乞怜于天神，驱逐为祸人间的旱魃魍魉。这一传统在中国社会绵延了很长时间，是神权时代的陈迹。[③]

据竺可桢的考证，其俗大致源自西域，秦汉以前并无此俗。[④]郑樵《通志》记载，大同五年（539）梁武帝筑雩坛于籍田兆内，四月后旱，则祈雨行七事，其中第七事即为撤膳饈弛乐，这大概就是禁屠祈雨的滥觞。这或是佛教传入中土之后发生的事。后来，隋代有“初请后二旬不雨者，即徙市禁屠”[⑤]的制度，唐代则规定“自今中和、重阳二节，每节只禁屠一日”[⑥]。禁屠与祈雨并提，禁屠祈雨在传统时代一直都是国家所主导的礼仪行为，虽非定制，但可视其为一种约定俗

---

①《御制诗集·四集》卷79。

②《御制诗集·四集》卷50。

③ 鲁迅《花边文学·迎神和咬人》：“虽在通都大邑，现在也还有天师作法，长官禁屠，闹得沸反盈天，何尝惹出一点口舌？”

④ 竺可桢：《论祈雨禁屠与旱灾》，《东方杂志》第23卷第13号，第5—18页。

⑤《隋书·礼仪志二》。

⑥《旧唐书·德宗纪下》。

成的习惯。

清代，因禳灾祈福而禁止屠宰牲畜仍是祈雨时的主要方法。逢帝王亲赴先农坛祈雨之时，前三日及祭日，王公百官皆斋戒，禁屠宰，不理刑名。在地方社会，禁屠也是地方官举行祈雨仪式经常附带的仪式之一。某地若遇大旱，则必定由当地政府暨郡邑大夫举行请雨仪式，彼时，不但要设坛祷祀，一般还会布告全县禁屠宰。

清宫满文档案记载，乾隆朝中期，京畿旱情严重之时，皇帝多次下旨延请蒙古术士，甚至延请厄鲁特回教祈雨师赴宫廷求雨。19世纪末，西宁府循化厅祈雨，则要求“不论番汉回教，一概禁屠祈祷”。

关于清代的禁屠之法。沈名荪（1690年举人）的《悯旱》诗云：“今朝朱佥大告谕，禁断屠宰明斋虔。”[①] 吴霁《祷雨叹》云：“六月不雨禾将枯，大官祷雨特禁屠。”[②]

一些文人认为政治清明而非法术才是解除旱灾的根本途径。徐倬《祷雨词》云：“有司不能扬帝泽，禁宰屠沽亦何益。”他强烈嘲讽那些对神虔敬而对百姓没有仁爱之心的官吏：“早晨烧香红睒睒，暮行升堂催急敛。新租旧赋并时征，虎檄飞符如雨点。”

有诗人还严厉指责一些官吏接受贿赂、破坏禁屠规定的行为。诸谨的《祷雨行》云：“屠门下令收肉笼，里胥得钱不上通。”把一场禁屠祈雨搞得鸡飞狗跳。

柳亚子的高祖柳树芳（1787—1850）作《苦旱吟》五首，之一《断屠》云：“官府多好生，胥吏偏好杀。断屠有明文，反中奸吏猾。横索屠门钱，否则有大罚。屠门尽恐惶，奉吏如奉佛。欲籍他苞苴，何惜我膏血。酒醴为尔陈，鸾刀为尔割。”从中可以看到一些官吏置法令不顾，吃拿卡要，收受屠户的钱财甚至上门索要。清代中期的社会风气可见一斑。

---

①〔清〕张应昌：《清诗铎》，中华书局1960年版，第492页。

②〔清〕张应昌：《清诗铎》，中华书局1960年版，第494页。

6

满族人的关帝崇拜与“关帝磨刀雨”

关羽的神灵，在清代受到了极高隆敬。清廷规定每岁春秋仲月诹吉及五月十三日致祭，后殿以丞史将事。除了国家祭典外，宫廷里尚有自己的祭典。朝廷还采取一系列步骤，力图将对关羽的信仰置于官府的控制之下，一些非官方的解释和传说加以禁止，凡有一定规模的关帝庙皆由清朝皇帝御书匾额，这在官修史书中即有记载。而在民间，村庄里的关帝庙，其神威与职权也早已没有了地域的限制，成了特殊的、被设想为超自然的身体和精神的天赋的体现者，成了乡村宗教与外界宗教之间联系的一种象征。从关羽的故事一再被夸张，以至被神话的过程可以看出，社会各阶层都在从他的事迹中不断引申出符合自己愿望的神力——其中之一就是御旱。

武圣人——关羽

据陈寿《三国志》载，关羽，字云长，生年不详，东汉末年亡命到河北涿郡，后为刘备属下的武将。在进攻曹魏时，对东吴缺少必要的警惕，孙权用了吕蒙的计策，袭破荆州，关羽遂败走麦城，被擒身亡。关羽被杀后，蜀后主刘禅谥他为“壮缪侯”。虽然其故事荡气回肠，但是，关羽在史书上的记载却不超过千字。关羽不过是西蜀政权中镇守一方的将军，他为西蜀政权立下过汗马功劳，但西蜀政权由盛转衰直至灭亡，恰恰是从关羽在荆州的失败开始的。然而，这一切都没有成为关羽为人们崇拜的障碍，相反使崇拜关公的情感更加浓烈。

在宗教信仰领域，佛教把关羽列为伽蓝神之一。《佛祖统记》上说：僧人智顗是佛教天台宗的宗师、创始人，隋开皇十二年（592）他在玉泉山上建造庙宇。因为智顗曾经看见两个威严有王者风范的人，长者美髯丰须，少者冠帽秀发，原来是关羽、关平父子，他们请求智顗为他们在山上建寺，智顗依其所请，于是乎有了最早的关帝庙。而后佛教根据这些传说，把关羽列为伽蓝神之一。

关羽同时也是道教的祀神，道教将其奉为"降神助威武圣人"，尊称"关圣帝君"，明万历年间关羽被尊为"三界伏魔大帝神威远镇天尊关圣帝君"。"凡国有大灾，则祭告之"[①]。这样，关帝由最初的祠庙祀神次第演绎成佛道两家共同信奉的神祇。沈阳道观"太清宫"前院灵官殿正中北面，就建有"关帝殿"，殿中木雕暖阁中安放有关帝像。此外，一些商贾还将关羽比为财神，祭祀甚恭，所谓"其所敬财神多关羽像，供桌香火，晨夕叩拜，有过家庙"[②]。

登上萨满教祭坛的关圣帝君

关羽的传说，在东北地区各民族中也流传较广，早在辽金时便随着汉文化输入到东夷，关羽也成为东北地区诸民族的理想人物和神化人物。从金代开始，即在女真人中盛行道教，对关羽的崇拜也随即兴起。

故事还远不止于此，信奉萨满教的努尔哈赤在建赫图阿拉城时即已建了家族祠堂，俗称"堂子"。在祭"堂子"时，即已将关羽和佛陀本尊、观音菩萨等作为朝祭的对象。新宾[③]的满族大户爱新觉罗氏家族供奉的神板上共有九个香碟（即木制香碗），除了供奉他们的清肇祖原皇帝猛哥帖木儿、兴祖直皇帝

---

①［朝鲜］朴趾源：《热河日记》卷5"关帝庙"，上海书店出版社1997年版。

②［朝鲜］朴趾源：《热河日记》卷2"市肆"，上海书店出版社1997年版。

③ 县名。在辽宁抚顺东部，浑河支流苏子河上游，邻接吉林。努尔哈赤的发祥地。清入关后在此设兴京厅，后升为府。

福满、景祖翼皇帝觉昌安、显祖宣皇帝塔克世和太祖高皇帝努尔哈赤外，还供有圣宗佛、观音菩萨、关圣帝君和佛多妈妈。据《道咸以来朝野杂记》记载：“满洲人家所供神板（在正室西墙高悬），相传所供之神为关帝、马神、观音大士三神。”甚至清宫的皇家祭祀之中都有供奉“关老爷”的位置，他受到了满族最高的礼遇。

明万历三十三年（1605），建州女真首领清太祖努尔哈赤建赫图阿拉城时，即于城内高阜建筑了七大庙，引进了土地、观音、关帝、如来等道教、佛教神灵供人祭拜。由于关公的勇武和满族的尚武精神契合，因此他最受满族贵族与广大满洲百姓的推崇，他不仅进入满族的信仰体系，而且出现在满族人口头长篇传说故事中，如《关玛法传奇》。关便是关公的姓，不用满语“瓜尔佳”音，说明其源于汉族的关公故事。满洲称“爷爷”为“mafa”，汉字音译作“玛法”。《三国志通俗演义》满文译本中关羽被译作“guwan mafa”。长篇叙事传说《关玛法传奇》，用满语讲述，边唱边讲，唱念结合，过去用满语讲唱需要十多个晚上，深受满族老百姓欢迎。

满洲版的关羽故事讲：一个小孩，草龙出世，被神母所救，追兵赶杀，神母叫他在河边洗洗脸，于是变成了红脸小孩；长大后，与耶鲁里恶魔厮斗，拯救北方苦难的女真人。关玛法善射箭，是一位大英雄。故事中的主要人物已经北方民族化了，如关玛法出世于东海、盗耶鲁里神马、与超哈占爷比武等，吃穿用具及礼节均女真化。关玛法成了满汉混杂的、民族融合型的传说人物。①

民间流传的努尔哈赤修关帝庙的故事可谓惟妙惟肖。传说老罕王努尔哈赤建都盛京以后，下令在地载门（大北边门）外教场附近建一座关帝庙。为什么选择这个地方呢？因为教场创建于唐代，在此练兵，建关帝庙，可表明他有仿效唐朝统一中国的志向。关帝庙修好后，要着手塑造关羽神像了，两位最高明的画师虽然把红脸关公塑造得活灵活现，但都不合罕王的意。来了第三位画师，把个红脸关公塑造成了白脸罕王。老罕王一看，“关公”那么像自己，高兴极了，下令马上为“关公”塑金身，并在“关公”像两侧摆上了老罕王的靰鞡鞋和木头的马背夹

① 富育光：《萨满教与神话》，辽宁大学出版社 1990 年版。

子。这样一来，说是关帝庙，还不如说是罕王庙呢！关羽成了富有北方民族性格和气息的少数民族的重要英雄神祇。其实满族人信仰体系中的关公亦不是原来意义上的关羽了。

由于《三国志通俗演义》满文译本的刊印，以及清朝皇帝对忠君思想的提倡，关帝的地位遂不断提高，最终与孔子并列为圣人。从辽东地区关帝庙林立，庙祀遍及东北的事实，可以说明北方少数民族对关帝的奉若神明，关帝进入北方民族的精神生活，其过程超越了民族情感，打破了种族界限。

顺治时，敕封关羽为忠义神武关圣大帝。雍正三年（1725）追封关羽的曾祖为光昭公、祖裕昌公、考诚忠公，造神碑供奉后殿，并定每年仲春月上戊日致祭。

乾隆帝在提倡关帝崇拜方面，更是不遗余力。乾隆二十二年（1757），敕封关羽为忠义神武灵佑关圣大帝，不断地神化关羽。乾隆四十一年（1776），诏改关羽本传说号“壮缪”为“忠义”。乾隆四十三年（1778），奉旨重修承德府丽正门右关帝庙，改用黄瓦。关帝庙改用黄瓦，是提高关帝地位的具体表现。汉大臣之中曾以“关帝”字样隐喻把皇帝关起来，或拘禁皇帝之意，语涉违碍，奏请改名。乾隆帝则以关帝崇拜由来已久，释然听之。

“上有好者，下必有甚焉者矣。”[①] 在民间，对关羽更是奉若神明，每年五月十三日大祭，已于顺治元年即载于会典。四月初八、十八、二十八有庙会、祭祀活动，热闹非常。在五月十三日还办有庙会，这是民间自发的祭祀关公的活动。《燕京岁时记》载：“十里河关帝庙，在广渠门外。每至五月，自十一日起，开庙三日，梨园献戏，习以为常。”民间把关公称为武玉皇，与天上的玉皇大帝并列，真可谓至尊至圣了。不断地神化关羽与清政府大力宣扬关圣的功德相符合，在华北地区的村庄里，关帝庙接受捐纳或购置地产的情况竟大大超出了其他庙宇的庙田。[②]

然而，奇怪的是，受到全社会认同的关羽崇拜始终没有摆脱民间的性质，不能完全进入文人士大夫的“正统”话语系统。如果在科举考试中不小心误用了

①《孟子・滕文公上》。

②［美］杜赞奇著，王福明译：《文化、权力与国家》，江苏人民出版社 2004 年版，第 90 页。书中记载山东省历城县冷水沟村民国之前的庙田情况，“该村有 25 块庙碑，记载着自清初以来接受捐纳或购置地产的情况，大部分地产为关帝庙所有，这与清政府大力宣扬关圣功德相符合”。

《三国志通俗演义》的典故，其试卷必会被打入另类，从而失去考取功名的机会；又如，写给朝廷的公文如果掺入了关公传说也会受到皇帝的申斥。网罗经典文化的《四库全书》，也不收与关羽崇拜有关的书籍。[①] 因此，一些人类学家认为孔夫子代表了大传统，关羽代表了小传统。道理在于，在人的感性生存经验中，一方面为某种客体所吸引，产生丰富而复杂的感受与情感，并在群体中形成一种莫名的情感上的亲和力与认同感；而另一方面又难以堂而皇之地说明这种被吸引的原因。关羽崇拜或亦如此。

"五月十三雨，关公磨刀水"

有关关羽身世的民间传说很纷杂。说他前身是神龙的故事就有数种之多，有说关公是露水龙的，更有说他是南海龙王、黄龙、襄河老龙、草龙、雨仙、成仙的蚯蚓以及黄河的鲤鱼精、蚂鳖精转世的等等，因而民间多把关公奉为雨神和水神。

在民间传说中，农历五月十三日这天，是制造旱灾的怪物旱魃经过的日子，所以在这一天祈求关帝显灵，祛邪避灾，普降雨水，保护农田。又说五月十三日是关公的生日[②]，也是关公"单刀赴会"，会下"磨刀雨"的日子；关公既是神龙转世，当然就和"上天施雨"发生了关系，所以在这天的祭典上有时还会加上祈雨的仪式。如果有雨，就叫关帝磨刀雨。人们相约那天不动菜刀。

每年农历五月十三日，通常处于夏至或小暑节气的前后，气候正常时都会降雨，气候不正常的年份也有不下雨的。而民间称此日若下雨，便是"关公"在磨刀，其磨刀用的水从南门处降下凡间，下雨便是吉兆，雨越大越好，预示当年的光景必将是"风调雨顺，国泰民安"。倘若此日不下雨，则属不吉之兆，预示当年或许有"自然灾害肆虐"，或许会遇上"社会动荡不安"。长期以来，民间以此作

---

① 明刊《义勇武安王集》、明刊《汉关圣帝君庙志》、清初刊《关帝经》、康熙刊《关圣帝君圣迹图志》等等。

②《辽阳县志》卷 25，台北故宫博物院，第 7 页。摘引自庄吉发《从萨满信仰及秘密会党的盛行分析清代关帝崇拜的普及》，载庄吉发著《清史论集（一）》，台北文史哲出版社 1997 年版。也有传说农历五月十三日是龙的生日、关平的生日或是"桃园三结义"的纪念日，农历六月二十四日才是关公的生日。

为观察气象和社会动态的参照物，并广泛流传为口头谚语。

传说关云长的英灵升天，玉帝赐命为"三星都督总管雷火瘟部宜府酆都御史"。关云长受命之后，在南天庭就任，时常下凡间察访，关心农夫疾苦，呼风唤雨，使世上风调雨顺，国泰民安。

话说关帝庙前，香火都很旺盛，人来人往，络绎不绝。此消息传到南海恶龙那里，惹起他的嫉妒。有一年，正值水稻扬花吐穗之时，趁关公因事外出不在南天庭，恶龙哪里把受托代管的关平与周仓二将放在眼里，便翻起逆浪，张开血盆大口，吸尽江河溪流之水，致使闽南一带千百万亩稻子即时枯萎。眼看将颗粒无收，农夫们焦急如热锅上的蚂蚁，纷纷到当地关帝庙祈祷降雨，哭号之声惊天动地。关平、周仓敌不过恶龙，见形势不妙，遂骑上千里驹，找关公回来征伐恶龙。当关公返回南天庭时，俯瞰下界闽南一带山川，白地千里，旱情严重，非常愤怒，连夜具奏本，翌日早朝启奏玉皇大帝，请旨擒服恶龙，为民除害。玉皇准奏，并赐"先斩后奏"的令牌。关公回到南天庭后，立即调遣周仓、关平二将率领天兵，定于农历五月十三日吉时在南天门外磨利青龙大刀，而后出征。是时，其磨刀的水洒落人间，形成微雨，而后天兵一齐拥到南海与恶龙展开厮杀，最终擒住恶龙，拔了龙须，抽了龙筋，逼使他吐出满腹之水，旱情消除，恢复了风调雨顺的景象。

关公为了吸取此次教训，遂于每年五月十三日亲自在南天门外磨刀示威并降雨霖。因此，民间百姓为纪念关公磨刀降恶龙，解除灾难疾苦的恩德，把此日作为"关帝救生之日"，并在次日到关帝庙隆重集会焚香膜拜，敬献供品，祈祷平安。久而久之，此日便被讹作关帝的"诞辰日"来祭庆，正如民谚所传"大旱不过五月十三"。

另一版的关公故事说：关公死后，玉帝见他赤胆忠心，加上红脸赤肤，像一团火，很喜欢，便把他调到天宫做了太阳神。海龙王听了很不服气，因此，当关云长请他在五月十三日赐予磨刀雨时，他爱理不理的，很是傲慢。关云长知道龙王每年六月六要晒龙衣，因此毫不客气地说："你不赐我磨刀雨，我就不让你晒龙衣。"相传六月六日龙王爷晒鳞，多是晴天。种田的农民把主宰阴晴的太阳神桂冠戴在关公头上，表现了对关老爷的崇敬之情。

各地的求雨形式多种多样，其中关老爷出巡的故事甚是有趣。旧时山东一些乡村求雨时，抬着龙王、观音、关公的像出巡，祈雨者头戴柳枝帽，手持柳枝，口念佛号，随后而行。抬着关老爷转上几圈，如不下雨，便把关老爷的像放到太阳地里晒几天。[①]

明刘侗、于奕正《帝京景物略》："十三日，进刀马于关帝庙，刀以铁，其重以八十斤，纸马高三丈，鞍鞯绣文，辔衔金色，旗鼓头踏导之。"关帝庙里的这把用生铁铸成的关公大刀，成为庙内的一件宝物，前来逛庙会的人一般都要来看看这口大刀。关羽的神力，也集中体现在那把大刀上了。

北京香山地区流传着"关公掘泉"的传说，说的是清中期，北京大旱，关老爷拿着他的青龙偃月刀劈开一块顽石，一股清泉随着他的刀印流了出来。他又连劈三刀，出现了三个泉眼。老百姓高兴，盖起了一座关帝庙，这山沟又叫老爷沟。在这些传说里，关公是被当作雨神和水神来描绘的。

乾隆年间黄河转了道的地方，没有神仙的寺庙，但还留着不少求雨的庙。农历五月十三，边上一个乡会有大集会，老人们叫"磨刀雨庙会"，说的也是关公的青龙偃月刀。刀越大，磨起刀来用的水也越多，即以此希望雨水多些。而农历五月二十五庙会以前，老百姓求雨给各个地方都下些，不要旱涝不均。民间谚语说得好："云往东，刮场风；云往西，关公骑马披蓑衣。"庙里的关老爷真成了名副其实的雨神。

论北京的庙宇，林林总总大概有上千座，这其中，尤以关帝庙为多。据统计，专门供奉关公和兼供关公的加在一起就有 116 座，自然，哪一座也难与正阳门的这一座相比，历朝历代的皇上去天坛或先农坛祭祀回来，必定要到这座关老爷庙拈香祈祷一番。

人们何以将对干旱的恐惧转移为关羽崇拜？其实并不难理解，持续的干旱使人们强烈地感受到生存受到威胁的压抑，于是，人们在克服这些压抑的同时，必然也会寻求意识上补偿或追求自身所缺少的力量，并把这些附加在自己所崇拜的英雄身上，形成自己的英雄崇拜，并且以通俗的文艺形式表现出来，形成广泛的影响。

---

① 参阅山曼等《山东民俗》，山东友谊书社 1988 年版，第 357、379 页。

关公战蚩尤

无限夸张关公的神力终于演绎成一出关羽显圣的荒唐故事。在古典戏曲作品中，关羽弭患的重要因素最早出现在明初佚名杂剧《关云长大破蚩尤》[①]中。剧情大概是，北宋年间的一场大旱，山西解州的盐池突然干涸。经寇准一番调查，得知此灾难由上古的蚩尤造成。

事情的起因是，当年蚩尤与轩辕圣帝交战于涿鹿，蚩尤战败，尸骨撇在盐池，千百年精灵不散，在盐池聚集山精海怪，变化多端，神通广大，成为神灵。蚩尤与轩辕圣帝的深仇未解，又见普天下大修三皇之庙，心中愤愤不平，认为“盐池之中日产万贯，黎民百姓皆餐此池中之盐，此吾之功也，倒不与吾立庙”，故而怀恨在心，决意要让盐池干涸，使百姓吃不到盐，并扬言如果为他立庙，此难可解。

吕夷简奉命请来信州龙虎山张真人，设法破解此难，张真人认为蚩尤的神力非人所能解除，唯有神将关公有此威力。关公此时为玉泉山土地神，听说此事后义愤填膺，当即应允带神兵“去救解州一郡黎民之难”。最终，关羽兵到害除，大难破解。于是，宋朝天子在解州为关羽立庙。关羽最终走向神坛，看来是道教因素渗入关羽故事的结果。

这个戏取材于一个流传广泛而久远的传说。据记载，唐人小说中就有关公战蚩尤的故事，说“李晟镇河东日，夜梦伟人来谒，自言：‘汉前将军关某也。蚩尤为乱，上帝使某征之……’”。

到了明末清初，钱谦益编《重编义勇武安王集 · 神迹考》中“解池平妖本末”条注，申明故事本于《三教源流搜神大全》，记北宋真宗大中祥符七年（1014），解州盐池干涸，解州城隍神告知是蚩尤为患，张天师荐关公神除妖云云。

随后演绎出的故事情节还远远不止这些。在晋南地区流传有一段民间传说，说蚩尤当年被黄帝杀死，变成了牛怪，依然兴风作浪，为害一方。每遇天旱狂风，

①［明］赵琦美:《脉望馆钞校本古今杂剧》，郑振铎主编《古本戏曲丛刊》第 4 集，商务印书馆 1958 年版。

群众就认为是牛怪又来作乱，制造了旱情。尤其是运城盐池一带，此处是著名产盐区，淡水宝贵，最怕天旱。于是，他们寄希望于神明。晋南人最崇拜的神是关羽，因为关羽是本地人，肯为他们祛除灾难。因此，锣鼓杂戏有一个神话剧目，叫作《关公战蚩尤》，同样寄托了晋南百姓抗争干旱的诉求。

谁都会从《关云长大破蚩尤》之中发现，真实的历史一步一步地从情节之中游离了。在民间故事中，关羽的传说似乎早已是偏离真实的不经之说。但是，这些故事满足了人们对于关公英雄形象的期待，找到了在干旱现实中弭患禳灾的根据，因而构思一些夸张离奇的神话作为某种无奈的补偿——关羽终于从一个半人半神的形象提升为无所不能的大神。

《山海经》有云："大荒东北隅中，有山名曰凶犁土丘，应龙处南极，杀蚩尤与夸父，不得复上，故下数旱，旱而为应龙之状，乃得大雨。"可见那时的祈雨是祈共工、蚩尤、后稷、太皞、无冥等神。怎么又跑出个关云长战蚩尤呀？

三教合一本来就是实用主义的产物。而蒙上了三教元素的关公形象更多了一层文化尴尬。某些时候，儒家文化可能演示出现实主义情节，关公的德行烙印在了许许多多日常细节之中；另一些时候，在释、道精神的光环照耀下，关公的故事已经退化为遥远的传说，成为一种脱离现实的虚构。在这样的文化背景下，关羽早已脱离了真实，像是一个引导世俗生灵在绝望中与命运抗争的神祇，虚拟的他显得勇猛而悲壮。一段未经启蒙与"祛魅"的历史，诸多神秘因素本身就是社会文化的组成部分。这些因素与血缘、家族、宗祠等概念杂糅在一个巨大的意识形态结构之中，变得神鬼不分。面对干旱，利用编造这样的神话故事表达诉求，也许只能说是一种无奈的抗争。

7 七年常雩设坛案

徐以升的常雩案

乾隆七年（1742），一份来自山东的奏折中写道："案《春秋》传曰：龙见而雩。盖古者雩祭之典，所以为百谷祈膏雨也。《礼记·祭法》曰：雩宗祭水旱也，《月令》：仲夏之月，命有司祈祀山川百源。大雩帝，用盛乐，命百县雩祀百辟卿士有益于民者，以祈谷实，是为常雩。乃若偶逢亢旱，则又有雩。"

写折子的山东道监察御史徐以升认定："要之雩祭之典，自古有之。考'雩'字为吁嗟求雨之义。其制则为去于南郊之旁，故鲁南门为雩门，是雩坛实有其地矣。"

奏文进一步指出："我朝礼制具备，会典载有躬祷之仪，独于雩尚未设有坛，似属缺典。虽郊祀之祭，亦有云雨风雷之神，与岳镇海渎之位，而礼必有所专设，请于京城之内，择地建立雩坛，仿古'龙见而雩'之礼，每年及期择日致祭，偶遇亢旱愆阳，雨泽稀少，即于此望告岳镇海渎及诸山川能云雨者，以祈求雨泽。毋庸于各宫观处祈祷，再者祈雨祈晴，事同一体，偿有雨水过多祈求开霁之处，请照祭法雩宗祭水旱之例，亦于雩坛致祷。"徐以升的折子里还提到，隋代专设有祈雨的祭坛。为此他提出："至于直省州县，亦应并设雩坛。"

雩祭作为中原农业文化的重要标志，其所奉行的规制乃自古以来治理如此一个庞大的农业人口国家之唯一适用的模式。因此，凡在当时古籍中考证出的与之相关的内容，无论是儒家之术还是道家之术，都将受到最高统治者的重视。甚至为表明非汉族的他们是热心的儒教与道教信徒，意在赢得"天下人"的心，他们会全面采纳中原农业文化的思想学说及其行为方式，即使某些与当时所行规制相左的说法也会拿到御前进行甄别。

在徐以升看来，乾隆朝早期仍在奉行的“至僧道建坛讽经，殊非古制”，他或许真是一位原始儒家精神的继承人，只因此人的官位太低，更多的评价未见于史书。而从这份奏文的主张中可以认定，其合理主义的诉求源于他过人的才智，他本能地反对那些缺乏生气、强加在人们身上的毫无意义的陈腐琐碎的成规。在提出常雩设坛案的同时，他批驳了“又唐开元有禁屠之例，然稽之雩礼，亦用牲牢……祀神祈雨，未尝禁屠。至不理刑名，则各衙门事件，反多淹滞”，提出“以上三者，并请停罢”[①]。这份奏文主旨在于依古礼设雩坛，行常雩祭礼，同时也提出了停罢迷信色彩极浓的三项祭典仪轨。

实际上，过往的雩祭之典存有相当复杂的特定信仰，带有神秘色彩的价值认定体系。诸如当第一次祈雨后不见灵验时，皇帝还要下令禁屠、迁走集市，官员不得打伞用扇，并令百姓打造土龙；皇帝自己要穿素衣，不坐正殿或干脆露天办公，还要减少御膳的数量，并撤掉乐队等等。如此一位低等级的官员针对当朝制度上的缺失敢于大胆提出自己的见解，的确有过人之处。

徐以升的奏折得到了乾隆帝的重视，根据谕旨最终通过礼部议定及时设定了常雩礼并作为国家大祀之典。这不能不说是儒家精神与中原农业文化的一次胜利，此事不当以一般的礼仪修订来看待。常雩，说到底是一种与古典农业生产方式相契合的文化现象。以“常雩”为代表的农事祭祀成为国家最重要祭典之一，应当说是一种文化转型的标志。

乾隆七年（1742）改常雩为大祀的史实说明，原本是骑射民族的清朝统治者在入主中原之后，不仅全面接受了中原的农业生产方式，同时也接受了并进而强化了中原的农业文化。入关前，清人已有自己的国典祭祀，如“太祖御极，焚香告天，建元天命”[②]。天聪十年，度地盛京，设圜丘于盛京德胜门外，建方泽坛于盛京内治门外，祭告天地，改元崇德。坛壝之制由此完备。

应当看到，这时祭天的主要目的在于战事，仪式上也相当的原始。初始，祭飨

---

①《钦定大清会典事例 · 礼部》卷 415。

②《清史稿》志 57，卷 82，中华书局 1998 年版，第 2484 页。

用牲牢，颁百官胙肉。清人定鼎中原前只是初步建立了以祭天为中心的祀神祭典。

清人入关后，参照明朝祭告天地的规制，宅帝位定制，于是有了冬至祀圜丘，奉日、月、星辰、云、雨、风、雷配；夏至祀方泽，奉岳、镇、渎配。顺治四年（1647），裁定郊祀荐牲牢如初，后来才改为神前分享用熟荐。

清初确定下来的国家祭祀分为三等，大多与农业文化相关。

第一等为大祀：圜丘、方泽、祈谷、太庙、社稷等；第二等为中祀：凡天神、地祇、太岁、朝日、夕月、历代帝王、先师、先农等；第三等为群祀：先医等庙，贤良、昭忠等祠。

根据《大清会典》的记载，大祀，皇帝会亲往躬祷奉祭天地、宗庙、社稷，有特殊事故方可派遣皇家成员或重要官员代为祭祀；中祀，皇帝或亲往躬祷奉祭，或派遣官员代为祭祀，对于皇帝是否亲往躬祷奉祭则没有硬性规定；凡遇群祀，大凡派遣官员代为祭祀。皇帝是否亲往躬祷奉祭或是祭祀等级的重要标志，仅此就可以大致明了大祀、中祀及群祀之间的显著区别。

乾隆七年改常雩为大祀的史实散见于各种历史文献中。假如在记述清朝祭典的《钦定大清会典》与《钦定大清会典事例》中考订乾隆朝“常雩”的史实，就会发现其中有一个显著缺陷，即在繁缛的礼仪程序后面缺少基本的历史背景（尤其是农业形势）及参与其间的政治与文化因素；而在《清史稿》的记载中，又会发现，其中《礼志》记述了“乾隆时，设常雩为大祀”事，但究竟是如何一个过程，未能详尽。

《高宗本纪》则支脉纷繁，具体事件的论述又过于简约；同样，诸如《高宗实录》等，有关常雩的记述相当分散，且缺乏综合。由于这样一种原因，乾隆朝改常雩为大祀的史实至今未有综述。

所谓“七年议准：嗣后每年孟夏，择日行常雩礼于圜丘”[①]并不能详尽说明乾隆时设常雩为大祀的史实。如果据以上文献与乾隆朝《上谕档》《宫中奏折档》《御制诗》等档案资料结合在一起综合分析，即可以初步认为，设常雩为大祀是顺治、康熙朝的祈雨相关规制在乾隆一朝渐变演绎而臻于完善的重要礼典改制。

---

① 引自中国第一历史档案馆馆藏《清朝工部档案》。

这一演绎过程，遵循“自古在昔，春郊夏雩。曰惟龙见，田烛朝趋。盛礼既陈，神留以愉……曰时雨旸，利我新畬”[①]的原则，清朝统治者为了维护政治统治的需要，不断地强化中原农业文化，而置本原文化于不顾，其结果，既满足了多数人寻求精神慰藉的需求，又满足了少数统治者的实际政治利益。有理由认为，这一政策的出发点仅仅在于它是一种手段，以清朝皇帝为代表的统治者利用雩祀使汉人在旱灾来临之际，感铭统治者保留了其传统文化，以致将心思更多地用在祈祝可能惠雨的神明上面。

奉旨议决

徐以升“设坛”的奏文命运究竟如何呢？礼部与大学士“遵旨谨议”的结论是：

> 唐制斟酌较善，先祈岳镇海渎及诸山川能与云雨者，又祈社稷宗庙，皆七日一祈，有雨还祈岳渎如初。旱甚乃大雩帝于南郊。雨足则报祀。……请于孟夏龙见，择日行常礼，祀皇天天帝于圜丘，以列祖配飨。四从坛祀于下。

前期，礼部奏请皇帝亲诣行礼，或遣亲王行礼：

> 孟夏后，旱则祈天神、地祇、太岁坛，次祈于社稷坛，次祈于太庙，皆七日一祈，不雨或小雨不足，还从各寺祈祷如初。甚，乃大雩，祀皇天天帝于圜丘。先经祈祷太庙，既已虔告列祖，此次不设配位，仍设四从坛于下，雨足则报祀。

本案的结论还提出仿照“古大雩用舞童二佾”，“今用用舞童十六人”。

---

①《高宗纯皇帝御制大雩乐章云汉诗八章》，乾隆七年乾隆帝亲制乐曲。

在采用徐以升提案中设定“常雩”“大雩”祭礼的同时，针对徐案提出的“以上三者（僧道建坛、禁屠牲牢、不理刑名），并请停罢”，礼部与大学士的议决几乎是逐一予以否定的，云：“伐鼓用牲祭于社，毋庸于各坛祈祷，再僧录司僧官，道录司道官，每逢斋戒致祭之日，令督率僧道，分派在显佑宫等五庙，虔诚诵经祈祷，礼部分派司官查看。仍照例禁止屠宰，各衙门于斋戒日，照例停理刑名，直至省府州县。”

针对设雩坛的说法，也做出了相反的决议：“雍正四年，皆置有耕耤田，其中俱设有坛祀，嗣后令孟夏择日行常雩礼，或有亢旱，亦每七日先祭界内山川，次祭社稷坛，致斋虔诚祈祷雨泽，如仍不雨，复行祈祷如初。但不得用大雩之礼。亦不必另设雩坛祈祷。其社稷及耤田等处，自有旧设坛壝，因地制宜，可以恪恭将事，其或霪潦为灾，则伐鼓用牲禜祭城门，以祈晴霁。”[①]

礼部官员最为重要的职守是维护皇帝的权威，他们将这一偏于理性的事项顺理成章地转化为非理性的君臣间的忠孝关系。那些以猎取功名禄位为人生目标的受俸者的原则就是“扬君抑臣”。因此，礼部与大学士遵旨的议决基本上否定了来自臣下的设雩坛的提法，而制定了行常雩祭礼，旱甚乃行大雩祭礼的规制。乾隆帝似乎从徐义升的奏文中受到了启发，然而，他自身的感受也因身陷其中难以自拔，变得随波逐流。他指示礼部与大学士遍究古礼，集历代相关礼典之大成，阐发当今皇帝敬天之心得，到头来制定出一套繁缛的常雩礼程。

乾隆七年（1742）五月癸酉，制定了常雩典礼，御制乐章，其精神领域的建设大大超越了前代，并推向了极致。祈雨礼仪本身作为一种皇帝也不能缺席的帝国行为，其对于整合社会力量，避免灾害发生后民心离散，能够起到一定的调节作用，从而避免旱灾的发生危及王朝的统治秩序。

①《钦定大清会典事例 · 礼部》卷415。

8 礼部奉祭

礼部之礼

朝廷有个礼部，究竟有如何的职守呢？

如今现存的春秋战国的文献中出现的“礼”字很多，其条目不下千百之数，“礼”的字意也到了临事取义、旨趣各异的地步。待汉儒诂经之时曾试图予以规范，《周易・序封传》《说文解字》《尔雅・释言》《诗毛传》都说：“礼，履也。”何以“礼”训“履”呢？这似乎与《礼记》中的两处将礼与履相连的说法有关。《祭义》载曾子论孝道时说：“礼者，履此者也。”《仲尼燕居》曰：“言而履之，礼也。”此说自有其道理。所谓“履”就是“践履”，大概是认定礼是一种具有很强实践性的社会行为，且有一定的规范性。

如《礼记・乐记》曰：“礼自外作”，“礼者，天地之序也”，“序，故群物皆别”。也就是说，礼不仅代表天地之异，而且体现了天地之序，进而表征人类社会的差异、等级和秩序。进一步演绎，可以认为，礼是要人们按照一定的规则展开的实践活动。这可以说是礼的一种特征。同时，似乎可以认为，礼的实践性也体现了礼在人们社会生活中所具有的普遍意义。《礼记・礼器》曰：“礼也者，合于天时，设于地财，顺于鬼神，合于人心，理万物者也。”礼，在社会意识中的扩张，最终涉及了自然万物。

礼的主要政治功用核心是用以维护统治集团内部的秩序，即“唯礼可以已之。……士不滥，官不滔，大夫不收公利”。然而，礼制又不同于法律，它往往以华夏民族历史上长期形成的特有的文化载体形式出现，“礼之可以为国也久矣，与天地并。君令、臣共、父慈、子孝、兄爱、弟敬、夫和、妻柔、姑慈、妇听，礼也。君令而不违，臣共而不贰；父慈而教，子孝而箴，兄爱而友，弟敬而顺；夫和而义，妻柔而正；姑慈而从，妇听而婉；礼之善物也”[①]。礼强调人际间的亲缘关系，并将建筑于氏族内部的尊卑长幼之间的秩序施行于政治。如郭沫若说："礼，大言之，便是一朝一代的典章制度；小言之，是一族一姓的良风美俗。"[②]这话说得简约，却很有道理，古人就是将国事与家事的道理放在一起讲的。

从另一种角度来看，礼的外在形式在政治领域所起的是一种确定因素的作用。这种确定因素的外在形式起码包括"名"（名分）与"器"（礼器）两个方面，《左传》成公二年曰："唯器与名，不可以假人"，"若以假人，与人政也"。是说带有政治权力的确定因素的器与名不能转让给其他任何人。

礼的政治作用，在于维护最高的政治统治权，在于维护统治集团内部的政治秩序。"礼，经国家，定社稷，序民人，利后嗣者也"[③]，"夫名以制义，义以出礼，礼以体政，政以正民。是以政成而民听，易则生乱"[④]，也是说礼以政治为之本体。《荀子·大略》曰："礼者政之挽也。为政不以礼，政不行矣。"儒学将礼的作用推到了极致。

在商代祭祖礼的基础上，西周以政治的形式将礼凝固于制度之中，在东周时期又出现了礼的伦理化、理念化。先秦文献中所见"礼"之记载或有助于对清朝礼部的认识。

清人于天聪五年（1631）设礼部，顺治元年（1644）停贝勒总理部务。设满、汉尚书。据《光绪会典事例》卷19及《历代职官表》卷9规定，礼部职官名额为：尚书满、汉各一人；左、右侍郎满、汉各一人，此外尚有额外郎中、员外郎、主事、七品小京官等，均无定员；除额外官员外，礼部总人数为145人。

礼部总的职掌是管理国家祀典、庆典、军礼、丧礼、接待外宾、管理学校和主持科举等事项。其内部组织机构有仪制、祠祭、主客、精膳四个司。司下分设祭祀科、僧道科、时宪科等单位，分办本司事务。另外，相关的机构还有乐部、

---

①《左传》昭公二十六年。

② 郭沫若：《十批判书·孔墨批判》，东方出版社1996年版，第86页。

③《左传》隐公十一年。

④《左传》桓公二年。

太常寺和光禄寺等。

清朝统治者通过承继礼制完成了改朝换代后的政治秩序与社会秩序的再建构，其礼部的运行结构为适应新的社会要素的变化，而对祭典的某些程序进行改良与补充。在这一过程中，尊崇礼制，既承认了某些改变的正当性，又规避了文化不稳定性带来的危害。

直至光绪三十二年（1906）农历七月十三日（9月1日），清廷才颁布上谕，宣布"预备仿行宪政"。次日清廷按"廓清积弊，明定责成，必从官制入手"的预定计划，下诏进行官制改革，礼部以太常寺、光禄寺、鸿胪寺并入，按清朝旧例，各部均设满、汉尚书各一人以示名义上的对等，而这次京官改革在"择贤简用，不分满汉"的幌子下，礼部尚书仍由满人担任。可见清廷将管"礼"的权力看管得多么严密。

乾隆朝的圜丘工程

如前章所述，礼部与大学士们否定了徐以升常雩设坛的提案，决议利用"旧设坛壝，因地制宜，可以恪恭将事"，因之将常雩、大雩的祭典设在了"祀皇天上帝"的圜丘。

圜丘，圜是圆的意思，丘是高隆的土台。由于古代对天体形象的认识是认为天是圆的，故祭坛的平面为圆形，表示"天圆地方"之圆天，所以祭天的场所要采用圆形高敞的人工台地。又由于祭天是向天空设祭，所以在坛上不建屋宇，露天奉祭。

由于新的"大祀"之礼的设置，修建圜丘的工程随之启动。先是乾隆八年（1743）因斋宫破旧决定修理，"建正殿五间，左右配殿六间，内宫门一座，回廊六间"。斋宫地点在祈谷坛的西天门内南侧，殿宇东向。它的地形方正，有两道护城河围着，防范异常严密。为此，乾隆帝有诗云："守德由来胜守险，当年何事堑防门。"意为奉行德政远比建筑险要工事高明得多，表现了盛世君主的自信。封建皇帝为了表达对天神的虔诚崇敬，在致祭的前一天，由居住的皇宫到郊区圜丘斋宫住宿，不饮酒，不玩乐，清心静养，行斋戒礼以静候祭天典礼举行。

斋宫的后殿五间，左右配殿各三间，是寝宫；有熏炕地道，是取暖设备。右边设一时辰石亭，目的是随时虔心养性。乾隆帝在斋宫斋戒时写下了"篆烟微袅心如水，寂静阶墀近太清"的诗句，这正是斋宫太虚仙境的写照，在这静谧祥和的气氛中，皇帝心静似水，虔诚地等待祭天时刻的来临。

乾隆十二年(1747)，因圜丘内外坛墙年久损坏严重，为整齐划一，将原土墙拆修。同年奏准拆除雩坛，祈雨礼改在圜丘进行。修建后的坛墙更加坚固，大多保留至今。这些工程同后来的扩建圜丘，改建皇穹宇、祈年殿相比还是显得微不足道，但是它奏响了乾隆年在圜丘大兴土木、改建扩建的序曲。

十四年（1749），又因圜丘坛上张设幄次陈祭品处过窄，于是决定扩建圜丘。为了表示"天圆地方"的观念，祭天的坛体高三层则是取阳数(奇数)。这样已经可以象征天了，但是还有未足，设计者又将中国许多其他传统的阴阳数术的说法尽力地用在圜丘的设计上。如所有尺寸数字均拼凑成五、七、九等阳数。圜丘坛运用数字的阴阳来象征天地。这一切费尽心机地凑成以九做基数的联想数字体系，即所谓的用九五之尊来表明帝王唯我独尊的君权思想，再用九的倍数来表达皇帝与天的关系。诸如：第一成的 4 倍拟为四季，第二成的 8 倍拟为国之大事，做龟占卜之"八命"①，第三成的 12 倍拟为 12 个月，总数的 24 倍拟为二十四节气。

这样一改，整个圜丘的建筑形式的确显得更加宏丽了。本来明代嘉靖时用青色琉璃坛面及栏杆是象征天的，乾隆朝重建则用艾叶青石铺墁，仍旧以青象天，不过色调略淡了一些。配上蓝天绿树倒是有一种纯洁崇高的感觉。三层坛体，全是在须弥座上装饰巡杖栏杆，望柱头雕刻云龙纹，各种线条互相配合，透着那份皇家的富丽。在坛体的每一望柱头下又向外伸出一石螭头，本是坛面排水用的，但是它却将圜丘坛点缀得更为生动。螭头的雕刻生动有力，有一种羚羊挂角的奇妙之感。

①《周礼·春官·大卜》："以邦事作龟之八命：一曰征，二曰象，三曰与，四曰谋，五曰果，六曰至，七曰雨，八曰瘳。"

十六年（1751）七月初一日，改祈谷坛旧有题额“大享殿”为“祈年殿”，原因在于大享之名与孟春祈谷异义。“祈年殿”殿名由乾隆帝钦定，“祈年”意为祈求农业上五谷丰登，有好的收成。重修祈年殿，琉璃瓦色由原来象征上天、皇帝、万庶的“青、黄、绿”三色改为“纯青”，标志着由明朝的合祀天神地祇向清单纯祈谷于上帝的转化。

十七年（1752），清廷改建皇穹宇。殿内正中石台上供奉着皇天上帝牌位，其左右供奉着配享的列祖列宗的牌位。日月星辰的神牌，东庑供奉大明、二十八宿、周天星辰等神；西庑供奉夜明、风云雷雨诸神。在祭祀圜丘的前一日皇帝先到此殿上香一次，举行祭祀的当日，将神牌由此殿用轿抬至圜丘坛上，按位次供奉在幄帐中，祭祀完了，再归位此殿。

十九年（1754），清廷在圜丘西门外垣修建南门，被称为“圜丘坛门”，原来的西门称之为“祈谷坛门”，形成了圜丘南北两坛的格局。至此，圜丘的规制最终形成，并保留至今。二十一年（1756），乾隆帝在圜丘行常雩礼，祭典告毕他作诗一首，云：

> 崇隆玉陛泰坛圆，咫尺明威对昊乾，
> 祭举常雩占角后，泽霑三日洁斋前。
> 情知夏长秋成远，颙吁五风十雨骈，
> 敢幸时和弛乾惕，躬亲昭事愿年年。[①]

诗中得意的神情溢于言表，似乎持盈保泰的盛世就会在眼前实现。看！圜丘内的一切祭坛、殿宇均得到了修缮，或拓展坛制，或修筑墙垣，或更新瓦色，或髹漆绘彩，并补植了树木，真是焕然一新，气象万千，昭示着宏大的前程！

---

① 乾隆帝:《常雩礼成述事》,《御制诗集 · 二集》卷63。

祭祀仪式

常雩典礼的时间设定在“龙见”日，实际时间约在初夏的上旬。乾隆三十二年（1767）常雩的这一天确为四月初四日。乾隆帝的诗咏道:“协纪见龙星，将为请雨祭。”① 五十一年（1786）的御制诗注也明确记录:“……祭天为百谷祈膏雨，兹四月四日恭祀雩坛，正值龙见之期。今春荷蒙昊贶，膏泽似胜常年，然日来二麦正当长发，大田尚未一律播种，斋心祈祀惟望仍沛甘膏也。”② 又是一个风调雨顺的好年景。

皇穹宇北面过了成贞门即是祈谷坛祈年殿。成贞门北面有一宽大高直的神路直达祈谷坛祈年殿的砖门，路是用城砖及条石砌的，较地面高出十余尺。神路的中部向东凸出一长方形的台，叫具服台，三面有雕石栏杆，是行礼时皇帝更换礼服之处。每年在祈年殿举行祈谷礼时，先在此台上搭设圆形的幅帐，称为幄次，通称“小金殿”，也就是活动房屋。皇帝由斋宫到祈年殿行礼，先到这“小金殿”中更换礼服。百年前的明朝皇帝到这里，要脱掉舄(即鞋)再到祈年殿上行礼。③ 这是表示洁净，不将微尘带到神坛上，脱舄以后，所经过的神路，便是铺满棕毯的走道。

关于祭拜仪式，据《清光绪会典事例》记载，在祭拜的时候，将皇天上帝神牌由皇宫移至圜丘第一层至上层坛上。坛上正中张设天青色丝织品缎料圆形幅帐，内设雕刻金龙的宝座及炉鼎等器物，天帝神牌安放在宝座正中，配位(皇帝的祖先)神牌在坛上东西供奉，也有幅帐是方形的。在每一幅帐前都摆列着祭品，在祭祀以前陈设整齐。

祭祀时间是在天尚未明时（约在日出前两小时），祭祀开始后，在进行献酒、奠玉帛的礼节时，则升至第一层坛上幅帐前举行。全部仪式计分九个过程：一、

---

① 乾隆帝:《雩祭斋居时雨》,《御制诗集 · 三集》卷 65。
② 乾隆帝:《常雩礼成述事》,《御制诗集 · 五集》卷 23。
③ 引自《春明梦徐录》。

迎神；二、奠玉帛（将一块苍色玉璧用匣盛装供到神案上）；三、进俎（供肉）；四、初献；五、亚献；六，终献（三献即三次进酒）；七、撤馔（祭毕）；八、送神；九、望燎（焚帛焚祝文）。每次仪式均奏乐并由乐工歌舞。

祝文是在祭祀时向神宣读的文字，有专职读祝文的官员代皇帝朗读，目的是使天神听。祭毕将祝文焚烧使烟上升到天空，目的是使天神看。历朝皇帝的祝词都是一样的，只是前面的年月和参祭的皇帝称号不同。

祝文大意：

某年某月某日，嗣皇帝某恭敬地向上帝奏报，现在节气已经冬至了，六气开始，我遵照典礼率领百官用苍璧、丝帛、犊牛、俎肉、粟、枣、稻米、菜蔬等物品，在这里用烟燎的礼毕恭毕敬地祭祀上帝，并请我的祖先来奉陪，请上帝接受我的诚意。

祭祀结束时，将表示祭祀意图的文字焚烧，再度使皇天上帝知道，好请天神降福。

乾隆六十年（1795），85 岁的乾隆帝对雩祀仍然是念兹在兹，在他最后一次亲诣圜丘祈雨之前写下诗一首，谆谆告诫即将继承大统的儿子嘉庆帝，要敬举常雩之礼。

> 壬戌之年肇举雩，至今五十更三逾。
> 斋宫豫宿原如昔，熙绩修身何有吾。
> 或躬或代值时巡，长至略殊每岁亲。
> 兹以明年归大政，祭将付子敬摅谆。①

黑格尔说过，中国的宗教实质上是一种国家宗教，因为宗教的职责主要属于皇帝。②读了这些御制诗文，就会知道，譬如常雩这样的仪典，其宗教存在与皇帝的行政事务之间有着怎样的密切联系。儒教的家国同构设想不仅给宗教以正当性，也确保了皇权的绝对性，实行的是“一君万民”。

---

① 乾隆帝：《孟夏雩祭前一日诣斋宫斋宿即事得句》，《御制诗集 · 五集》卷 96。

② 摘引自［美］M.G. 道森著，杨德山译《西方的中国及中国人观念（1840—1876）》，中华书局 2006 年版，第 269 页。

9
求言

求言御旱

乾隆七年（1742）三月庚申朔，乾隆帝忧心于旱情，便依照汉儒董仲舒的主意，申命“求言”。而本朝行宽和惠爱之政，前朝人所说的“权奸窃弄国威”“风俗败坏，豪右攘夺”等等现象，在“人文郁茂”的乾隆朝压根儿就不存在。

“求言”只不过是旱灾之年君主的修德之举，不承想“求言”的谕诏一经发出，臣工“进言”还是纷至沓来。山东道监察御史徐以升奏文写道：“我朝礼制具备，会典载有躬祷之仪，独于雩尚未设有坛，似属缺典。”并针对“至僧道建坛讽经，殊非古制，又唐开元有禁屠之例，然稽之雩礼，亦用牲牢……祀神祈雨，未尝禁屠。至不理刑名，则各衙门事件，反多淹滞”，提出“以上三者，并请停罢”。

遭遇大旱，鉴于古训所云：“王者听不聪，则水不润下。”这是解决一个问题又带来新问题的永无休止的程序。《洪范》推五行，灾咎由于失德，水旱之来，岂非政事缺失所致？其或小人壅蔽主听，专恣害人，权奸窃弄国威，黩货乱政。聚敛之臣，敲扑浚民而不知恤；惨刻之臣，严刑绳下而日难堪。往往仇怨之气、哀号之声，足以上干天怒，而拂戾阴阳之和。又或教化陵夷，风俗败坏，豪右攘夺，淫奢无度，小民困苦，盗贼不休，因而致咎，理亦有之。人主念上天之示儆，一旦沛发德音，广开言路，使天下贤良正直之士，得一吐其胸中之感愤，而亟赐之施行，将弊政改革而人心悦、天意回矣。[①]

因此“求言”一向被认为是捍御干旱、修德禳灾之大要。这似乎是要人们在

① 引自〔明〕俞汝为辑《荒政要览》卷5，万历三十五年刻本。

现实中去追求一个遥不可及的精神的终极目标。所谓“言曰从，从者，可从；视曰明，明者，知贤不肖，分明黑白也；听曰聪，聪者，能闻事而审其意也”。“王者能知，则知善恶，知善恶，则夏气得，故哲者主夏。夏，阳气始盛，万物兆长，王者不揜明，则道不退塞。而夏至之后，大暑隆，万物茂育怀任，王者恐明不知贤不肖，分明白黑，于时，寒为贼，故王者辅以赏赐之事，然后夏草木不霜，火炎上也”。[①] 所谓人情悦，则天乃雨。天人合一，和谐的人间秩序显然是会让老天降福于下界的。

历代皇帝大凡遇旱即下求直言之诏，所求之言或可概述为：听纳有不得于理欤？狱讼非其情欤？赋敛失其节欤？忠谋谠言郁于上闻，而阿谀壅蔽以成其私者众欤？云云。但当益修人事，以应旱暵。由此构成了与古典农业生产方式相契合的农业文化中的一种独特现象。表面上皇帝亲诣行礼，凡在坛执事诸臣，胥应共矢恪恭。实际上其中也蕴藏着种种君臣关系的制衡机关。

据《清史稿·高宗本纪》所载，乾隆帝“以旱申命求言”大致有六次，前五次分别发生在：1. 三年（1738）夏四月甲申，以旱申命求言。这一年的八月丙子，御史张湄上书，劾诸大臣阻塞言路。乾隆帝斥责此行径为渐染方苞恶习，召满、汉奏事大臣谕之。2. 四年（1739），以旱申命求言。3. 七年（1742）三月庚申朔，上忧旱，申命求言，并饬九卿大臣体国尽职。4. 八年（1743）六月丙辰日，以旱求言。5. 二十四年（1759），五月己亥日下诏：要臣下直言得失。说起来，乾隆帝在位60年间，只有区区六次因旱纳言，实在有几分萧疏之感，且时间主要集中在还需要摆点样子的乾隆前期，随意性很强，求言的机制尚羸弱，好像皇帝本人并不情愿，只是用来哄哄老天爷的。

爱听与不爱听的进言

徐以升何许人也？乃区区一从五品官员，像这样的官员在朝中多如牛毛。清

① 董仲舒：《春秋繁露·五行五事》。

朝将行省的监察机构分为15道，每道多者置监察御史满、汉各三人，少者各一人，官位秩次为从五品。其职守除分理本道刑名之事外，又分掌稽查在京的各机构。不用说到了京城才知道官小，如果不是岁旱求言的特例，绝对轮不上从五品官员参与朝廷的礼典规制的议定。然而，由于监察御史的选用大体上由各部保送正途出身的官员考补充任，或由翰林院编修、检讨等官员中升授，因此，此类官员多通古礼，且熟悉儒学经典。

雨既是云，云又是气，气又分阴阳，阴阳是否相和，天地是否施舍，又与人事有关。这就涉及所谓“天人”关系的命题。而阴阳又是由人事来调燮。调燮得宜，自然雨旸时若，使民物无饥寒之患。如果调燮倒置，阴阳失和，必然会引起水旱灾害，促使皇帝申命“求言”。

在这样的背景下，与徐以升身份相同的山西道监察御史柴潮生也有进言，他的奏折一上来就是颂扬当今皇上“今岁入春以来，近京雨泽未经霑足，宵旰焦劳，无时或释……修省于事为者，一动一言，纯杂易见；修省于隐微者，不闻不见，朕兆难窥。君心为万化之源，普天率土，百司万姓，皆于此托命焉。皇上万机余暇，岂无陶情适兴之时？但恐一念偶动，其端甚微，而自便自恕之机，或乘于不及觉，遂致潜滋暗长而莫可遏。则俄顷间之出入，即为皇功疏密所关”[①]。与徐案不同的是，柴案满篇都是无关紧要的“马屁”文章，借此为日后的前程埋下了伏笔。[②]

臣工的进言也是承袭了古人经验和他自己所处环境之个人“管见”，对于皇上来讲，当然没有无条件采纳之必要，况且所进之言会在乾隆帝的帝王心灵中进行筛选，或听之或弃之，都在于“天下一人”的瞬息定夺。所谓“国之大事，在祀在戎”[③]，本来祀典之事，岂容他人妄言，而此时皇帝碍于大旱之灾，无意就此发生争议，这是“天赐”的君臣之间一个特殊的“民主”对话机会。七年岁旱，乾隆帝降诏求言之意是遵从汉地旧俗，做个样子演给老天爷看，并非真心纳言。而一群中级汉族官吏纷纷上言，用古制发难。

---

①《清史稿·柴潮生传》，中华书局1998年版，第10535页。

②《清史稿》有传，见列传九十三。柴潮生，字禹门，浙江仁和人，雍正二年举人，授内阁中书，充军机处章京，累迁工部主事，乾隆七年，考选山西道监察御史。后官至兵科给事中。

③《左传》成公十三年。

尽管诸如山西道监察御史柴潮生等人的进言也会说一些无关痛痒的话，然而，“以旱申命求言”的表面文章或许有碍皇帝的面子，乾隆帝并未因此而释然。时隔17年，二十四年（1759）五月二十日，乾隆帝上谕：“尔诸大臣，皆国家共襄治理之人，休戚本属相关，当此望泽孔亟之际，又宁不各自刻责儆惕，以冀感召休和耶？夫灾沴之征，必有人事以应之，或者政事尚有缺失有须因时斟酌者，宜各抒所见以备采纳，但不得毛举细故，摭拾浮言，如昔所称天旱求言故事耳。”[①]想就此彻底否定所谓天旱求言的旧俗，连假“民主”的招牌也弃之不用了。

恰在此期间乾隆帝的思想发生了一个不小的变化。早在乾隆五年（1740）的上谕还说，程朱之学，“得孔孟之心传……循之则为君子，悖之则为小人；为国家者由之则治，失之则乱，实有裨于化民成俗，修己治人之要”[②]。从这篇上谕中，可以看出乾隆早期对理学采取了完全肯定的态度。可是到了乾隆十九年（1754），他对理学的态度却发生了一些明显的转变，他公开认为自宋儒以后，出现了“标榜名目，随声附和……大道愈晦”[③]的现象。

随着乾隆帝对宋儒了解的日益深入，他发现程朱理学对儒家经典的阐释并不完全有利于清王朝的统治，有的甚至对清王朝的统治间接地构成了威胁，随着乾隆时期专制统治的不断加强，与康熙时期因批判程朱而获罪不同，乾隆二十年（1755）以后，批判程朱理学已不再是一件了不起的大事。当时一些敏感的学者察觉到了清统治者对理学态度的微妙变化，对程朱理学也开始由尊崇转为怀疑甚至是批判。随之因旱而求言的事也不举了。

有这样一件事就发生在步入老年的乾隆帝身上。三十九年（1774）八月，山东临清发生了王伦为首的清水教民反清起义。给事中李漱芳上疏称：“奸民聚众滋事，为饥寒所迫”，“请增设粥厂”。事实上山东连年遭灾已是朝野尽知，唯乾隆帝拒不承认，将李漱芳此奏指斥为“转代奸民饰词诿罪，止图为一己沽名”。他还令侍郎高朴、袁守侗带李漱芳、范宜宾前往良乡及黄村、东坝各处查看，因事先做了掩饰，李、范二人“未见成群乞食流民”，结果，李漱芳降为礼部主事，

①《大清高宗纯皇帝实录》卷587。
②《大清高宗纯皇帝实录》卷128。
③《大清高宗纯皇帝实录》卷461。

范宜宾被充军新疆。一次本来并非偏颇的进言，就这样被压制了，由此言路再一次受到了严重阻塞，而针对李、范二人的其他官吏的效忠则再一次以婢仆式的忠诚被验证。

然而，时隔30余年后，因旱而下诏求言的事又出现了。乾隆朝最后一次求言竟在五十七年（1792），闰四月丙申，乾隆帝以久旱，再度下诏恢复求言。而与上一次求言时隔了33年之久。这时的乾隆帝大概是终于耐不住亢旱的煎熬，又一次将求言这类政治招数抬出来，作为御旱的救命稻草。

接下来的官书记载，第二天，“丁酉，雨”。意思是将这场降雨归于皇上的下旨求言感召了天。真的下雨了……

其实，君主求言御旱的制度设计从其主观意识上看，所追求的利益和目标具有明显的虚伪性。君主的这种利益需求方面的独占性与自私性，决定了君主专制制度必然把一切官僚阶层和臣下都视为维护“家天下”统治长治久安的工具，而作为官僚士大夫的一方也有着自己独特的利益需求与表述愿望。求言御旱则反映了以上君臣关系的潜在对立与脆弱性。

10

皇帝的“小疖”

尽管乾隆七年（1742）礼部复议已将常雩拟定依圜丘之制，视同为大祀礼，然而，次年初恰遇天候中平，农历四月前的雨泽，还算得上是霑足，年轻的君主由此心生侥幸心理，竟在常雩礼典初举之年，以身患“小疖”为由未亲诣天坛行常雩礼。

思想上的“小疖”

乾隆八年（1743）入春以来，乾隆帝的患处出现了红肿，伴有龙体发烧，渐显化脓的迹象。在御医们看来，首要的是搞清楚皇帝的疾症究竟属于寒症，还是属于热症，然后才能断定要吃何种药物、食物，以便“以寒胜热，以热胜寒”。鉴于京城近日天气奇热，常见的皮肤病大多出于热，经御医们反复切磋商议，皇上的症状终被诊断为热症。在现代医学那里，此病属细菌感染的疖。

然而一月有余了，皇上的小疖还是未见痊愈。据这一年四月十一日上谕：“今年初举雩祭之典，朕已降旨亲诣行礼。因今春偶患小疖，朕以典礼初行，必欲亲祭以昭诚敬，特命太医上紧医治，日来渐次平复，朕约计届期已可躬亲行礼，纵使尚不能行礼，仍拟亲诣坛所，以展肃将祀事之意。而太医等奏称患处初愈，皮肤未苍，正宜静养，不宜行走劳动。左右大臣等又奏称，四月雩祭系每年常行之典，不必今岁一定亲行，且皇上诚敬之心至纯至切，实足以昭格穹苍，与亲行无异”，最终还是“朕勉从所请，著遣弘晊恭代行礼”了事。①

依此上谕文字“四月雩祭系每年常行之典”，可知所奉行的礼典即“常雩”礼。同文所载，皇帝因患“小疖”不能亲诣行礼，亦有礼典则例可依，既可从“大祀”之“有故派遣官员代为祭祀”，亦可从“中祀”之“或亲往祭祀，或派遣官员代为祭祀”。无论规则是谁定的，最终的解释权还归皇上。然而从另一方面讲，这时的乾隆帝，是不是对行常雩礼的必要性并未深切领悟呢？

乾隆帝因患“小疖”而不能亲诣祭祀，而这次却是初举的大祀之典，并且已经降旨说是将亲诣行礼，最终又不能亲诣行礼，看来他一定病得不轻。但是，上谕又说龙体“日来渐次平复”了，皇帝自己都约计届期可躬亲行礼了，只是太医们却奏称患处初愈，皮肤未苍，正宜静养，不宜行走劳动，还有左右的大臣人等多方劝阻，那些都不过是借口，最终做决定的还是皇帝自个儿，而这件事的后果可只有乾隆帝一个人担着。

上天的谴告

说是“四月雩祭系每年常行之典，不必今岁一定亲行，且皇上诚敬之心至纯至切，实足以昭格穹苍，与亲行无异”，话是好说，就怕老天爷不买账。头一次的常雩就敢不来，还是没有将常雩当回事。少雨酿成干旱，干旱是农之第一大害，“水旱，天时也”，为此，老天爷必定先要叫乾隆帝吃上许多的苦头不可，目的是要他动心忍性，增益其所不能。这么说，“天”就不仅是乾隆帝的天父，而且变成了天师。这是一种特殊而必要的体验和教导。

其实，不管人在宗教活动中有怎样不同的崇拜对象，诸如人格神、自然神、至上神等等，如果骨子里关心的只是自己的个人欲望，不管是物质的还是精神的，例如个人的得救或解脱，这一切都封闭在一己之私的欲望或愿望里面。那么，无

---

①《乾隆朝上谕档》第 1 册，档案出版社 1991 年版，第 842 页。

论你是庶民还是皇帝，这样的祈求都不会得到神明的佑护，“诚者，天之道也；思诚者，人之道也”[①]。而对于人君而言，其得失之间将是天下众生。

当年，孟子周游列国，当着齐宣王的面直言不讳地说：“君有大过则谏，反复之而不听，则易位。”“易位”是什么？就是换人，请他走人。齐宣王问他：武王伐纣，那不是臣弑君吗？孟子当即予以驳回，说：那才不是臣弑什么君呢，那只不过是杀个坏人，杀个独夫而已。[②]这之后他到处去讲，民为重，君为轻。天让君主做君主，是叫他好好地养人民，做人民的好父母。他要是做不好，天并不对他特别维护，就要废掉他，天听自我民听，天视自我民视。[③]天听老百姓的意愿，而作为对君王取舍的原因。同时，孟子似乎在鼓励人起来推翻那些败德的君主，这叫作革命。革命的行为，虽然是杀君犯上的，却也是正义的。

乾隆八年（1743）夏至九年（1744）夏，直隶经历了整整五个季节的因干旱而引发的粮食短缺，严重饥荒首先影响的是位于社会边缘的最贫困人口，这些人没有财产，他们中已经普遍出现了营养不良，时时处于即将饿死的危险之中。然而，这次旱灾最终没有发展成为全面性的灾难，也肯定不应列入那些在文献中留下记录的大灾难之中。但是这足以令年轻的皇帝有所警觉，并将如此的天象与自己忽视祈雨的言行联系起来，看作上天对自己的谴告。

从下面一首原本冗长的御制诗中摘上前几句就足以看出，乾隆帝表现出一种强烈的内心自责，并以诗咏申诉其悠悠的悃忱，诗云：

龙见夏维孟，年祈礼用雩。
肇兴咨众议，肸蚃仰元符，
与祭训恒凛，致斋心匪渝。
省愆钦旭卉，沛泽愿昭苏。
况复秋临麦，尤殷云上需。
江风翻石燕，海日镇金乌，

①《孟子·离娄上》。
②《孟子·梁惠王下》。
③《孟子·万章上》，此两语皆引自伪古文《泰誓》。

天綍应垂鉴，臣忱信未孚，

徘徊瞻碧汉，惠泽曷宁吾。①

乾隆九年（1744），大陆性季风气候再一次将干旱降临在以乾隆帝为首的农业社会。山东、直隶首先报灾，接下来的情况正如二月十八日上谕所载：“京师及附近府属如天津、河间等处，自冬徂春，雨雪稀少，今清明已届，农事方殷，朕心深为忧惕，宫中默祷，已非一日矣，此时虽未至雩祭之期，亦当敬谨祈求，以期膏泽早降。着礼部、顺天府虔诚祈祷，速议举行。”②

乾隆帝又一次如遭天谴，焦急自责：“朕躬不德，以致旱灾示警，侧身思省，寝食靡宁，忧怀曷由宽释耶！”又谕：“雩祭之典，所以为百谷祈膏雨也，从前大臣等定议一应礼仪，悉照恭祀圜丘之制行，朕思目下畿辅雨泽愆期，此次举行雩祭，正望恩迫切之时，非每夏常雩可比。”并确定“其先期前诣斋宫及祭毕回銮。朕皆御常服，不乘辇，不设卤簿，不作乐，以示虔诚祈祷，为民请命之意”③。在这一年的四月乙卯，乾隆帝第一次亲诣圜丘践行了常雩之典。《清史稿》载：九年四月乙卯，上诣圜丘行（大）雩礼，特诏贬损仪节，以示虔祷。戊子，祭地于方泽，不乘辇，不设卤簿。

这次常雩祭典上的情形见诸他的御制诗《四月八日雩祭圜丘敬成六韵》，云：

泰田修殷荐，雩宗享昊乾。

豆登初饤馔，燔燎已升烟。

龙见犹稽雨，秧萌欲萎田，

屏营邀帝眷，切己虑民天。

庶政修三事，群工秉一虔，

夔夔亲步祷，藉以谢尤愆。④

① 乾隆帝：《癸亥孟夏肇举常雩礼，适以患疖不能亲诣，谨就园中斋居，涤志以邀天贶，瞻望南郊，敬成长律用申悃忱》，《御制诗集・初集》卷14。

②《乾隆朝上谕档》第1册，档案出版社1991年版，第902页。

③《乾隆朝上谕档》第1册，档案出版社1991年版，第912页。

④《御制诗集・初集》卷21。

诗中“夔夔”应是乾隆帝祈雨时悚惧谨慎的样子，看来乾隆帝在旱情频仍的形势下不得不恭祭雩宗。而“夔”又是传说中的一足怪兽，《山海经》上说：“东海中有流坡山，入海七千里。其上有兽，状如牛，苍身而无角，一足，出入水则必风雨，其光如日月，其声如雷，其名曰夔。”这诗中的“夔”莫不就是跛着一只足的皇上吧？或是他私下里对去年常雩之际患“小疖”的一种自嘲？以夔自况，似也正合意念中的“出入水则必风雨”的风角[①]。

用心之良苦尤可知矣。待到他将帝王心术运用得炉火纯青，对天神的畏惧便开始日甚一日。老年的乾隆帝终于感叹道：“明知慰我作转语，可识为君总是难。”[②]这真是一种须臾不能忘怀的深切体验。

① 古时用以观察风向判断凶吉的占卜术。
② 乾隆帝：《西直门外作》，五十年，《御制诗集・五集》卷23。

11 赈灾与仁政

乾隆七年（1742），是自乾隆帝登基以来遭遇的第一个大灾之年，北旱南涝的形势十分急迫。即使是常年雨泽充沛的闽浙地区也来报："漳、泉一带因上年秋收稍薄，今春雨泽稀少，米粮尚在昂贵。"[①]这对年仅32岁的年轻皇帝提出了前所未有的挑战。为此他因苦雨日夜疏食，夙夜祷于天神；同时，乾隆帝认为，调燮阴阳，必须克尽人事，[②]而赈济灾荒是一件具有相当难度的政务，"当政府介入救助自然（或人为）灾害和饥荒的受害者时，它并非在一个真空中活动。它必须调整自己的行动，使之不仅适应于事件的严重程度以及它自身财力和人力的可能性，而且适应于社会本身应对灾害的方式"[③]。

对于乾隆帝本人，既定的应对方式，人主救荒所当行的是：一曰恐惧修省，二曰减膳撤乐，三曰降诏求言，四曰遣使发廪，五曰省奏章而从谏诤，六曰散积藏以厚黎元。[④]乾隆帝当然明白，"民为邦本，食乃民天，菽粟如水火，斯民敦礼让之习，户有盈宁之象，仁风于是乎兴矣。然菽粟全赖天时，而天时则不可保其必然，圣人之使有菽粟如水火，亦惟尽人事以赞天功耳"[⑤]。为此，他采取了一系列"荒政"措施，其所实现救灾的适用范围相当宽大，这与祈雨过程中的恩泽普遍观

---

① 乾隆七年八月二十七日《闽浙总督那苏图奏折》。

②《临川先生文集》卷六五《洪范传》（四部丛刊初编）。

③［法］魏丕信著，徐建青译：《18世纪中国的官僚制度与荒政》，江苏人民出版社2003年版，第3页。

④ 引自〔明〕俞汝为辑《荒政要览》卷3，万历三十五年刻本。

⑤ 乾隆帝：《经筵御论・圣人治天下，使有菽粟如水火，菽粟如水火，而民焉有不仁者乎》，《御制文初集》卷1。

念相一致。这是一些在灾荒时朝廷可以随时动用的相关程序，即对灾民实施赈济，其中实惠的，一半是实物（以粮食为主），一半是货币。

赈济钱粮并停征额赋

首先，他下令向灾情严重的地区发放国帑，赈济灾民。乾隆帝深谙此道，早有人说了，“蓄积藏于民为上，藏于官次之，积而不发者又为其最次”。当年隋开皇十四年（594）大旱，隋文帝不许赈给，而令百姓就食山东。比至末年，天下储积粮食可供五十年之用。隋炀帝恃其富饶，侈心无厌，卒亡天下。这一沉痛的历史教训告诫世人，但使仓庾之积足以备凶年，其余何用哉！[①]

俗谚说过“水灾一条线，旱灾一大片”。有人说旱灾给人造成的无形的损失往往会超过水灾。如此预测不无道理。乾隆七年的旱情超乎寻常，旷日持久的旱情最终将乾隆帝拖入一场关乎政治命运而非竭尽全力不可的角逐之中。

天灾所引发的直接后果，即在一定范围内发生因灾害所导致的严重食物短缺。根据乾隆帝的判断，在当地无法解决足够供给来补偿这种食物短缺时，他会考虑从其他地区调入，而同时又不影响周边地区人口与食物之间的平衡，并考虑从更远的地区调入粮食。这一年里，由乾隆帝下令赈济各地灾荒的食物与白银包括：

夏四月间，赈安徽宿州等州县卫水灾，拨安徽赈银三十万两有奇。

五月间，赈江苏江浦等十八州县卫、安徽临淮等州县卫，抚恤江西兴国等州县、浙江淳安等州县、湖南醴陵等八州县、山东峄县等十州县卫、甘肃狄道等四州县灾民，赈江苏山阳等州县水灾，抚恤江苏阜宁等州县水灾，赈湖北汉川、襄阳等州县卫水灾，并停征额赋。

八月，拨江苏、安徽赈银二百五十万两有奇。

九月，赈湖北潜江等十州县水灾，赈湖南湘阴等九县水灾。同月，赈恤江苏、

---

① 引自〔明〕俞汝为辑《荒政要览》卷8，万历三十五年刻本。

安徽灾银二百九十万两、米谷二百二十万石各有奇，命再拨邻省银一百万两备明春接济。

冬十月，拨山东、河南明年运漕米各五万石备江南赈，仍由直隶赴古北口外如数采买补运，命江南截留癸亥年漕粮二十万石，拨山东漕粮二十万石，河南仓米二十万石，运江南备赈。十月，赈江苏山阳等二十八州县卫饥荒，拨山东沿河仓谷十万石，运江南备赈，赈安徽凤阳二十四州县卫水灾，赈河南永城等十三州县饥荒，赈江苏山阳等七州县卫水灾，赈江西兴国水灾。

十一月，赈湖北汉川等十二州县水灾饥荒，赈浙江瑞安等县、湖南湘阴等九县水灾，赈山东胶州十州县卫水灾，赈甘肃狄道等州县水灾。

十二月，赈山东济宁等七州县卫饥荒，拨运吉林乌拉仓粮接济齐齐哈尔等处旱灾，同时，赈奉天承德等五州县饥荒……

在这一年里，乾隆帝为了减轻灾荒给当地灾民带来的痛苦，还采取了免征灾区钱粮的措施，可以说皇恩是没有选择性的，一视同仁，任何地方也没有根据亲疏关系来获得更多好处的可能。

从夏四月开始，他相继下达谕旨，免征多处灾区应缴纳钱粮，包括：

免河南永城等三县上年因水灾未交的额赋，免河南洧川等十一县由于洪灾未交的地赋，免福建福清等七县因飓风灾未完额赋。

五月，顺天、保定等八府，易州等五州缺雨干旱，乾隆帝停征其新旧钱粮。免江苏沛县昭阳湖水沉田亩额赋。

八月，免江苏、安徽遭水灾地方的本年额赋，免直隶、江苏、安徽、福建、甘肃、广东等省雍正十三年的逋赋，免江南、浙江未完的雍正十三年漕项。

九月，免广东崖州等二州县因风灾的未完额赋，免安徽凤、颍、泗三府州本年水灾地方的漕赋，不成灾者亦按折扣征之，免江苏山阳等二十一州县本年因水灾的漕赋。

十月，免山东历城等十九州岛县因旱灾的额赋。

十二月，免福建尤溪等四县的荒田溢额银，免直隶蓟州等三州县因水灾的额赋，免遭水灾的山东胶州等十州县卫的未完额赋。

其他应急救灾措施还有：八月，江南黄、淮交涨，命疆吏拯救灾黎，毋拘于常例，训饬慎重军政；加强水利工程的建设，十一月，命陈世倌会同高斌查勘江南水利。

同时，朝廷用平粜的方法调剂市场的谷价，三月准采买湖广米备粜。同月辛巳（二十二日）谕："各省常平仓谷，每年存七粜三，原为出陈易新，亦使青黄不接之时，民间得以接济。若遭值荒歉，谷价昂贵，小民难于谋食，而仍复存七粜三，则闾阎得谷几何？"[①] 五月，再次训饬地方官实心经理平粜。九月，拨江苏运山东截留漕米十万石，备淮、徐、凤、颍各属赈粜。

灾后安排：庚子，谕河南等省抚恤江南流民。谕曰："江南水灾地亩涸出，耕种刻不容缓。疆吏其劝灾民爱护田牛，或给赀饲养，毋得以细事置之。"

并及时借施行荒政之际整治吏治：三月，以两江总督那苏图办赈遗漏，严厉斥责之。五月，为加大灾情期间的督查，命高斌、周学健往江南查办灾赈、水利。十月，浙江提督裴鉽等以侵欺褫职鞫治。

诚如乾隆帝所说："帝王之政，莫要于爱民，而爱民之道，莫要于重农桑，此千古不易之常经也。"[②] 真可以说，一年之中，他"春忧雨之不足，夏忧雨之或过，秋忧岁之不登，冬忧雪之未降"[③]，他所体认的"仁"或体认的那种终极神性的"天"，显然不仅仅是那种具有符号规定性的某种生硬而外在的宗教表现形式。然而，这一年里持续不断的灾荒，对于朝廷奉行的"仁政"而言，可谓是一种煎熬般的考验，为此乾隆帝宵旰民依，罔敢暇逸。所有赈济与免征的钱粮，他都要予以全方位考量，且必须从速决断。

如此多的赈济当然要勘灾并分别轻重。就在这一年，大学士议覆御史李清芳条奏赈务各款：定例民田收成六分以上为不成灾，其被灾五分，尚有五分收成，本年钱粮恩蠲一分，仍缓征，来春酌借口粮，毋庸再议加赈。至被灾六分者，除先赈一月外，将极贫加赈一个月。被灾七八分者，极贫加赈两个月，次贫加赈一个月。被灾九分者，极贫加赈三个月，次贫加赈两个月。被灾十分者，极贫加赈四个月，次贫加赈三个月。至若地方连歉，抑或灾出非常，一切赈恤宜有难拘常

---

①《清通鉴》"高宗纯皇帝"，乾隆七年。

② 乾隆帝：《题宋人蚕织图》乾隆三十三年，出自《高宗御制诗三集》卷68。

③ 乾隆帝：《晓凉》，乾隆五十三年，《御制诗五集》卷42。

例办理者，督抚遵奉谕旨，因时就事，熟筹妥办。或将极贫加赈自五六个月至七八个月，次贫加赈自三四个月至五六个月。通行在案。[①]

八年六月间，因直隶天津、河间等属夏间被旱，米价腾贵，乾隆帝特降谕旨，令仓场总督拨运仓米十万石分贮被旱各州县，以备平粜抚恤之用。七月间，直隶总督高斌奏称，被旱之地已经成灾，为此，上谕："除先行酌量抚绥外，见在查明分别赈恤，照例于冬月开赈等语。朕思开赈之后，需米必多，著仓场总督于通仓梭米各色米内再拨四十万石，与先拨十万石运完之后，即行接运，务于八月内全数运津，令总督高斌分发各处水次，就近挽运，接济冬间赈恤。该部速遵谕行。钦此。"[②]

接下来的九年正月，乾隆帝有感冬月雨雪又少，麦苗惟在春霖，农田待泽甚殷，麦秋收成未完成，恐妨岁事，穷民尤为堪忧。为此格外又加赈一个月，这真是皇恩浩荡。谁知旱情竟是如此的漫长，"盖是年（乾隆八年——作者注）六月越十年二三月，前后六十有六旬（660天——作者注），皇衷缱绻，于民始终，使被灾轻重四十二州县无一夫不获其所，而于甚瘠之区所画而拊循之者尤三致意焉"。"深宫神运，虑远思深，谓食不足，难有仁术，将安所施？"[③]所言虽为臣工文章，但出自一地方主官之口，感铭朝廷的赈救和皇帝的恩情，又岂非真情！

解决灾荒年农民的基本生计，是清政府稳定社会秩序和统治的需要。每当灾荒年，清政府一般要酌情减免田赋，必要时还要发赈救灾。中国儒家的"仁"的思想便是如此一种深切的体现。这是一种对人君提出挑战同时赋予契机的深邃文化传统。灾荒之年为年轻的国君提供了一个彰显其"善生养人者""善班治人者""善显设人者""善藩饰人者"[④]的机会，进而成为他实现"天下归之"的最佳契机，为此乾隆帝焕发出巨大的政治热诚。当然，首要的是做到"善生养人者"。孔子道德心性的超越性就建立在对于"天道"之超越性的体会上。灾年仁政的实

①〔清〕方观承:《勘灾分别轻重并轻灾抽赈谕》,《赈纪》卷4，乾隆十九年刻本。

② 乾隆八年七月十三日上谕，引自方观承辑《赈纪》卷1，乾隆十九年刻本。

③《方氏后跋》，方观承辑《赈纪》卷1，乾隆十九年刻本。

④《荀子·君道》上说:"君者何也？曰:能群也。能群也者，何也？曰:善生养人者也，善班治人者也，善显设人者也，善藩饰人者也。善生养人者，人亲之;善班治人者，人安之;善显设人者，人乐之;善藩饰人者，人荣之。四统者俱而天下归之，夫是之谓能群。"

施应被看作是儒家思想的胜利。

清代的水旱灾害给民生造成的巨大损失以及由此引发的一系列社会问题，直接威胁了清王朝统治根基的稳固。为扭转被动局面，清政府采取了许多相应的措施，调动全国力量，以期有所补救，古史称之为“荒政”。对于灾荒，清政府制定了一套非常严密的制度，并照章办事，其简约的程序是：“一曰备祲；二曰除孽；三曰救荒；四曰发赈；五曰减粜；六曰出贷；七曰蠲赋；八曰缓征；九曰通商；十曰劝输；十有一曰兴工筑；十有二曰集流亡。”朝廷的雩祀与荒政措施密切相关，并行不悖。

救灾的基本程序

报灾。“凡地方有灾者，必速以闻”[①]，报灾是政府统筹规划的原始依据，也是政府救灾的第一步。朝廷的赈灾“仁政”大多是建立在事实依据的基础上的。正是由于朝廷有着严格的报灾与核赈制度，使得皇帝能深居宫禁而洞察天下灾情，臣下颂扬乾隆帝“日悬九重宵旰中，而东西方数千里登耗盈虚之数烛照眉列”，因而“往往臣工未及奏请，膏泽先已下逮”[②]。这样的颂词大概也不是空穴来风。在当时的交通条件下，信息传递的速度无疑最重要。“救荒之道，以速为贵，倘赈济稍缓，迟误时日，则流离死伤者必多，虽有赈贷，亦无济矣”[③]。速度是救荒的关键，但也不能因此而放弃实效。有鉴于此，顺治十年（1653），朝廷规定，报灾“夏灾不出六月，秋灾不出九月”；在报灾情的同时，地方官还要“差官履亩踏勘，将被灾分数详造册结题，照分数蠲免”。这些工作须在一个月内完成，否则各级官员都要分别遭罚俸、降级或革职的处分。

勘灾。勘灾指确定灾情等级，它的确立也有一个发展过程。清初定制，歉收地方“五分以下不成灾”，但随着社会财富的增加，朝廷能够拿出更多的资金进行

---

①《蠲恤》《救灾》，嘉庆《大清会典事例》卷270《户部》119。
②〔清〕方观承：《赈纪》卷6，乾隆十九年刻本。
③《清圣祖实录》卷121，康熙二十四年七月癸酉。

救济，于是便扩大报灾范围，乾隆三年(1738)五月，乾隆帝下谕，“嗣后著将被灾五分之处，亦准报灾”[①]。谕旨对于地方水旱偏灾，或恐干谪谴，竟至讳匿不报的倾向，乾隆帝进行了一番训斥，称此于政体民生大有关系。

勘灾之前，州县官员先让百姓自报姓名、受灾田亩、受灾情况及所处位置，经核对后作为勘灾底册，交勘灾人员核查。起初，勘灾以州县为单位，但易发生遗漏或扩大化，“有一县俱不成灾而某村某庄成灾十分者，有一县俱成灾而某村某庄全不成灾者”。鉴于此，乾隆二十二年（1757），侍郎裘曰修奏请赈灾“唯通行以村庄为率”[②]，得到批准。不过由于勘灾点变小，一旦灾害波及面扩大，在短期内难以勘完时，就要由皇帝特批延长勘灾期限了。

勘灾之后，州县官员将勘灾所得的结果汇总造册，按水灾用青色、旱灾用红色的格式，注明受灾的村庄及上报灾情。勘灾人员可委派，也可亲自前往。乾隆二十五年（1760），湖南巡抚冯钤汇报了他的勘灾过程：他于十一月初四日自省起程，前往各地查察赈务，“一路挨顺查看，先由衡州府属之耒阳，次常宁，又次由永州府属之新田、宁远、零陵、东安、祁阳应赈七处，谨逐一亲历查察体访”。他担心地方官有粉饰太平的情况，又临时派清泉知县江恂、衡阳县丞石文成各分一路，“自将耒阳县界起，挨乡抽查，切询民情，直至穿过祁阳县界而止”[③]。勘灾时各级官员都要随时报告灾情，而户部在收到灾情报告后，也要派员复勘，彼此监督，因而大体上，官员们的奏报，是比较符合实际情况的。为防止舞弊，每次放赈之前，官员都要亲临现场，对灾民进行随机抽查，而灾民每领一次赈济，赈票上都加盖戳记。全部赈济结束后，赈票就由官府收回销毁。

乾隆帝要求臣下报灾必须实事求是，甚至宁肯报得严重一些，方觉得能反映民情。他经常说，办理赈济“宁滥无遗”，凡是查勘成灾者，均迅速照例抚恤，如属“偏灾不成分数，亦当酌量分别借赈，毋使一夫不得其所”，认为“多费钱粮之害尚小，而讳灾病民之害甚大”。

乾隆十七年（1752），山西晋南旱灾，巡抚阿思哈不肯动用帑库而请令富绅

---

①《清高宗实录》卷68，乾隆三年五月丙寅。

②《朱批奏折》，乾隆二十二年七月初二日，侍郎裘曰修折。

③《朱批奏折》，乾隆二十五年十二月初四日，湖南巡抚冯钤折。

捐银备赈，皇帝降旨："此奏殊为卑鄙错谬之至，朕实骇闻……国家赈济蠲缓……悉动正项，从无顾惜……抚恤灾黎，何忍出此！"后将阿思哈撤职。清初严格的报灾制度和乾隆帝对报灾的高度重视，使得大多数官员不敢存讳饰之心，基本上能做到有灾必报。这样，不仅增加了赈灾工作的透明度，使皇帝能随时了解基层的灾害，而且在客观上对灾民的生活和农业生产的恢复都有积极意义。

赈济。赈济则是将银、米直接发给灾民，以帮助他们维持生命，渡过难关。清朝前期，大规模的赈济灾民，所给赈米、赈银及赈期长短没有统一规定，均视灾情轻重而定。直到乾隆四年（1739），清政府才正式规定，除盛京等地可稍微多给外，所有直省灾民，凡大口(16岁以上者)，日给米五合，小口(以能走路者为限)半之；如米不足则银米兼给。

赈期则在乾隆七年（1742）得到规定，包括"正赈"(所有受灾人等，概赈一个月)、"大赈"(按灾等各自延长若干月)、"展赈"(大赈结束后临时加赈)和"抽赈"(择应赈者赈之)。至于其他临时性的延期或变通，也时有发生，如乾隆四十七年（1782），江苏的丰、沛等县及山东济南等府受重灾，乾隆帝下令，"常予赈恤，不必论月，灾退后始行停止"[①]。

灾后重建。这里所说的"重建"，是指由政府出资，组织灾民抢种抢收，或提供有利保证，为下一轮农作物的生长创造条件，以便将灾害造成的损失降到最低。通常，政府会向百姓提供口粮、种子和耕牛，其来源主要是常平、社仓以及截漕或拨库银。起初灾年贷米还需加息，到乾隆二年（1737）时已规定，"若值歉收之年，国家方赈恤之不遑，非平时贷谷者定制可比，若还仓时止应完纳正谷，不应令其加息，特此永著为例"[②]。以后又规定夏贷秋后归仓，秋贷麦熟后归仓，使借贷得以发挥更大作用。

乾隆帝的赈济之举，的确做到了"(某地)连岁旱，日夜我心恻，赈救求其宁，已不遗余力，蠲旧免新征……"[③]这使灾民"泥首感泪，咸庆更生"，汉臣们也由衷地颂扬"圣天子心尧舜之心"，当今皇上"敬天勤民，恫瘝在抱"，万民由此

①〔清〕阮元:《硖川煮赈图后跋》，出自《清经世文编》卷42之《户政十七》。

② 嘉庆朝《大清会典事例》卷275之《户部》124之《蠲恤》之《平粜》。

③ 乾隆帝:《降旨全蠲卫、辉等属本年地丁钱粮，并邻近之开封各属分别蠲缓加赈，诗以志事》，五十年，《御制诗集·五集》卷15。

无不“感戴皇恩”。

处理灾荒年间农民与地主的关系，是当时国家政务的主要职能之一。水旱灾害期间，如果地主趁机勒索，往往会造成百姓的流离失所；而如果地主能协助朝廷对灾民抚恤，朝廷的救灾压力也会减轻很多，因此朝廷很注意处理这两者的关系。为维护封建土地所有制国家的统治基础，朝廷不可能严重损害地主利益，强迫他们分田分地给佃户，但又不能不顾及贫民的死活，于是他们就在地租和蠲免上做文章，在尽可能的范围内，让地主自愿分一点实惠给佃户。而一旦出现地主对佃户减租免租之类的事，皇帝们也通常会表示积极肯定，如“闾阎仁让之风，朕实嘉悦”之类。在大多数情况下，地主们往往不顾农民死活，照旧收租的居多，有时他们还会乘人之危，发放高利贷，牟取暴利。

乾隆五十一年（1786），河南水旱相侵，民不聊生，山西地主“闻风赴豫，举放得利债”，以低廉的价格来抵押和收购百姓的土地。由于牵涉面太大，为维护社会安定，乾隆帝只得下令，规定抵押品“勒限听原主收赎”。而从五月份发布上谕，到八月份为止，河南已赎回的土地即有30.05万亩，可见当时此风气之盛。

在通常情况下，天灾人祸的两方面夹击，百姓难以承受。一旦政府处理不及时，他们就只能流离失所，飘零异乡。乾隆皇帝也承认，“今朕省方问俗，亲见民情风土，岁偶不登，闾阎即无所恃，南直江淮，北出口外”[①]。流民聚集，便易滋生事端，有鉴于此，清代把对流民的安辑视为安定社会、保持政权稳定的重要条件，而这正是清代荒政的一个重要方面。

任何行为一旦实施，就必然会在当时的社会生活中留下它自己或好或坏的印迹。清廷对荒政用力极深，显然是出于维护自身统治的需要。但如果撇开这一因素，而从更大的范围内考虑这一行为对当时社会造成的影响，以及社会对它的反作用，就不难发现，清廷通过一系列努力制定的一套极其完备的赈灾体系，对加速经济恢复，促进社会再生产做出了重要贡献。有清一代，与荒政相关的各项开支之浩繁巨大，机构之细密周详，规章之有条不紊，都是前代所无法比拟的。

①《清高宗实录》卷309，乾隆十三年二月甲戌。

清廷对于水旱灾害的蠲免和赈济工作，的确花了大力气，其蠲免和赈济州县，不论是从总量上看，还是从年均数上看，都相当大。再者，清代的救灾能力与国力紧密相关。不论是灾蠲州县，还是灾赈州县，均以乾隆朝为顶峰，可见财政状况的好坏，直接关系到灾蠲及灾赈的面积和国家拨款的规模。对于灾蠲和灾赈的具体银两数目，有人做过估计，“灾蠲一州县，约免银 8000 两，年平均灾免银约 60 余万两”，“清代 196 年救荒用银约为 4.5 亿两”[①]；对于赈济用银，则推测为“每州县的赈济用银近 4 万两，年平均支出二百二三十万两”，而乾隆一朝因灾蠲免、停征的田赋、税额及赈济所耗费的国帑数额，是清代历朝中最多的。

为了减轻灾害对人民的伤害，迅速恢复生产，乾隆帝还经常下令免息借给农民种子，允许灾民到地广人稀条件较好的地区去谋生，去开荒生产。乾隆四十九年（1784），被旱州县均令“借给籽种”，以迅速补种。像这种酌借籽种的上谕几乎每年每省都有，有无偿借给者，有收获之后免息还仓者。这完全是为了灾后恢复生产，帮助农民度过灾荒所采取的有效措施。由于乾隆帝重视赈灾，各种严重的自然灾害对农业的不良影响大幅度降低。在灾荒频仍的情况下，农业生产仍得以发展，使清政府国力达到前所未有的程度。

总之，乾隆朝的荒政制度具有集历代成果之大成的特点，这与乾隆帝的修养与胸襟有关，表达出“一体之仁”的涵养与以“民胞物与”的胸襟来仁民爱物的情怀。

设场煮粥

乾隆朝，大量粮米被用于赈济灾民，其主要流向乃设场煮粥。此法一般是救济极贫灾民，使干旱、水灾之后无家可归、无以为生的老弱病残，勉强维持生命。当时，在各省省会和重要的府州均设有粥场，丰年或平常年景只开省城粥场，遇有灾歉，不但原有省城、府州粥场要开，而且规模也要加大，有时还

① 李向军:《清代荒政研究》，中国农业出版社 1995 年版，第 58、63 页。

要增加一些新的粥场。清制，每年自十月初一日至次年三月二十日为粥场煮赈时间。乾隆年间，京师五城设粥场十处，每处日煮米一石，由官坊煮放，外地来京流户亦可领粥。

乾隆二十一年（1756），江苏由于连年灾荒，食粥贫民较上年“竟不止数倍”，“淮扬二属，每处设三、四场，每厂至一万余人不等”，苏州由三场增加为六场，“每场每日犹几及万人上下”，枫桥以西由“布商捐设一场，每众日亦二万”。五十七年（1792）直隶旱灾，灾民拥挤，京城各粥场不但于每日煮米一石之外多加二石，且“于五城例设各场外，在离城三四十里镇集处所添设五场，照旧定章程一体妥办”，随后又于通州良乡设置两家粥场，这样京畿地区即设粥场17家。这些粥场的设置，对于稳定京畿地区的社会秩序，帮助灾民度过饥寒交迫的长冬，挺过荒年，都是十分有益的。

朝廷之策还有“劝捐”，在一份《劝捐棉衣谕》中，乾隆帝劝谕绅衿富户捐助灾民，“今时当秋尽，转瞬冬寒，灾地穷民仰赖圣恩赈给，咸幸更生，而其中尤困苦者衣不蔽体，寒已切肤，不死于饿而复死于冻，宜亦父母斯民者之深为悯恻而亟思筹措者也。兹蒙督院捐制棉衣千件，盐政两司、本道等亦各有施助，但力难遍及，心则无穷，有不能不望于绅士之好行其德者”①。

在某种情况下，灾民理性首先是一种关于“物力崇拜”的宗教，缺乏对精神和弱者的尊重，没有善恶观念，或者说利害观念取代了善恶观念。其次，“政治”在灾民社会本质上是以暴力垄断生存资源的最有“效率”的生存手段。救灾者因“道德”理由成为灾民的监护者和专政者。但这种“道德”基本是非理性的。乾隆帝说：“朕可与他人比耶，先人而忧，后人而乐，理固宜然。近因久旱无雨忧劳过甚，以至癯弱……此后雨泽霑足，朕庶解焦劳也。”他在暗示一种脆弱的政治合法性。天灾将一切中国文化还原为生存需要和生存斗争需要。

看上去总有几分滑稽，令人哭笑不得。为了切实有效地划分赈济对象的等级，官府采用以观察接受赈济者的“容貌”来确定极贫的标准。《荒政辑要》中所使用的既模糊而又翔实的界定，称：“如产微力薄，无担石，或屋倾业废，孤寡老弱，

① 引自〔清〕方观承《赈纪》，乾隆十九年刻本。

鹄面鸠形，朝不谋夕者，视为极贫。”这个定义在18世纪可能多少带有权威性，其使用的标准基于人们的直观状态（体力状态、粮食储藏）、生产能力（劳动力、土地规模）以及他们的财产状况。通过对这些不同因素的估量，调查者即经验性地决定一个农民是否应被划为“极贫”。①

乾隆帝的仁政从根本上来说，是要使老百姓不仅在“表面”上屈从与服从政治权力，而且要使他们“心悦诚服”，在心灵的、情感的层面能够愉快而诚挚地接受既定的统治。“盖天命之谓性，率性之谓道，率性即安仁，不受命即未能安仁也”②。“故圣人修义之柄、礼之序，以治人情。故人情者，圣王之田也”③。只有把统治深入到情感层面，才能够真正达到统治的最终目标。乾隆帝奉行的仁政是何等诚挚呀！如宋儒周敦颐所言“圣希天”④，圣德终将为庶民祷获澍雨。

而这时的西方学者孟德斯鸠对中国皇帝专制制度的仁慈提出了疑问。他在那本著名的《论法的精神》中写道，那个时代的中国人“尊敬父母必不可少地要与对一切可视同父母的人物（比如老者、先生、行政官员）以适当的尊敬联系在一起。这种对父母的爱反过来要求以爱回报子女。由此推论，老人要爱年轻人，行政官员要爱他治下的百姓，皇帝要爱护臣民。所有这些构成了礼，这些礼构成了国家的普遍精神”。

他认为，中国礼教里没有什么精神性的东西，而诸如乾隆帝这样的中国立法者心目中的主要目标是帝国的康泰平安，而要他的臣民去服从是达到这种目的最适宜的方法。这里，立法者心目中的目标与臣民情愿服从的目标则是极易混淆的，有时，宗教与巫术就可以看作广义的政治，是人间政治在神圣世界、形而上领域的延伸。

中国人非常清楚他们的皇帝与天神之间的区别。皇帝自称是天的儿子，号称天子，但实际上并不等于皇帝与天神之间有着宗教上的关系，因而老百姓也就不会用崇拜天神的方式去看待皇帝。或者说，人世间的权力虽然具有宗教崇拜的某

---

①［法］魏丕信著，徐建青译:《18世纪中国的官僚制度与荒政》，江苏人民出版社2003年版，第81页。
② 乾隆帝:《仁者安仁，知者利仁 · 经筵御论》，《御制文三集》卷1。
③《礼记 · 礼运》。
④〔宋〕周敦颐:《通书 · 志第十》。乾隆帝作《三希堂记》引而论之:“予惟周子所云，固一贯之道，夫人之所当勉者也。若必士且希贤，既贤而后希圣，已圣而后希天……”

些特征，却难以让人们做到像宗教崇拜那样的服从。“雩”的宗教意识凝聚于有着具体人格特征的仁政与赈灾实践，是超越的宗教精神，并透过具体的“仁和”的人格体现出来。

12

救灾与吏政

《大清会典事例・蠲恤》中“奏报之限”的“例”[1]表明，早在清初即已制定了严禁使勘灾之职单独落到低级地方胥吏（教谕和佐杂）之手的制度——更不必说地方下层代理人了；正式官员（厅官、印官）必须承担起这份责任。到康熙五十七年（1718），官方更明确规定，一定要派遣具有知府或同知、通判头衔的官员前往被灾地方勘灾。此外，许多有关荒政的奏文都建议，在灾荒的情况下，应该利用那些正式的或候补的人员，就像下文将要列举的乾隆八年（1743）直隶畿南28州县衙门所做的那样。清政府在荒政制度方面下了很大力气，来克服基层官僚组织人员的不足与下层办事人员的低效率，及其不利于朝廷赈灾的各种官场弊病。

政治实践，首先要以进入人的生存过程的经验结构中的权力关系为基础。灾荒之年当然有着区别于平时的生存过程的经验，也就产生了特殊状态下的权力关系的整治。在那个年代，有一些应对灾荒的措施透着伪善，而且上述措施并非解决问题的理性选择，但它足以感动执政者自己，从而强化非理性的诉求。正是灾荒状态下的生存经验与权力关系的结合，激发了包括士大夫在内的所有人的政治热情，并达到政治意识形态与官吏个体心灵的“神圣统一”。这已经是一个相当高标准的政治诉求了。

宋代朱熹就曾总结过救灾中的吏政经验，他提出了“遴选贤能，责以荒政”[2]

---

①《大清会典事例》卷288。

②《宋史・朱熹传》。

的主张。南宋淳熙八年（1181）八月，浙东地区发生饥荒，朱熹受命举两浙东路常平茶盐公事。到了浙东后，他不带随从人员，单车微服，察访民情，“所至人不及知，郡县官吏惮其风采”[①]。经过察访，他亲眼看到许多农民因受权贵的残酷欺压和灾荒而挣扎在死亡线上，同时得知一些地方官的贪赃枉法行为。为此，他向朝廷奏劾绍兴府一个官员偷盗赈救饥民官米四千一百六十石的犯罪事实，又弹劾衢州守臣李峄隐瞒灾情和谎报政绩的事实。

更值得一提的是，当朱熹发现当朝宰相王淮的亲戚，吏部尚书郑丙和侍御史张大经的密友台州太守唐仲友“违法扰民，贪污淫虐，蓄养亡命，偷盗钱粮，伪造官会”等诸多罪行之后，不顾自身安危，连续六次上疏弹劾，终于迫使王淮撤去了唐仲友的官职。此事曾为时论所称颂。

中国官僚集团的社会基础是为数众多的四书五经的“职业读者”，就如同最早来华传教的新教传教士之一的麦都思[②]所感受的那样，“倘若每一册经籍在今天都毁灭了，那么明天有一百万人能全部复原”。他们中间完全掌握了这种具有静止特性学问的分子将登上官位，我们或可以从专指清朝官差大员的 Mandarinism 一词中感受到那种令人窒息的凝固一般的官场特征。也许正是基于上述的或相类似的原因，西方早期思想家，诸如罗利和弗朗西斯·培根等人都在其著作中征引从 16 世纪西方旅行家的游记中获得的有关中国的知识，进而强调这个国家“公正”的行政管理的形象。

尽管这些游记资料并未提供所谓中国行政管理的“公正”的背后隐含着怎样的标准，资料的提供者也不清楚这个国家的儒家学派的入世理念与精神，但是，使用这些资料的思想家们所要强调的是，中国的财富与繁荣是普遍富裕上的繁荣，也就是说，其行政管理的“公正”建立在普遍富裕的社会基础之上。这的确与儒家学说中的国家理想有几分相近。遗憾的是，这些言论的依据都不是由他们亲身体验所得出的。[③]因此对于考察当时中国的行政管理几乎不具有实证的意义。然而，

①《宋史·朱熹传》。

②［英］W.H. 梅德赫斯特，汉名麦都思（1796—1857），1816 年以传教士印刷商身份在远东开展事业。他撰写了《中国目前的状况和未来的前途，尤其是在此传播福音问题》（伦敦，1840 年版）。

③ 参阅［英］雷蒙·道森（Raymond Dawson）著，常绍民、明毅译：《中国变色龙——对于欧洲中国文明观的分析》，中华书局 2006 年版，第 39 页。

若将这样的"过誉"之词用在乾隆年前期的吏治上，或许还是说得过去的，尤其是当时因赈灾而实施之吏政——一种较有效益，也是较为公正的行政管理。

乾隆八年畿南28行政州县赈济旱灾政绩

一位西方学者在研究了乾隆七年（1742）前后的历史之后，惊奇地发现"一个相对规模不大的官僚机构，能够治理一个庞大的帝国，当然需要很高的技巧和有效的方法"。他指出，这一"国家的结构性弱点很明显，例如坚持低水平的财政征收，而不企图按人口与生产发展的比例增加赋入；通过文化考试招收官员，而不致力于保证其行政才干；维持人数非常少的品官，不给他们经济上的独立性（如不给他们世袭的俸禄）；把大部分实际行政事务交给不能有效控制的吏役去办；等等"。他的研究还证明，地方行政机构"由于大量地向非官僚团体与代理机构实行委托与转契，以及只有靠各种法外榨取（如附加税、手续费以及各种勒索）才能运转，国家对其官僚机构和对社会的控制，也不可避免地走向削弱"[①]。

乾隆七年（1742），面临旷日持久的春旱，乾隆帝频繁地将政令指向国家的上层建筑，告诫九卿大臣体国尽职。这一年他频繁地任免礼部与刑部官员，包括春正月壬戌，任赵国麟为礼部尚书；三月丙辰，刑部尚书刘吴龙卒，任命张照为刑部尚书；五月乙丑，礼部尚书赵国麟乞休，乾隆帝责其矫饰，褫职，调兰枝任礼部尚书；等等。

他当然明白，时下应对旱灾的政务，在于精选府县之廉能者，使之主持赈济灾民。正印官如不堪用，可别择廉能的佐贰，或无灾州县廉政正印官用之。同时，他也意识到灾情多变，令有缓急，难以常拘也。有言道，天下事未有不得人而能理者也，况歉岁哉？择人委任，乃荒政之第一要事也。灾荒就好比一支非常时期的令箭，根据急事急办的原则，可以将那些平日"吃菩萨，着菩萨，灶里无柴烧菩萨"的官吏毫不留情地予以撤换。

---

①［法］魏丕信著，徐建青译:《18世纪中国的官僚制度与荒政》，江苏人民出版社2003年版，第6—7页。

同时，大凡灾荒之年，也是历练与考核官员的大好时机。由于官吏制度上确定了赈灾过程中的相互制约规则与已形成的清廉官风传统，乾隆前期的赈灾业绩斐然。乾隆十九年刻方观承的《赈纪》记述了京畿南部各被旱州县府衙门的赈灾款项账目清晰，赈济工作有效。赈灾期间，这28个州县的行政开支也十分简单，来自不同行政单位的报账无甚区别，账面上十分严整。可以说，监督的效果很明显，整体上可以称得上是清廉执政。至乾隆八年，被灾州县是二十有八，皆在京畿的南部。统计赈户共六十六万四千八百九十有奇，大小口共计二百一十万六千六百九十人。有煮赈流民九十四万四千零二十口，赈济米谷共一百一十万零七百二十石有奇，银一百一十万五千四百七十六两。用于赈灾的钱粮，在账目上几乎是笔笔都有出处、有交代，称得上是小葱拌豆腐——一清二楚。不能不令人叹服。

官僚体系与品官

当时人讲:“郡县有一不肖吏，则郡县之民无宁居者矣；督抚有一黩货之人，则所属之郡县无一休息者矣；部院诸大臣不能奉公守法，则天下之督抚无一廉者矣。”[①]平时官吏不仁，民无宁居，更何况灾荒之年乎？依上言所说，要察吏安民，惩贪除弊，大致特别关注部院、督抚、州县、吏役四处关节，而这四者又彼此渗透，密切相关。

所谓部院，内阁为正一品衙门，位在六部之上。大学士“位尊望重”，其职务首先是议政事，宣布纶音（皇帝的诏令）[②]。阁臣常在皇帝的左右，充当顾问。他们不但对答政事中的疑难问题，而且为皇帝办理公文，草拟谕旨。

这里要说的是另一类小官，他们离皇上远，官品又不高，似乎注定只能在京

①〔清〕储方庆:《殿试策》,《清经世文编》卷7。

② 凡纶音之下达者，曰制、曰诏、曰诰、曰敕，皆拟其式而进焉。凡大典宣示百僚，则有制辞。大政事、布告臣民，垂示彝宪，则有诏，有诰。覃恩封赠五品以上官，及世爵承袭罔替者，曰诰命。敕封外藩、覃恩封赠六品以下官，及世爵有袭次者，曰敕命。谕告外藩及外任官曰坐名敕、传敕，曰敕谕。各种赈灾的上谕当然是通过内阁下达的。

畿的外围做个小官，而且他们中的大多数也许不会再有升迁的机会。参与上述畿南地区一次赈灾的办员为 245 人，其中各类赈灾人员包括：本署品官、本署胥吏、外署品官、外署胥吏、有功名的乡绅、武官诸类。

一个县衙官署的品官，如县令，救旱所当行的县务有：一曰闻旱则诚心祈祷，二曰已旱则一面申州[①]，三曰告县不可邀阻，四曰检旱不可后时，五曰申上司乞常平以赈粜，六曰申上司觅义仓以赈济，七曰劝巨室之发廪，八曰诱富民之兴贩，九曰防渗漏之奸，十曰戢虚文之弊，十有一曰听客人之粜籴，十有二曰任米价之低昂，十有三曰请提督，十有四曰择监视，十有五曰参考是非，十有六曰激劝功劳，十有七曰旌赏孝弟以励俗（饥荒之年有骨肉不相保者，今妇能食于姑、孙养其祖父母者，当物色之），十有八曰散施药饵以救民（饥荒之际，必有疾疠），十有九曰宽催征，二十曰除盗贼。[②] 大凡也有 20 条之多。

对于在灾荒中处置不力的官吏有一整套惩处机制，首先，凡遇灾荒之年，州县不能详报灾情与上司者，将处以革职处分，并永不叙用。若州县已经详报，而上司不处理，将上司革职。对于报告灾情不准，或迟报逾限的官吏则处以题参革职，或罚俸、降职的处分。再就是，赈济被灾之民及蠲免钱粮，州县官有借民肥己，使民不沾实惠者，革职拿问。其督抚布政使道府等官不行稽查，令州县任意侵蚀者，俱革职。若督抚不将侵冒之员照例参请问拿，降三级调用。

值得注意的是，处分则例中有：倘有胥役里保舞弊蠹民，将州县革职。凡在查灾、办赈、平粜借谷、扑除蝗蝻、造报文册等方面，有不据实结报，贻害田稼，草率从事，于民生亦有未便的均相应予以罚俸、降级直至革职拿问的处分。[③] 正如乾隆帝在十二年（1747）二月的一份上谕中提醒："近年州县官贪黩者屡见……恐不无乘此作弊者。"由于旱灾有着时间长的特点，赈济的本意在于推广有加之圣泽，溥及之恩膏。

---

① 清朝规定："夏灾不出六月下旬，秋灾不出九月下旬，先将被灾情形题报。"

②〔明〕俞汝为辑《荒政要览》卷 3，万历三十五年刻本。

③ 参阅《吏部则例》，引自〔清〕杨西明辑《灾赈全书》卷 2，道光三年刻本。

官僚体系里的非品官

据《大清会典事例》统计，全国州县官员共计1448人，佐杂胥吏共3046人，平均每一州县的品官不过2人。但实际上由于地方官府的职责日趋加重，加之官员大多是科举出身，主攻的是书经诗赋，基本不通刑名、钱谷之类的实学，为此要处理公务，就不得不私自掏钱，延聘一批尊称为“幕友”、俗称为“师爷”的人来“佐治”了，乃至形成“无幕不成衙”的定局，朝廷也只好加以认准。

如州县衙门中的驿丞(掌邮传及迎送官员诸事)、闸官(掌河闸启动)、税课司大使(掌典商税之事)、县仓大使(掌守仓储)、河伯所所官(掌收渔税)，仅视事之需要而设，全国仅少数县份设置，他们的品秩未入流。

如中央部院设六部，州县衙门设六房，即吏、户、礼、兵、刑、工房。房，古代指正室两旁的房间。衙门长官正式办公的地方称“厅”或“堂”，房是相对厅、堂而言。六房书吏一般为10余人，不超过20人，他们不是官员，没有品级，大都是举业无望者，只好掏钱纳粟买来书吏差事，或通过招募考试而被选用。书吏的任期虽大体规定为5年，但实际上，大多长期供职于一个衙门。他们熟悉民情，精通律例，懂得公文格式和官场诀窍，擅长处理衙门的内部事务，但也造成一种危害，利用身在官府的特殊优势，事无空过，动笔即索，故有“清朝与胥吏共天下”之说。

另有三班，即皂、壮、快三班衙役，是州县衙门一个庞大的阶层、最低级的组织。一般来说，皂班值堂役，快班司缉捕，壮班做力差，其实也没有截然分开，皂、壮二班共负内勤、站堂、行刑、警卫、呵道等责任；快班又分步快和马快，专管缉捕。县官与百姓的联系必须依赖“吏”，吏是官民交接之枢纽、最基层的“执法人员”，百姓正是从衙役的活动中感受到国家的存在和知县的威严。

由以上可以计算出县衙门的职官、吏役各类人员平均都在150人以上，但实际上却往往超编，甚至达数百人之多。

幕友，是中国封建社会另一项特殊的人事制度，是地方官自行聘请的顾问、参谋和秘书。他们有专门的修养和独特的技能，因而是地方官处理政事的得力助手。

对于官府衙门的胥吏制度、幕友制度，清人早有微词，储方庆说过："今天下之患，独在胥吏。"① 清末，李慈铭仍在说："盖国朝胥吏，偷窃权势，舞弄文法，高下在心，实以黑衣下贱之流，而操天下之大柄。……此最国家之一蠹也。"② 原来奥妙就在于胥吏熟悉法、例，而官员并不熟悉。如果官员不考虑胥吏的意见，一意孤行，违反法、例，就会受到惩罚。所以所谓"听命于书吏"，实际上是"听命于"法、例，归根到底，是出于害怕颁布的法、例，品官之所以很难像胥吏那样熟悉法、例，还因为官员在一个部门、一个地区任职时间短，远不如胥吏长久，用叶适的话说就是："暂而居之，不若吏之久也。"《大清会典》卷十二称前者为"经制之吏"(有权考职、出职等)，后者为"非经制"之吏。后者数目大得多。

官员在科举制的引导下，从小学习四书五经，入仕之初，"其通晓吏事者，十不一二"③。而"吏胥之人，少而习法律，长而习狱讼"④，"吏胥所习，钱谷簿书，皆当世之务"⑤。

那么地方官员为什么能高薪延聘幕友，还能养活自己和家人呢？奥妙就在于清代官员的收入主要来自种种的"陋规"，其中"火耗""羡余"就属于此类。"火耗"指的是征税时须把百姓上缴的小量或零碎的银块铸成一个个以 50 两为标准的银锭，为此会有些损耗，遂向百姓加收一些银两，故称"火耗"；而"羡余"则指的是征粮过程中也有仓储、运输等环节上的损耗，同理亦向百姓加收那部分粮食。康熙帝就曾乖巧地承认："清官并非一文不取民间，否则无法应付开支。州县官若只取一分火耗，便是好官。"雍正时实行所谓"火耗归公"，但实际上也允许州县

---

①《驭吏论》，见《清经世文编》卷 24。

② 陈登原：《国史旧闻》，《清吏胥》第 3 册，中华书局 1980 年版，第 647 页。

③《日知录集释》卷 8《选补》。早在唐代，赵匡在《选举议》中已说：士人读经书，诵疏文，不习政务，"及临人决事，取办胥吏之口而已"，见《通典》卷 17《选举五》。

④〔宋〕苏洵《广士》，载《古今图书集成・选举典》卷 127。

⑤《清经世文编》卷 3《思辨录论学》。

官合法获得火耗，并作为“养廉银”，只是划定了法定比例而已。终于有了“三年清知府，十万雪花银”的说法——官吏的腐败已相当普遍。

赈恤与蠲免对象

各地遭受旱灾后，官员如何处置？乾隆年朝廷早已有了定例，也就是说有了较完整的相应制度，如：

> 二麦被旱，定例夏灾不出六月下旬。民地二麦被旱失收，将被旱失收村庄及现在收成分数通报，造具顷亩分数册结分送。一面查其有地乏食穷民，借给籽种口粮，事竣造具花名细册送转。若灶地被旱，并报盐道。庄头地亩被旱，非与民地归入秋获办理可比，应遵例详报附近大员委员查勘，令该庄头自行呈明内务府，一面造具册结申送上司核转。惟民地被旱，二麦失收，总归于秋灾案内查明分数总计办理。如民情拮据，即于被旱之时，详请将新旧钱粮暂缓催征，汇入二麦实收分数案内题报。若革退庄头地亩系交官征租之项，仍入官旗地内办理。其营田被灾，请缓征工本。秋禾被旱不出九月下旬，必于七月查明枯槁情形，将被旱村庄通报，听候委员查勘。其被灾顷亩分数，照例于报灾之日起，须四十五日内造册详题。如原被水村庄复经被灾较重者，距先报之期十五日以外，准其展限二十日查办。倘已过正限，均准另起限期。①

此系乾隆十一年定例。这份定例提供了州县官府通报被旱灾情与勘查的规制、程序，详见下表：

---

①《灾蠲杂款》，引自《中国荒政全书》第 2 辑第 4 卷，第 746 页。

州县官府通报被旱灾情与勘查的规制、程序表

地亩种类	通报上级官司	通报时间	处理方案	通报详题
民地	造具被旱顷亩分数册结分送各级官司，赈济事竣造具花名细册送转上级官司	夏灾不出六月下旬；秋旱不出九月下旬，七月查明	借给籽种口粮，二麦被旱总归于秋灾案内查明分数总计办理	被旱顷亩、收成分数
灶地	并报盐道	夏灾不出六月下旬；秋旱不出九月下旬，七月查明	—	被旱顷亩、收成分数
庄头地亩（官旗地）	附近大员委员查勘，庄头呈文内务府	夏灾不出六月下旬；秋旱不出九月下旬，七月查明	—	被旱顷亩、收成分数
营田	—	夏灾不出六月下旬；秋旱不出九月下旬，七月查明	请缓征工本	被旱顷亩、收成分数

由上表可知，详报被灾情形之后，一面查明被灾户口，若民情待哺孔亟，先请于八月内急赈一月。如普赈期在八月初旬逢小建，不妨详请免扣，再查极次贫民，分别加赈月份。如贫士并报学臣，贫灶并报盐道，旗地另造册报。至庄头地亩，仍委员勘明出具册结，着该庄头呈报内务府备查，一面照造送司道核转。其余蠲免停缓带征各事，宜次第举行。被灾情形题报，照交代之例扣算程途日期，倘未逾限者免议。若到省在限外，而查算应扣之程途亦已逾限者，查参州县。

赈恤与蠲免表

赈蠲对象	赈蠲措施	勘核	蠲免缓征	逾限与处分
民情待哺孔亟	八月内急赈一月（如普赈期在八月初旬逢小建，详请免扣）	—	次第举行	逾限半月以内，罚俸六个月。逾限一月以内，罚俸一年。一月以外，降一级调用。二月以外，降二级调用。三月以外者革职
贫民	查极次贫民，分别加赈月份	—	次第举行	逾限半月以内，罚俸六个月。逾限一月以内，罚俸一年。一月以外，降一级调用。二月以外，降二级调用。三月以外者革职
贫士	并报学臣	—	—	逾限半月以内，罚俸六个月。逾限一月以内，罚俸一年。一月以外，降一级调用。二月以外，降二级调用。三月以外者革职
贫灶	并报盐道	—	—	逾限半月以内，罚俸六个月。逾限一月以内，罚俸一年。一月以外，降一级调用。二月以外，降二级调用。三月以外者革职
旗地	另造册报	—	次第举行	逾限半月以内，罚俸六个月。逾限一月以内，罚俸一年。一月以外，降一级调用。二月以外，降二级调用。三月以外者革职
庄头地亩	—	委员勘明出具册结，该庄头呈报内务府备查，照造送司道核转	次第举行	逾限半月以内，罚俸六个月。逾限一月以内，罚俸一年。一月以外，降一级调用。二月以外，降二级调用。三月以外者革职

上表所说的贫士是指贫穷的读书人，是赈恤与蠲免中的特殊人群。天下读书人本来就是官吏集团的后备军，所谓“我皇上作养人才，本为他日之用”。但是，皇上之养士平日不掏腰包，而“秀才不工不作，非农非贾，青灯夜雨，常无越宿之储，破壁穷檐，止有枵雷之腹，一遇荒年，其苦万状”。因此有人感叹道：“寒士濒死，得赈则生，不独一来学也。”[①] 士职诵读，不兢刀锥。士惜廉隅，何堪饥馑？谁又能以诗书疗饿腹呢？唯至荒年，统治者通过以加惠赈济易情操的手段，换取了菁莪之硕彦去嵩呼圣主洪恩，拳拳为世告“效忠”。

乾隆三年（1738）四月也有一份有关赈济生员的上谕：“地方偶有歉年，贫生不能自给，往往不免饥馁，深可悯念。朕思伊等身列胶庠，自不便与贫民一体散赈。嗣后凡遇地方赈贷之时，著督抚学政饬令教官，将贫生等名籍开送官核实详报，视人数多寡，即于存公项内量拨银米，移交本学教官均匀散给，资其饘粥。如教官开报不实、散给不均及为吏胥中饱者，交督抚学政稽查，即以不职参治。”[②] 谕文顾及了读书人在受赈济时的体面，同时，对于地方官可能冒赈的行为进行严厉警示并予防范之。

甘肃折捐冒赈案

不知是怎么了，自乾隆帝过了古稀之年的生辰大寿，打四十六年（1781）至四十九年（1784）三四年间，一下子爆出并查处了浙江杭嘉湖道王燧贪纵营私案、甘肃通省官员折捐冒赈大案、乌鲁木齐等处官员冒销帑银案、山东巡抚国泰贪纵营私案、闽浙总督陈辉祖抽换侵盗入官贝财案和江西巡抚郝硕勒派属员等六件集团性贪污贿赂大案。

说起来，儒学是孔子发明的一套大道理，是冠冕堂皇的理论体系。儒术则是关于“仕”，包括怎样才能做到官，如何能保住官位，如何能升官，如何能发财等心照不宣的技术。这时的西方学者卢梭就曾指出，“学问是获取高职的通行证”的

①〔明〕钟化民：《赈豫纪略》，引自《中国荒政全书》第 1 辑，北京古籍出版社 2003 年版，第 277 页。
② 引自〔清〕方观承：《赈纪》，载《中国荒政全书》第 2 辑第 1 卷，北京古籍出版社 2003 年版，第 529 页。

制度空乏无用，因为事实证明它不能“保护国家，使之免遭不学无术的、粗鲁的蛮族的征服”。这些读了圣贤书、做上官的儒生们反而可能堂而皇之地干出丧尽天良的勾当来。

其实，乾隆朝惩处冒赈的力度不可谓不严。然而，各级官吏因赈灾银米而贪污钱粮犯科的事却时有发生。诸如《清史稿 · 高宗本纪》载，六十年（1795）五月丙辰，伍拉纳、浦霖以办理灾赈不善，褫职鞫治，等等。其中尤为著名的是从三十九年（1774）开始的甘肃捐监冒赈案，四十六年（1781）秋七月甘肃布政使王廷赞等朝廷命官，以冒赈浮销，褫职逮治。因贪污数量之大、牵涉官员之多、惩处罪犯之严，被后人称为“清朝第一大贪污案”。

事件的原委是，甘肃地区一直地荒民贫，常有灾荒。乾隆三十九年（1774），陕甘总督勒尔谨上奏乾隆帝，请在肃州、安西等地收捐监粮[①]，筹集粮食。三十九年（1774）农历四月十八日，乾隆帝下达谕旨：批准陕甘总督勒尔谨在甘肃开办捐监的请求。所谓捐监就是，让那些无法考取功名而财力有余的人，向政府提供一定数量的粮食换取监生名号，以备灾荒时赈济灾黎之用。由于捐纳之风从明以来就一直盛行不衰，所以勒尔谨的奏报很快得到了乾隆帝的批准。不经意间，七八年过去了，四十六年（1781）三月，甘肃河州苏四十三聚众起义，乾隆帝派阿桂等人去督办平乱，阿桂等人抵甘省后不断遇到雨天，延误了用兵。乾隆帝得到阿桂的奏报，顿生疑窦，“该省向来年年报旱，何以今岁得雨独多？其中必有捏饰情弊”，就此引来了钦差查案。

据查，甘省于三十九年未捐监时，旧存常平粮尚有三百二十七万，自开捐起至四十二年（1777）止，常平粮贮量理应增大。是年甘省各属应有常平、额征及社仓粮共三百九十七万五千余石，而经核查是年实存一百八十八万石，实存常平粮销去一百三十余万石。甘省监粮自开捐起至四十二年年底止，统共收捐监生十七万六千七百余名，应收各色京斗粮七百八十六万二千余石，除历年各项动用外。实存监粮一百一十二万五千余石。捐监未及二年，开销监粮至六百余万之多，

① 因筹饷、赈灾、兴建大工程，或为贫困地区储粮而举行捐纳。

而旧存常平粮又销去一百三十余万石。[①]其远远高出未开捐前每年动用粮数。经李侍尧查出甘省正项仓库亏空银粮一百余万。

原来为保证捐监的正常进行，乾隆帝特意将“能事之藩司”王亶望调到甘肃任布政使，专门负责捐监事宜。可就是这个王亶望，依靠兰州地方官，将全省各级地方的旱灾情况胡乱编造，报销冒领，贩粟分银。下面的地方官更是上行下效，串通一气，毫无忌惮，所以造成了一桩重大的贪污案件。那年代，官场有个顺口溜，说什么“一年清，二年浊，过了三年死命捞”。说乾隆帝认定的“能事之藩司”仅一纸告示具文，实无颗粒入仓，乃以冒赈抵销账目亏空。上欺天子，下害百姓。

添建仓廒，这是甘省的贪官们想出的新花招，即以请建仓廒，以贮监粮为名恣其侵冒。粮折收作白银，这折收来的白银，大半在救赈的名义下，入了官员私囊。所谓监粮，有名无实。诚如乾隆帝所说：“甘肃监粮一项，即属纸上空文。”据各该员供称：俱系以银抵粮，并不买补还仓，其实贮粮数，仍较旧额短少。说乾隆帝认定王亶望娘胎里就是个贪官，那会儿没有人信，可这“捐纳”，所收的不是粮食，是银子，让人不贪也难。

案件告破，功在皇上指示详明，实洞鉴万里，明若观火之纶旨！细按之下，乃王亶望卑鄙无耻邀功取宠作俑于前，而勒尔谨借机营利巧取豪夺于后，有的则直接参与其中以分赃，有的接受贿赂，有的向省上报告假情况以包庇州县官员的贪污行为。李侍尧对有这种“捏结”行为的道府直隶州的53名官员进行审问，并提出处理意见。对各级地方官员审理结果表明，各级大部分官员都有贪污罪行或“捏结”罪行。乾隆帝始则说：“甘省此案，上下勾通，侵帑剥民，盈千累万，为从来未有之奇事。案内各犯，俱属法无可贷。”[②]按律问罪大都得正法，但人数众多，将会使统治阶级内部失去平衡，乾隆帝又不得不调整政策，他又说：“此案若照侵盗钱粮一千两以上应斩正例，则所有各犯，皆应置之重典。特以人数众多，不忍一概骈诛，因照侵冒银数多寡，稍为区别。”[③]其具体办法为，贪污二万两以上

①《己卯（乾隆四十六年八月九日）阿桂、李侍尧奏稿》，见《清高宗实录》卷1138，第18页。《清史稿·王亶望传》卷339，第11075页。

② 中国第一历史档案馆编：《乾隆朝上谕档》第十册，档案出版社1991年版，第687页。

③ 中国第一历史档案馆编：《乾隆朝上谕档》第十一册，档案出版社1991年版，第440页。

者，俱当问拟斩决，二万两以下者，入于情实；其一万两以下各犯，亦应问拟斩候，请旨定夺。[①]贪污四万两以上者，罪犯斩决，其子革去官职，发往伊犁，充当苦差。对于当苏四十三起义率众攻打兰州时，曾有守城等事微劳者，格外贷其一死。[②]对于只捐监生，没有捏灾冒赈各员，只问违例拆收之罪，应以改归首府收捐后所定五十五两为准，粮数以四十石为准，除去公仓费等项银七两。

案发时，王亶望已由原任甘肃布政使升任浙江巡抚，乾隆四十年（1775）贪污应发狄道散赈粮价二千四百余两，皋兰县六千六百余两；收受金县知县邱大英、西宁知县詹耀磷各馈送银二三千，武威知县朱家庆、固原知州郭昌泰各馈送银亦二千或三千，环县知县陈严祖馈送寿金五十两。《清史稿》卷339本传载："在官尚奢侈，皋兰知县程栋为支应，诸州县馈赂以千万计。""籍其家，得金银逾百万。"亶望每食肉必活驴肉而后可，即从活驴身上一块块割取烹饪而食。豆腐必鸭汤煎煮。有子十一人，其中三人夺官，发往伊犁；余下八人俱年幼，逮下刑部狱，年至十二，次第遣发。五十九年（1794），乾隆帝将归政，乃赦亶望子还，幼者勿遣。

在这批贪官中免死发遣者：谢桓，河州知州，侵赈银一万两以上。宗开煌，巩昌府知府，侵赈银一万两以下，任内又有侵欺建仓银两事。万邦英，山丹知县，侵赈银八千五百九十七两，又查出将虚粮开销而侵冒折色银一万一千一百四十两。董熙，署肃州知州州同，侵赈银一万两以下，又查出亏空仓库正项银粮草束各项计银一万三千三百两。黄道炯，安定县知县，侵赈银一万两以下。以上五人拿获马明心有功。[③]舒玉龙，古浪知县，侵赈银一万两以上。李本楠，知府，侵赈银一万两以上。彭永和，侵赈银一万两以上。麻宸，张掖知县，侵赈银一千三百一十两，又挪用监银一万余两。丁愈，侵赈银一万两以下，又查出亏空仓库正项银粮草束各项计银二千九百八十两。张汝楠，亏空仓库正项银粮草束各

---

① 中国第一历史档案馆编：《乾隆朝上谕档》第十册，档案出版社1991年版，第687页。

② 中国第一历史档案馆编：《乾隆朝上谕档》第十一册，档案出版社1991年版，第440页。

③《上谕内阁文》："昨阅《兰州纪略》于逆回苏四十三肆逆时，谢桓、宗开煌、万邦英、董熙、黄道炯五犯，或前往贼巢，擒获多犯；或于逆匪滋扰兰州时，昼夜在城，督率民夫防守；或在安定县拿获教首马明心。……谢桓、宗开煌、万邦英、董熙、黄道炯，俱著从宽免死，发往黑龙江，充当苦差。但伊等情罪重大，不加显戮，已属格外施仁。嗣后遇大赦，各该犯等不得接照省释。伊等所等亲子，亦不准应考出仕，以示惩儆。"

项计银三千二百两。[①]

呜呼，一场空前的集团性贪污大案终于以虎头蛇尾的结局尘埃落定了。这场大官司不能不说是儒家文化乃至儒术的一次大失败。因为文化体验中之心性的“主体性”，特别是实现在人格的道德修养上的效果被视为判定文化的试金石。曾记否？孔子在46岁的时候，还满腔的不服气，千里迢迢，跑到周，去问难于老子。老子对他说：“子所言者，其人与骨皆已朽矣。……去子之骄气与多欲，态色与淫志。是皆无益于子之身。吾之所告子者，若此而已。”孔子离去时，对弟子说：“老子，其犹龙耶！”[②]而孔子的弟子们描写孔子的神情：“吠吠如丧家之犬。”想想那无欲则刚的老子，再看看那“娇气与多欲，态色与淫志”的“学而优则仕”的白面儒生们，真乃一群“吠吠如丧家之犬”也。

不过在封建专制国家，尽管发生了特别重大的官僚贪污事件，对于最高统治者而言几乎也是毫发无损。一旦事发，在于朝廷仅仅是追讨赃款、抄家、杀几个贪官的人头，或满门抄斩而已，对于国之大政产生不了什么负面作用。因此在制度上无须做出根本的防范。如若不然，怎么会皇帝不断地杀，官吏还是不断地贪呢？

被旱之年，上自皇帝下至一般官吏都应深刻反省自己的罪过，及时改正，力行德政，诸如减轻刑罚、赋税，减膳，罢乐，整顿吏治等，从而感动天帝，除去灾荒。如郑世元（1671—1728）的《祈雨诗》很好地分析了旱灾降临的原因，提出了解救之策：

> 天曰民何辜，厥辜在尔官。众怨壅不散，结为酷暑愆。是之谓人旱，人旱海亦干。上久屯其膏，官则熯尔氓。是则谓官旱，官旱不可言。若

---

①《甲申（乾隆四十七年八月二十日），李侍尧奏稿》：“臣谨案各犯供词，确核彼时情事，均属约略相同，尚非虚捏。内有麻宸、尤永清、贾若琳、彭永和、张毓琳、李本楠、史堂、舒玉龙八犯，当贼匪初起之时，或协同守御省城，或派防本境要隘，或督办军粮，或盘获奸细，并于河州、循化、安定、伏羌等处，拿获逆党要犯，均有案可查。至如申宁吉、汪皋鹤、钱成均、善达、朱兰、王旭、蒲兰馨七犯，亦经在省协同防守，并派办收支粮草，查安东路军报台站，押送在山打仗兵丁口食，奔走差委，均属实情。又如丁愈、承志、韦之媛、张金城、章汝楠、华廷扬、李弼、谢廷庸、宋树谷、侯作吴、叶观海、陈金宣十二犯，均在本境防守，并有办运粮草牛羊，协济骡马，照料征兵起程过境等事。”

②《史记·老子韩非列传》。

徒岁为旱，此灾弭不难。岁旱纵为暴，讵抵官旱残。岁旱禾黍尽，官旱骨髓完。官旱致人旱，因致阴阳奸。尔欲弭此灾，去求尔官人。下有府县尹，上有封疆臣。反己各修省，恤刑复施仁。解泽先自沛，一洗怨气烦。官能不为旱，民旱亦和喧。霖雨自然致，五谷自然蕃。

旱灾的降临完全是因官吏不体恤百姓所致，是官旱导致了人旱，进而又有岁旱的产生。官旱比天旱更为可怕，若各级官吏能够行仁政，旱灾可除。虽然作者解释致灾之因，采用的不过是阴阳气论，但他没有将救灾希望寄托在求鬼神上，而是落实到现实的统治，应当说更为切实可行。

进一步说，儒家的“敬天”无法实现理性化的根本原因在于它自身的官僚体制。官僚体制，一方面无法做到系统化的廉政的政治生活方式；另一方面，它的“仁义礼智信”的内向约束方式为人神相通、人的自我圣化开辟了道路，却缺乏外向的监督机制，即官僚可以轻而易举地利用拥有的支配权直接参与利益交换而免受监督。

13

大祀与中祀、群祀并行

乾隆帝是那样的坚信“至诚之道，可以前知”①。也就是说，在他看来只要投入足够的诚意奉祭天神，祀地祇，享人鬼，祈愿的天惠就一定会如期而至。仁心本性，即可贯通于天心天性。怎么说呢？这既是先验的，也是后验的。因为每一次祈雨，在冗长而隆重的奉祭之后，都会有像官书所说的“感召天和”，而雨泽大霈。

其实，所谓的至诚之道与奉祭仪典的冗长及隆重程度几乎是无法度量的，但它们总会在并行中交会，因此，乾隆帝说了“可以前知”，当然就没错了。另外一个原因是，乾隆帝有着一个庞大而多层次的祭神系统，在实行中可以依据其意愿交叉使用，这样就会用以空间换时间的把戏让“至诚”与“天和”在多种形式中相对接。皇上本人也不曾须臾懈怠了他的敬天之念，在旱情的紧要之际，他甚至在宫中设坛求佑于天神，用虔诚的祈祷感召天和。即以此成其内心之信，再充为形外，以成盛德大业。

然而，求雨并不是都会“灵验”的，而且求雨而不得的次数似乎还要超过灵验的次数。因此，皇帝会做密祷，因为不想过分张扬，以免给人留下困蹇的印象。其实更深层的原因还可能是怕公开祈祷不应而有损于自己的权威，为了显示祷雨的效果，也为了显示自己的权威，每次公开祈祷之前，皇帝往往要事先让钦天监

---

① 乾隆帝:《梦辨》,《御制文三集》卷 10,《中庸 · 第二十四章》: 至诚之道，可以前知。国家将兴，必有祯祥; 国家将亡，必有妖孽。

之类的御用机构对雨水情况进行预报[①]，以便在适当的时机举行祷雨。

可能是有前朝的遗训在先，史书上没有乾隆帝密祷的记载，但这并不表示密祷从未发生过。实际情况是，直至“彻夜问云气，时厚时复薄，亦偶称细霏，时止时微作，晓起看庭除，土干原自若”[②]。那一年常雩过后好久了，就是不见雨泽的影子，乾隆帝为此真是有些心焦。

五十二年（1787）四月御制诗中也表露出相似的情绪，云：

> 一夜皆晴五鼓阴，凭舆颙望不胜心，
> 行行云散升朱日，蹙频惟余自咎吟。[③]

简言之，大祀就是祭天地祖先；中祀、群祀就是祭鬼神。《论语》载，“祭如在，祭神如神在”，儒学到此就已经很不周延了。譬如，天（上帝）的对面一定有个魔鬼，当年，孔子叫它们鬼神或怪力乱神。他的公开主张是“子不语怪力乱神”，“敬鬼神而远之”。私下里，他生病了，子路请祷于上下神祇。子曰：“丘之祷久矣。”是说自己已经祷告很久了。当子路要奉祭那些鬼神时，他马上正色拒绝，说：“未能事人，焉能事鬼？”[④]可是他心里又觉得不可小看鬼神的存在，曰：“鬼神之为德，其盛矣乎！”[⑤]他既站在唯天是宗的立场敬它们，一边又与它们保持一定距离，在信仰上也用中庸之道。这样，功利意识取代了虔诚。是神是鬼，谁也不能得罪，大概就是这么个意思。乾隆帝的思维当然也不会脱离这个千年的轨迹。

---

①《续资治通鉴长编》卷一百四十一记载，仁宗庆历三年，京师夏旱，谏官王公素乞亲行祷雨。五月戊子，仁宗皇帝曰：“太史言月二日当雨，一日欲出祷。”结果被谏官以心不诚为由劝阻。

② 乾隆帝：《彻夜》，四十七年四月十一日，《御制诗集・四集》卷 89。

③ 乾隆帝：《常雩进宫斋戒之作》，《御制诗集・五集》卷 31。

④《论语・先进》。

⑤《中庸》。

祈雨祭祀的泛神主义

“山川出云，为霖泽滂。雨公及私，兴锄利氓”①。干旱当前，人们求雨若渴，祈雨成为人们的首务。真是念兹在兹，唯雨是祭。常雩的前身是清初的“祈祷三坛”，或称“祈雨”的祭典，在国家祭统中列在“中祀”。顺治初年，岁遇水旱，皇帝遣官于天神坛、地祇坛祭告云雨风雷之神，岭、镇、海、渎、陵山、京畿、天下名山大川之祇。祈祷有应则报祭，均奉主于龛，同日致祭。顺治帝的祈雨还具有相当的萨满教的意味。

顺治十四年（1657）四月，顺治帝躬诣圜丘祈雨，遣官致祭方泽、社稷、天神、地祇。康熙二十九年（1690）祈雨，康熙帝遣官致祭天神、地祇、太岁之神。仍旧是“祈祷三坛”。雍正十年（1732）谕令：“天时亢旱，著礼部、太常寺虔诚祈祷，照例禁止屠宰，不理刑名。”并“遣官致祭天神坛、地祇坛、太岁殿，并望祭四海之神”。

乾隆二年（1737）六月“以天时亢旱遣官致祭天神、地祇、太岁各坛及四海之神”②，乾隆帝的祈雨祭典仍照雍正十年之例，皇帝遣官致祭，以至“雷师阗阗，飞廉衙衙”，无不在他的躬祷之列。据一位19世纪70年代亲历中国的西方人士记载：

> 北京西南几百里的地方有一所寺庙，数百年前，人们在它院子里的一口井中发现了一个铁块，据宣称那是从天上掉下来的。从那之后，铁块便被奉为神圣的灵物精心保存在寺庙里。皇帝屡次求雨未灵后，便派一名皇子率一班人马浩浩荡荡来到寺庙，从僧人那里接过那锈迹斑斑的铁块，然后带回京城。在京城的某所寺庙举行隆重的交接仪式后，铁块便被暂时存放在那里。接着皇帝事先确定并宣布一个日期，当那一天来

①《高宗纯皇帝御制大雩乐章云汉诗八章》，乾隆七年乾隆帝亲制乐曲。
②《清朝文献通考》，浙江古籍出版社2000年版；赵尔巽：《清史稿》，中华书局1976年版，第5695页。

> 临时，他便亲自来到寺庙，屈膝跪伏在那冷冰冰的铁块前，祈求它显灵降雨。[①]

虽然此类记载不见于清朝典制，或也不是空穴来风。在中国儒生看来，德业成信，以使情、理、信及德业相辅为用，就可以参赞天地的化育了，这又有何不能呢？

乾隆七年（1742）拟设常雩礼，随之在九年，乾隆帝亲诣圜丘践行常雩礼。尽管七年礼部复议已将常雩拟定为依圜丘之制，照说由“祈雨”礼蜕变而来的“常雩”已改迁“大祀”祭统，然而“中祀”之“祈雨”并未因此被取替，而是与“常雩”的奉行并行不悖。

复议并认为“祈雨本无常期，而随时具举，则其事至重”[②]。以求雨为中心的祭祀活动，一时间形成了自上至下分层进行的轰轰烈烈的纷繁场面。应当说，与北方地区旱灾的普遍性和经常性以及季风性气候的多变性有直接的关系，这种多层性祈神活动似乎也给了皇帝以更多的选择。而在数代君主及制礼文人的思想中，还是凡神即拜的好，礼多人不怪，足见他们信仰的混杂，好像阴阳之气，星辰、后土、蚩尤、山林、海渎甚至古代名达医士、圣贤、城隍、祖先……都成了旱潦的主宰了。

与此同时，礼部遵旨议定：“于关帝庙、城隍庙、黑龙潭、龙神庙、凝和庙、时应宫、宣仁庙、昭显庙虔诚祈祷，得雨则用牲报谢。如不得雨或得雨未能霑足，遇行常雩礼，停祈关帝庙、城隍庙等处，如常雩后不雨，即分祷于天神、地祇、太岁坛。”[③]从中可看出中祀的三坛“祈雨”与大祀“常雩”礼行礼次序之差异，突显了常雩于祭统中的地位。又谕：

> 雩祭之典，所以为百谷祈膏雨也，从前大臣等定议礼仪，悉照恭祀圜丘之制行，朕思目下畿辅雨泽愆期，此次举行雩祭，正望恩迫切之时，

---

①［美］何天爵（Chester Holcombe）著，鞠方安译：《真正的中国佬》，中华书局 2006 年，第 129—130 页。

②《钦定大清会典事例 · 礼部》卷 440。

③《钦定大清会典事例 · 礼部》卷 420。

非每夏常雩可比……其先期前诣斋宫及祭毕回銮。朕皆御常服，不乘辇，不设卤簿，不作乐，以示虔诚祈祷，为民请命之意。[①]

自乾隆九年（1744）皇上初次亲诣圜丘行礼，再至乾隆十年（1745）奏定中祀的祈雨礼仪，“皇帝诣斋宫，不设大驾卤簿，不作乐。祀日，皇帝雨冠素服，陪祀王公、大小官员，亦用雨冠素服。其午门前迎送各官咸常服”[②]。乾隆朝设常雩为大祀程序已初步告成，雩祀的地位已十分明确，只是后来的十余年中常雩仪式仍然是一个不断演进而臻于完备的动态过程。

还是乾隆十年（1745）的四月，传天时久旱，皇太后忧形于色，从寝宫步行到龙神庙虔诚祈祷。乾隆帝闻报，“惶恐战栗，即刻前往请安，谆恳谢罪”。随后，“上祭地于方泽（即地坛），不乘辇，不设卤簿”。乾隆帝为祈雨还在社稷坛设祭，二十四年（1759），他“敬念右坛。为祈报之所，载稽祭义。司土谷之精。蠲吉虔斋。摅忱躬恳。为民请命。愿代万姓之灾。责己，惟诚。奚啻六事之舛，重举答阴之典，冀施甘雨之滂。云作雷随，毋俾箕伯（风神），侵轶牺成粢洁，尚敷帝里休和，殷伫神歆，立沛祥澍”[③]。

为了祈雨，乾隆帝还祭告过风神，据一通《告风神文》[④]，可知自皇考雍正帝始，“作是灵宇在紫禁巽方，维历有年。侧闻曩时旱魃为灾，彭怒涨天，继日以霾。我考竭诚爰命宗枝，曰帛曰牲，祝史致词，遂蒙神庥，骇飚为收，禾黍沐泽，乃亦有秋兹者”。乾隆帝继承了奉祭风神的仪轨，待到“雪旱于冬，雨旱于春，自春徂夏，震雷无闻，山川出云，庆散于风，不惟其景，乃惟其终”。于是乎告祭风神，“陈词祈神之佑致”，“速收其暴，油云以作雨师前导”。最后，乾隆帝怯生生地说：“屏息以待，惟神之思”。

乾隆帝祈雨甚至已经到了随时随地无所不祭的程度。或许会有人发问，一年之中乾隆帝要进行多少次这样的祭神仪式呢？看来是相当繁多，读了下面一首写在乾隆十九年（1754）的御制诗，就会明白个大概了，诗云：

---

①《钦定大清会典事例·礼部》卷415。

②《钦定大清会典事例·礼部》卷420。

③ 乾隆帝：《社稷坛祷雨祝文》，《御制文初集》卷3。

④《御制文初集》卷3。

旬余逢八斋，端居得静便，
静便心应适，而转愁绪繁，
绪繁云缘何？望泽意殷然。
往来郭门外，非不麦芊芊，
及时施甘膏，乃克期饼饘。
絮云亦屡作，率被狂风牵，
斋无不用敬，明禋况祈年。
望柱占础润，遑问春阑珊。

他在自注中说："三月二十三日因祭先农，斋戒至是，十二日凡八戒。"[①] 短短的12天里竟举行了8次祭神斋戒的仪式，由此可推知一年中的祈神当不在少数。而且，诗里的乾隆帝从斋居冥想中非但没有得到静便、心适，反而因天候干旱所带来的一系列琐事搅得心绪烦乱，直至心力交瘁。究其原因，不能不说他的祈愿是带有很强的功利性的，斋戒为的是祈雨，雨下不下来，这份焦虑就不能开释，哪里还谈得上心灵的慰藉呀。

道观祈雨

道教的神祇中，起初最受崇奉的是太上老君，即老子，以老子为教祖。汉时董仲舒倡导"天道主义"，颇有宗教意味，但实质是政治哲学。六朝时又抬出了"元始天尊"，地位更高于老子。从此道教崇奉的神日渐繁多。人间有帝王百官之封建等级制度，道教也把人间的官制等级制度搬用到了虚幻的天上。

道教的天神也是分等级的，其最崇高者为"三清""四御"，后土皇祇，又称承天效法土皇地祇，掌阴阳生育、万物之美与大地山河之秀的女神。其他众神，

---

① 乾隆帝：《常雩斋居》，《御制诗集·二集》卷48。

大约可以分为以下一些神团：大明之神（日），夜明之神（月），北斗之神，五星五行之神；太一、文昌、列星诸神；风雨雷电诸神；五岳、五镇、四渎、四海之神；山川、社稷诸神；五祀、八蜡诸神；城隍、土地诸神；灶君、门神、财神诸神；先农、先蚕、马牛、瘟疫诸神。

除上述天神、地祇外，还有属于人鬼一类的神，如各姓之祖先，历史上被誉为圣哲贤才和忠孝义烈之士，如关羽、岳飞等，都为道教所奉祀。

借其神秘莫测特色发展起来的道教，以人世间为原型编造出了冥天之上等级森严的诸神众仙，宣扬虔修得道可升仙界，“蹑太清”“朝玉京”，长沐天恩，永享不死不灭殊荣。道家奉行无心、贵生、无为之道，是为了解决生存困境无奈的绝对痛苦，解决人生有和无的冲突，在逃避现实中追求绝对快乐境界，显然是一种不能用来治世的无政府主义之道。

逃离现实的隐逸文化，由原始的混沌的阴阳五行生克之说，继承和糅合了巫、史、祝、卜，使用筮占吉凶、符咒驱鬼治病、炼丹建醮祈求长生不老等方术传教；衍生了气功、导引、烧丹、服食、羽化、保精、“除病”、皇历、流年、采补以及坟山风水之类皆无补社会变革之拨乱反正或发展进步的“学问”，至于民间迷信的巫术，更加抑阻了理性科学的伸张。道家虽然数度极盛并长存不灭，但始终不曾对中国社会的基本制度产生重大影响。对奉行伪儒政策始终不渝的历代统治集团来说，道家学说不失为社会上失意或闲散的人们寄托和消磨意志的游仙窟，一种别开生面的辅助性“稳定因素”。

“乘蹻”①，即以神兽为脚力，腾空飞遁，高下任意，远行不极之道，来往于鬼神之间。很明显，供神仙驭使乘骑，是道教中龙的基本职责之一。然而当佛教中的龙王在大众中引起反响以后，道教也就迫不及待地效法佛教，编造出自己的龙王来。道教创造的龙王主要有东、西、南、北四海龙王和东方青帝、南方赤帝、西方白帝、北方黑帝、中央黄帝五方龙王，除此之外，尚有名数繁多的各种龙王，神乎其神。

百姓最关心、最需要的就是风调雨顺，因而自古以来，民间对能影响晴雨旱

---

①《抱朴子 · 金丹》卷 4。

涝的龙的尊崇一直没有中断过。当佛、道两教广泛传播之后，人们受其启发，即将传统的神龙尊奉为龙王。于是中国大地上江、河、湖、海、渊、潭、溏、井，凡有水处莫不住有龙王。这类龙王距佛教龙王较远，距道教龙王较近；但严格说来，他们既非佛教龙王，也非道教龙王，只属于民间俗神。

清朝偏重佛教，道教为汉人的宗教，其地位已低落下来，不及以前之盛。乾隆四年（1739），曾禁止正一真人传度。执行起来却并不怎么认真，看来凡是用在祈雨上的神祇也就不问什么禁令了。因为在道家各派中正一派道士大都是"专恃符箓，祈雨驱鬼"[①]，《通鉴辑览》中说他们"世以鬼道惑众"。一般说，正一道主要从事符箓斋醮。信徒常给道观若干费用，请求诵经祈福、禳灾、拔苦、谢罪、求寿、求平安以及超度亡魂。除在观内建醮外，也有外出建醮的。这是平时道观的一大收入。

一处用于皇帝求雨的地方是位于北京景山前路北，始建于明嘉靖二十一年（1542）的皇家道观——大高殿。痴迷于道教的嘉靖帝听从了道士陶仲文的话，修建了大高殿（时名大高玄殿），以作为他习教的道场和宫官婢女演习科仪的地方。清代的皇帝每年元旦及每月初一、十五日，照例要去大高殿拈香行礼。特别是在天气大旱的时候，皇帝要在大高殿举行祭天礼仪，祈求下雨或降雪。有诗云："天子祈年大高殿，雪花六出春开宴。南州望雨与雪同，独惜晴云满春甸。开元古寺环香烟，官民齐拜迎雨仙。神仙从古念乡里，呼雷召雨惊南天。春波夜涨韩江水，绕郭秧歌雨中起。颇闻米市价少平，抖擞饥肠足心喜。"

太清宫始建于康熙二年（1663），由全真道龙门派第八代传人郭守真主创。大概是当年盛京遭了旱灾，盛京将军乌库礼慕名请来正在本溪铁刹山八宝云光洞潜修的郭守真下山主坛祈雨。郭真人登坛作法后，天降大雨。乌库礼大喜，遂在此为他建了一座道观，名叫三教堂。乾隆四十四年（1779），三教堂改称太清宫，成为东北道教第一丛林，后延续至今。再看奉祀的丘处机和郭守真的塑像和那些灵官都差不很多，绝不似佛陀那边名堂繁杂。灵官殿门口的一副对联更是旷达："存心邪僻任尔烧香无点益，持身正大见吾不拜又何妨。"看人家真是想得开啊！

①《明史・方伎传》。

进入 19 世纪以后，中国的国土在受到列强侵犯的同时，中国本土的信仰方式也愈来愈受到西方人的攻讦。在感受了中国宗教的西方人看来，“中国人的宗教和神话是一个暗淡的、毫无生气的系统，它混杂着无神论和各种最低级的多神论，其灾难性的程度及其彻底性成为世界上最令人感到可悲的一个实例……他‘并非使自己离开大众，而是在他们中间，赐他们以善、降雨和丰收，以食物和欢乐充实他们’”①。在这些西方人看来，中国人所坚信的“至诚之道，可以前知”，不过是被迂腐的儒生误释的神秘主义的冥想。

① 埃利斯:《郭实腊〈三次航行日记〉中有关中国的政策、宗教等的介绍》，第 20 页。引自［英］约 · 罗伯茨（J.A.G.Roberts）编著，蒋重跃、刘林海译:《十九世纪西方人眼里的中国》，中华书局 2006 年版，第 33 页。

14
黑龙潭与龙王爷

造神御旱

皇上的金銮宝殿——太和殿上正对皇帝宝座上方有一眼雕着蟠龙衔珠的藻井。藻者，水生植物；井者，蓄水之所。称之藻井，最初含义便是用水克火。将其悬在皇帝的头顶之上，意义当然非同一般。那龙嘴里衔着的宝珠又称“轩辕镜”，由“轩辕星”转音而来，古书中说那是雷神，高悬殿中，寓意保护宫殿的安全，推之其广义则是保护社稷的平安。这与太和殿之“太和”一词相得益彰，其出自《周易》，意在于“阴阳会和，冲和之气也”，“混同宇内以玉太和”，指宇宙万物和谐圆满，宇宙间的一切关系都得以协调。而这其中起着关键、核心作用的正是那嘴衔“轩辕镜”的蟠龙，再加上象征蓄水的藻井悬在头顶，皇帝的天下才坐得安稳。

被清朝的王源（1648—1710）推许为“春秋第一人”的子产曾说过：吾无求于龙。是不是龙在那个时代还不在君王祈雨受祷之内，不列于神祇之位呢？先秦文献所记载的祈雨之“雩”，形态就是一个坛，其积聚的精神则是祈祷五帝山川百源及古时有益于民生的一切神，如句龙之类。《尔雅 · 释天》：“蝃蝀谓之雩。”可见虹就是雩，雩从雨，意谓天旱时求得的雨。“若国大旱，则率巫师而舞雩”[①]，“使童男女各八人舞而呼雩”[②]。雩舞是古代祈雨仪式中的一种舞蹈，一定很壮观。雩舞就是虹舞，“呼雩”就是呼虹，呼唤虹——龙神出现，赐降甘雨。正像郑司农所说

①《周礼 · 春官 · 司巫》。
②《公羊传》桓公五年，何休注。

“救饥之政，十有二品，索鬼神，求废祀，而修之。《云汉》之诗，‘靡神不举，靡爱斯牲’者也”。

龙是如何造就的？有人说，“龙”是灾异恐惧心理的产物，是恐惧对自然之力的对立面的转化，是对各种自然灾变的一种综合恐惧，在自然灾害面前，人们多是用祷祀、自咎、修德，或用女巫悲鸣的哭感动神明，而龙则是超越这种综合恐惧的法术。“龙”字原本就和雨有关，《说文》：“龗，龙也。”所以说“龙，水物也”[①]。

人们意识到崇拜实际存在的动物的局限性，于是乎，通过“意志”将各种动物器官肢解并加以拼凑，诸如用上了马的脸、犬的牙、鹿的角、鹰的爪、蛇的身体、鱼的鳞与脊鳍及须，等等。这是此法术在自己的意识范围内所能达到的“主观自由”的极限。于是乎“龙见而雩”[②]。杜预解释说：“苍龙宿之体昏见东方，万物始盛，待雨而大，故祭天，远为百谷祈膏雨。”

其实上古的造神无不是为了御灾。殷墟卜辞中有不少是占卜雨旸的，占卜和灾异恐惧有关。说明至迟在商殷时代就有了祈雨活动，祈雨的神祇最初可能是至高无上的“帝”与保佑氏族的祖先神。灾异恐惧的解脱方式就是“禳”的法术仪式，由于对神明缺乏纯粹精神的把握，于是对神的崇拜就变成了对仪式本身的崇拜，内在的恐惧心理为外在的礼仪形式所取代。祈雨的神祇进一步增多，各种神灵几乎都成为百姓祈雨的祭奉对象，祈雨神祇的增多反映了中国多神特征和宗教信仰的功利性倾向，而皇帝对龙的封赐表明朝廷对龙王正统地位的承认，这不仅抬高了民俗龙王的地位，还进一步刺激了民间龙王庙的发展，终于使龙王形成了一种能与佛、道两教诸神抗衡的独立神祇。

由于人们相信龙能致雨，自远古至近代，祭龙求雨的习俗十分普遍。这说明古代中国人把龙当作最主要的雨神来崇拜。龙崇拜之所以数千年不衰，其主要原因之一，是雨水对于以农为主的中国人来说意义十分重大。

---

①《左传》昭公二十九年。

②《左传》桓公五年。

黑龙潭祈雨

提到北京的黑龙潭，如今人们熟知的就有三处。一在京南房山；一在海淀寿安山北麓，冷泉村北；一在密云西侧。这三处黑龙潭均在京郊。殊不知在北京旧城之内，明清两代还有一处黑龙潭。从《清乾隆北京城图》看，黑龙潭的准确地点应在今天陶然亭公园内东南部一带。因此潭距离黑窑厂不远，所以又称“黑窑厂潭”。据史料记载黑龙潭是一座方形的水池，池中注满泉水，但也非长年有水，凡遇干旱之时池水也随之干涸。每当潭水干涸后，潭底就会显露出一口用白石砌成的水井，潭中之水很可能就源于井内。

当年，在黑龙潭西侧和北侧，拥有众多的水面，达十余处之多。《敬业堂集》对此做了较为翔实的记载。说水面大小不等，总面积有十余顷之广，湖水清澈，四时不竭，在每天清晨，总会有成群的野凫飞临于此，游荡于水中，因而世人将这些水域称之为“野凫潭”。岸边树木成荫，花草繁茂，水中野凫游泳，芦苇丛生，宛若江南泽国水乡之盛景。到了清末，因这一带地势低洼，排水不畅，污水淤塞，加之缺乏疏浚和治理，池塘成了臭泥塘。黑龙潭、龙王亭及四周名园古刹多已坍毁，后来这里成了乱葬岗，完全没有了从前那种令人陶醉的景色。新中国成立后，北京市政府对这里进行了整治改造，黑龙潭以北的池塘多已填平，修建了宽阔的道路和居民小区，在西部则利用已荒芜的多处池沼，建了景色宜人的陶然亭公园，使这里旧貌换了新颜。不过，黑龙潭及龙王亭的遗迹今天已经找不到了。

说到京郊海淀颐和园东南温泉乡画眉山山腰的那一潭，传说山上产黑石，质细腻，金代曾采石为宫女画眉，故称为黛石，山亦因此叫画眉山。潭水的面积原直径十余米，水从山峡石隙中溢出注入潭内，水花四溅，景色壮观。传说曾有黑龙潜藏水底，故名黑龙潭。

据地方志记载，龙潭“围广十亩，水从石隙中去，终年不干，下溢田间，潺潺有声”。过去那些善男信女，以为龙潭水源不绝，干旱不涸，乃潭中掌管云雨的黑龙神王所致，为此纷纷出资修建黑龙庙供奉龙神，成为干旱时帝王和百姓的求雨圣地。从碑文得知，黑龙王庙始建于明成化二十二年（1486），后经明万历十四年（1586）、清康熙二十年（1681）两次重修。庙坐西朝东，格局完整，气势恢宏。乾隆三年（1738）封龙神为昭灵沛泽龙王之神。乾隆帝曾多次来此祈雨。据说，每次祈雨仪式均很隆重热闹，如举办各种戏会、小车会、高跷会等。如果皇帝亲驾祈雨，仪仗等前呼后拥，旌旗帷幔遮天蔽日，场面煞是壮观。为此，在庙外还修建了供帝王休憩的行宫。

越往后就越是多见祭黑龙潭祈雨的。在清朝的祭统中，祭黑龙潭归于中祀。按《清史稿》的记述，乾隆帝经常“诣黑龙潭”敬神祈雨，还有在同一年份亲诣两趟的事。仅就《高宗本纪》所记乾隆帝亲诣黑龙潭祈雨事例，即录如下：

三年三月丁卯，上诣黑龙潭祈雨。

五年五月甲寅，上诣黑龙潭祈雨。

七年三月戊子，上诣黑龙潭祈雨。

十年六月癸亥，上诣黑龙潭祈雨。

十二年五月己酉，上诣黑龙潭祈雨。

十四年五月辛酉，上诣黑龙潭祈雨。

十五年五月间乾隆帝两次至黑龙潭祈雨。一是在庚戌日，上诣黑龙潭祈雨；一是二十天后的庚午日，上诣黑龙潭祈雨。

十八年夏四月丁未，上诣黑龙潭祈雨。

二十三年四月庚辰，上诣黑龙潭祈雨。

二十四年五月辛卯，上诣黑龙潭祈雨。

二十八年夏四月癸卯，上诣黑龙潭祈雨。

三十一年五月又两次至黑龙潭祈雨。一是在甲戌日，上诣黑龙潭祈雨；一是在十一天之后的丙戌日，上诣黑龙潭祈雨。

三十二年夏四月己酉，上诣黑龙潭祈雨。

三十五年三月庚午，上诣黑龙潭祈雨。

三十六年夏四月丙戌，上诣黑龙潭祈雨。

四十二年六月己未，上诣黑龙潭祈雨。

四十三年夏四月乙巳，上诣黑龙潭祈雨。

五十二年夏四月戊午，上诣黑龙潭祈雨。

五十五年夏四月丙寅，上诣黑龙潭祈雨。

五十七年夏四月乙卯，上诣黑龙潭祈雨。

五十九年夏四月丁丑，上诣黑龙潭祈雨。

乾隆帝亲诣黑龙潭祈雨竟达 23 次之多。五十二年（1787）他写有《黑龙潭祈雨即事四首》，诗云：

甲乙丙原常望雨，寸滋三四未祈参。
兹三四寸膏胥勒，虔请平明特命骖。
仲春中浣已微望，荏苒望增过暮春。
敢以长年怠民事，仍当步祷以躬亲。[①]

他还特意作注曰：甲辰、乙巳、丙午三年春末夏初虽亦望雨，然均于四月中旬或月杪间得雨三四寸不等，麦秋仍可有收，是以前此三年并未诣潭祈雨。由此也可以看出乾隆帝对祭黑龙潭是相当看重的。

遗憾的是，由于地下水的过量开采，今位于画眉山的黑龙潭，泉水已断流，今潭水由地表引入。庙宇规模虽小，但建筑格局整齐严谨，金碧辉煌，为明清皇帝敕建之物。殿堂顶部的吻兽，均呈龙的形象，别有一番气派。潭边的半圆形回廊，造型精妙，在京郊仍是不可多得的。

---

①《御制诗集》卷 32。

乾隆的“乾”与神祇的“龙”

乾隆帝之所以如此看重龙的宗教意义或另有其深层原因。

说到乾隆的“乾”字，就会联想到《易经》中的“乾”卦，爻辞上说：“元亨利贞。初九，潜龙勿用。九二，见龙在田，利见大人。九三，君子终日乾乾，夕惕若，厉无咎。九四，或跃在渊，无咎。九五，飞龙在天，利见大人。上九，亢龙有悔。用九，见群龙无首，吉。”“乾”卦描绘了龙的一系列状态：龙或潜伏不露（潜龙），或翔于天空（飞龙在天），或在田中出现（见龙在田），或在水中跳跃（或跃于渊），或使身子伸直（亢龙），或把身子蜷起来以至见不到头（群龙无首）。《易经》本是一部占筮之书，其表现手法是“假象喻义”。“乾”卦是以龙的变化来揭示凶吉利害和人事变化。由此，研究《易经》这部典籍时便会产生上文所提及的两个问题。“乾”卦六爻都取龙为象，通过龙在六位上的潜、见、惕、跃、飞、亢等不同动态，说明人事吉凶变化，体现万事万物的发展变化及其内在发展规律。但为什么选定“龙”来喻意呢？上一部分对龙形成发展的论述，只是阐释了取象问题的一个前提条件，表明《易经》之取象是有历史文化基础而不是凭空捏造的。做出“取龙为象”的选择的宗教原因在于龙乃沟通天人的神物。龙最终成为一切有灵动物中最高贵者，因为龙是集中多种有灵性动物的某些特征综合而成，是脱离了现实又具有动物特征的神物，比其他动物更具神性。因而，龙最终成为一切有灵动物中最尊贵者。

伏羲为始作八卦者，具有龙性。从文献学上考察，对《易经》八卦作者的探究最早见于《易经 · 系辞》。《系辞下传》曰：“古者包牺氏之王天下也，仰则观象于天，俯则观法于地；观鸟兽之文，与地之宜。近取诸身，远取诸物，于是始作八卦，以通神明之德，以类万物之情。”可以肯定的是，一直到《系辞》时代的古人对伏羲作八卦之事是深信不疑的。

在古人的传说里，伏羲是一位“龙子”。东桓、灵二帝时期，甘肃庆阳经学家王符《潜夫论 · 五德志》记载“大人迹出雷泽，华胥履之生伏羲”，《山海经 · 海内东经》云："雷泽中有雷神，龙身而人头，鼓起腹，在吴西。"伏羲为雷神之子，是其母与神感应而生。所以，伏羲与龙有密切关系。另一方面，根据《竹书纪年》的记载，这伏羲氏系族都是龙族，有所谓长龙氏、潜龙氏、居龙氏、降龙氏、土龙氏、水龙氏、青龙氏、赤龙氏、白龙氏、黑龙氏以及黄龙氏，[①] 这里是指伏羲族都以龙为图腾，即认为本氏族皆由龙生。伏羲这位神人合一的祖先，他不但以龙作为自己氏族的图腾，而且本身就是龙的化身。由此，古人出于祖先崇拜的心理，以龙（伏羲的形象）作为《易经》之"乾"卦的意象。

把龙写进了《易经》"乾"卦中，龙在《易经》中就能体现一定的思想。"乾"卦，又称龙卦，卦辞是以天为象，爻辞以龙为取象，其思想原则是崇天主阳。与《连山》以"艮"卦为首，《归藏》以"坤"卦为首不同，《易经》则以"乾"卦为首，可见"乾"卦在《易经》中的地位。

"乾"卦的思想和精神就是《易经》的思想和精神，"乾"卦中的龙思想就蕴含在《易经》整部著作中，那《易经》中的龙体现了哪些思想呢？《易经》中的龙是王权王者的象征。这是由于社会的发展，王权政治和礼法成分增大了，依靠巫术来统治的成分减少了，龙也逐渐从沟通天人的神物变成地上的王权了。

《周颂 · 载见》记载"龙旗阳阳，和铃央央"，统治者在祭祀中用龙纹旗帜，这就表明龙成了王权的象征。《易经》"乾"卦爻辞所表达的社会生产显然以农业为主。古人把龙与农业紧密联系起来，首先在于相信龙的巫术意义：龙能致雨，龙是一种能影响云雨流布的神兽。龙不仅有飞升于天的能力，还有影响云雨河泽的神通，能向下播雨。

龙既然成了国家权力的象征，也就等于成了国家最高统治者的隐喻。"乾"卦中所描绘的龙就是指有"龙德"的人，即王者。"潜龙勿用"，以潜龙伏在水中等待时机的龙譬喻周文王，周文王做殷商的西伯侯时，曾被纣王囚于羑里，那时的文王是"潜龙"。后来文王被赎出，回到西周积善积德，天下归心，虽称臣于纣王，实际上是"三分天下有其二"，这时的文王就"见龙在田"了。文王死后，武王继出，终克殷而登天下之位，即"飞龙在天"。

---

① 刘志雄、杨静荣：《龙与中国文化》，人民出版社 1992 年版，第 1 页。

“飞龙在天”是“乾”卦的九五爻辞，九五爻是外卦的中间一爻，是至尊之爻，所以后来历代帝王被称为九五之尊。《易经》以九五为君，以六二为臣；“乾”卦以刚健而行天的龙为象征，以乾为君道，君王譬如飞龙之在天，奉戴天意而君临天下。

到汉时，董仲舒的《春秋繁露》卷十六“求雨”：“春旱求雨，令民祷社稷，家人祀户，毋伐名木，毋斩山林，暴巫聚蛇八日，祭其神共工，且祝曰：昊天生五谷，今五谷病旱，恐不成……再拜请雨。为青龙一，居于中央。为小龙七居东方，长四丈，小僮八，服青衣而舞之。入夏求雨，则祭蚩尤。作赤龙以壮夫服赤衣舞之。季夏祭后稷，五老人服黄色舞黄龙。禁男子毋入市家，又祷山林以助之。”《法言》：“象龙之致雨也，难矣哉！”

桓谭《新论》曰：“刘歆致雨，具作土龙，吹律，及诸方术无不备设。谭问：‘求雨所以为土龙何也？’曰：‘龙见者，辄有风雨兴起，以迎送之，故缘其象类而为之。’”反映了士人对土龙祈雨法的肯定。

晋人郭璞以为后汉之兴土龙。看来他将上古冥感应龙的做法大大延后了。

然而，乾隆二十年（1755），内阁学士胡中藻主持广西学政，出试题取《易经》中“乾之爻不像龙说”一句，结果被控为诋毁乾隆帝。因为隆与龙同音，是暗指乾隆帝不是真龙天子，因而获罪，收监后又顺蔓摸瓜，查出胡的诗中有“一把心肠论浊清”之类的句子，于是胡中藻被处死了，成为“文字狱”的一大冤案。

更有甚者，乾隆四十三年（1778）乾隆帝亲诣黑龙潭，同时命大臣往石匣虔祷白龙潭。道光年以后雩祭中，天子行事除祷告天神坛、社稷坛、大高殿、觉生寺、太庙、关帝庙外，还要更时至静明园、龙神庙、黑龙潭等处祈雨。这些淫祀现象均与乾隆年的泛神祈雨有关。

黑龙潭何其多也

若说以方位论黑龙潭，那全国东西南北到处都有之。在道教中，实际上龙的方位是很难分得那么清楚的。

西面一处的黑龙潭在华山南峰仰天池南崖下，潭深尺余，面积约 1 平方米，常年积水，大旱不涸，而且水色多有变化。史志记述，天旱时，百姓常来此祈雨，多获灵验。据说宋徽宗崇宁二年（1103），朝廷封潭为显润侯。《说铃》一书记述，潭中有黑龙居住，龙在则水黑，龙去则水清，所以当地人称水为华山的顶门水。由于潭涝不溢、旱不涸，水色变化无常，人们不得其解，所以成为华山十大谜之一。

据记载，乾隆四十二年（1777）九月，正逢下种时节，陕西大旱，庄稼种不下去，百姓心急如焚，陕西巡抚毕沅便登山到南峰金天宫和黑龙潭祀神祈雨，果然陕西普降甘霖两昼夜，严重的旱象得以解除。毕沅下山后看到沿途百姓扶老携幼一片欢呼，便上书，派使臣奏明圣上，请求赐颁御书匾额，以答谢岳神遣龙行雨的澍荫之美。十一月差役回来禀报说乾隆皇帝赐字“岳莲灵澍”，毕沅立即率文武同僚到郊外跪迎，并立石刻碑，将四字镶以纯金，置西岳庙御书房内，这就是陕西最大的卧碑。

在山西也有同名的黑龙潭和黑龙王庙，山门横额题：敕建黑龙王庙。山门北侧是黑龙潭，潭上半圆形游廊环绕，灰瓦白墙，山腰有圆潭，径十余米，水从山峡石隙中流入潭内，溢时流泻山下田野中。传说有黑龙潜藏水底，故名黑龙潭。潭后有庙东向依山而筑，殿宇层层上升。庙建于明成化八年（1472），祭祀黑龙王，天旱时在此祈雨。其中龙王堂为卷棚硬山顶，黄琉璃筒瓦，前出厦，一开间。堂前有 4 座黄瓦歇山顶碑楼。内立乾隆祈雨御制记事碑二方，清大学士高士奇所书碑一方。入庙北侧建有一半圆形回廊，造型十分别致。廊上有 20 多个方、圆、棱扇等形状各异的什锦窗。黑龙潭则位于回廊环绕之中。庙内现存民国重修碑，及祈雨灵应碑等多块。这里山泉丰沛。

昆明也有一处黑龙潭，位于城北象山脚下，从古城四方街沿经纬纵横的玉河溯流而上，约行 1000 米有一处晶莹清澈的泉潭，即为中外闻名的黑龙潭。潭水从石缝间涌涌喷出，依山势清泉汇成 4 万平方米潭面。四周山清水秀，柳暗花明。依山傍水造型优美的古建筑点缀其间。其流韵溢彩，常引人驻足流连。黑龙潭始建于乾隆二年（1737），建玉泉龙神祠，清嘉庆十七年（1812）和光绪十五年（1889），玉泉曾两次被清朝皇帝敕加“龙神”封号，乾隆六十年（1795）、光绪十八年（1892）均有重修记载。龙神祠俗称“龙王庙”。黑龙潭四周主要以明清建筑为主，采用纳西族、白族、藏族等建筑手法修建。

民间的“请龙”

黑龙潭祈雨也有官不“灵验”民“灵验”之说。据《昌平掌故》《昌平文史资料》记载，清乾隆八年（1743）闰四月，京畿大旱，皇上派礼部尚书祈雨未果，而听说昌平漆园村百姓赴黑龙潭祈雨时，天降甘霖，因此龙颜大悦，颁旨御赏宫中所用龙幡1幅，龙鼓8面，鸳鸯钹48副。乾隆帝御赐龙鼓为漆园村民世代相传，精心保管。此面龙鼓直径达80余厘米，高40余厘米，鼓帮上刻着金龙。虽然年代久远，油漆有些剥落，但仍然可以清晰辨认出是一幅“二龙戏珠”图案。在“文化大革命”破“四旧”时这些文物被毁，幸哉，8面龙鼓中还有1面不知什么原因保存了下来。

中国老百姓崇信龙王，主要是向其祈雨。道教抓住了大众的这一心理特点，大肆宣扬道教有召遣龙王降雨消灾的法术。《太上护国祈雨消魔经》中记述了道家的祈雨故事，以及道教龙王在祈雨中的作用，在道教经典中极具代表性，云：“尔时月光真人又白天尊言：‘天下及诸方外国时遭炎旱，如此苦恼，作何法事，即得雨水调和，五谷会得丰熟，人民饱满？’天尊语月光真人曰：‘子受吾教于阎浮之内，或在聚落、或在高山、或在水岸、或在洞穴、或在清净之处建立坛场，安置尊像，挂诸幡盖，烧香燃灯，香汤沐浴，著新净衣服；转读此经，广为众生设诸花果、名香，随时供养；广设斋馔，上献方十无量天尊、三十六天帝君、天功父母及诸神仙、一切龙神及诸灵圣，作大利益。天帝当遣八部大龙王，云、雷、雨师，兴动云雾，施绕世间。须臾之顷，即令江河溪涧、上下四畴令得霶霈，草木丛林、一切花果五谷之类，悉皆生成枝叶茂盛。’”与佛教龙王相比，道教龙王更具有中国色彩，其职责也与老百姓的需求联系尤为紧密。

中国道观建筑多以龙纹为饰，这些龙的身份都是协助神仙通天。山西省太原市的晋祠是我国现存的早期道教建筑之一，其中建于北宋仁宗天圣年间（1023—1032）的圣母殿，大殿前檐柱上蟠饰着八条金龙。

道教中龙施雨的故事也更有人情味与传奇色彩。《太平广记》曾记有一位名叫玄照的人在嵩山修炼讲法。听众中有三位须发皆白、相貌奇异的老者从不缺席，虚心听讲。一日，三位老叟谒见玄照，自称三人皆为龙，请玄照指使。于是玄照说："今，天下久旱，如能行云致雨，润万物而苏民困，功德匪浅。"三位老叟回称："施雨不难，但天帝雨禁森严，擅自行雨，干系非小，恐有杀身之祸。不过有一方法可行，我等闻听少室山处士孙思邈德高望重，仁德无量，其所传《千金翼方》惠济万世，其名已录仙籍。如得孙处士一言相庇，定保我等安然。"于是将相庇之法告诉玄照。玄照即赴少室山孙思邈处，请庇护三龙，使龙召云致雨。孙思邈允诺。于是三龙行雨一昼夜，千里雨足。

华夏大地，大凡有水的地方，都有司理雨水的龙王和大大小小的龙王庙，祈祷龙王的习俗也随之产生，且流布广远，传承至今。祷龙祈雨的形式各地大同小异。在江南农村，大多按"请龙""晒龙""送龙"的程式进行。

"请龙"前全村人要洗澡净身，戒食荤腥，扫净街面，除了已婚女子，留在村中的人都要手持清香，提前到村口跪接龙队。请龙队伍人员众多，有专司念"催神咒"的道士，有挑祭品者、抬"龙庭"者，龙庭内置放"圣水瓶"，还有护龙队、分铳队、龙刀队、长矛队等。族长率领这支庞大的队伍，浩浩荡荡地开到龙潭边，献祭、焚香、叩头礼拜，恳请神龙出潭。真龙当然不会有，有的只是龙的模糊集合对象泥鳅、黄鳝、乌龟、小鱼等，得一条即可。

然后，将此"龙"请入圣水瓶，放入龙庭，许一番见雨后便演戏酬谢的愿。返回的路上，遇戴草帽者，令其摘掉；遇车水灌溉者，令其将水桶扔到一边。进村后，举行隆重的迎神仪式，然后将龙安放在本村的龙王庙供奉。翌日，族长率人抬着龙到旱情最重的农田里巡视。

请来龙王后，如果十天半月仍然不下雨，村民们就要把龙王抬到太阳底下暴晒，称作"晒龙王"。担当此角色者，多是两位家贫胆大者，这样的人不怕龙王报复。他们手提木棍，气势汹汹地来到庙里，一边大骂龙王没良心，一边将圣水瓶端出来放在太阳底下暴晒。晒过一阵儿，假装什么都不知道的族长就会走来，说怎么不见圣水瓶了？你们胆敢对龙王如此不敬！将两人“臭骂”一顿后，重新将龙王请回庙中，继续供祭。

请龙、晒龙之后，不管何时下雨，都认为是龙王的功劳，都要为其庆功，演戏酬谢，这个仪式称作“送龙”或“行龙会”。龙王戏一般要演三天三夜，如果还有人畜平安的祈求，就再加演三天三夜。然后由族长将圣水瓶放入龙庭，行龙的队伍人多势众，由龙王报铳队、舞龙队、水族队、舞船队、高跷队、虎头押牌、八面旗锣、八面龙锣、九莲灯、龙旗、彩旗、大令旗、小乐班、大头和尚、龙庭、抬阁、航船鼓架等组成，先绕村庄一周，然后上路。

舞龙是通过歌舞娱龙使其降雨。以后随着道教的兴起与佛教的传入，祈龙求雨成为巫师、道士、僧人、地方官与百姓共同采用、参与的一种方式，他们或用咒语，或用歌舞，乞求或迫使龙王降水，场面宏大，法术多样，每个人都在极力扮演好自己在求雨大戏中的角色。①

另有一种形式是鞭龙，人们认为龙掌管着降雨的权力，若天迟迟不降雨，便归咎于龙的懒惰，故有鞭龙之举，迫其降雨。②“土坼田干伤禾稻，女巫执鞭鞭乖龙”③。

行龙的队伍所过之村，村口皆有供桌迎送，该村族长亦率其村民向龙王叩头上香。行到龙潭边，族长亲自将圣水瓶由龙庭里请出，摆上供桌，燃香、明烛、叩拜、念欢送词，末了，将龙王放归龙潭。

文人士大夫平日奉“子不语怪力乱神”为信条，照说龙王之类必在其中。然而，祈雨关乎国计民生，以致笃信儒术如此的朱熹也会含糊其词，说：“龙，水物也。其出而与阳气交蒸，故能成雨。但寻常雨自是阴阳气蒸郁而成，非必龙之为也。”④所以“无限人心苏尺雨，有时天意活苍生……何术济民归未得，愧偷官禄奉粢盛”⑤也就在其理之中。

---

① 王焕然：《〈清诗铎〉祈雨术初探》，《世界宗教研究》2012 年第 3 期。

② 王焕然：《〈清诗铎〉祈雨术初探》，《世界宗教研究》2012 年第 3 期。

③〔清〕龚景翰《祈雨词》，出自〔清〕张应昌：《清诗铎》，中华书局 1960 年版，第 494 页。

④《朱子全书》第 14 册，上海古籍出版社 2010 年版，第 141 页。

⑤〔北宋〕韩琦《孟冬朔日祀坟二首》之二，《文渊阁四库全书》1089 册《安阳集》卷 19，第 320 页。

15

二十四年的大雩祭

《清史稿·高宗本纪》上记了那么一件事：九年（1744）四月乙卯，“上诣圜丘行大雩礼，特诏贬损仪节，以示虔祷”。而依《清会典》上所记，乾隆年举行的“大雩”之典，只有乾隆二十四年（1759）一次。从实际情况来看，九年的“大雩”记载也似不当称作大雩。

理由有二：其一，时间不对，四月乙卯是四月初八日，尚在初夏月的上旬，照说也是行常雩礼的时间，即使这一年有行大雩礼事也为时过早；其二，且称得上“大雩”者，其礼仪也绝不限于皇帝行礼时“不乘辇，不设卤簿”，应还有很多其他的祭礼环节。看一下乾隆二十四年奉行大雩礼的梗概便会了然。

乾隆二十四年大旱

也就在前一年的初夏，乾隆帝还在为时雨而欣喜，那是在二十三年（1758）的常雩礼上，他在诗中写道：

刚过夏禘致追思，
即值虔斋雩祭时。
敢恃沾膏优往岁，

益殷祈稔凛先期。
座迁燕寝兴居肃，
味彻腥辛淡泊宜。
蜀望谁能不萌志，
云生还切沐恩滋。①

这话说得一定不错，人的一切活动都是由欲望或冲动所引发的。政治上的重要欲望则是永远不能得到完全满足的。只是较往年多下了淋湿了地皮的几滴雨，马上就期望着丰稔，云彩刚刚升起，就盼望着“沐恩滋”……而且这会使甚至在天堂中的神灵也得不到安宁。“蜀望谁能不萌志”，表明他在政治上的欲望始终处在一种亢奋状态中。

二十四年（1759），三月里（3 月 28 至 4 月 26 日），人们还认为，“……总之，于三月内得有沾足之雨，即现在觉有旱象，亦全无所碍矣”②。然而就在不知不觉中，一场以京畿为中心的全国性重大旱灾迅猛地席卷而来。从春季开始，乾隆帝就不断下令发帑赈灾令，从中仍然可以看到其政治的欲望与冲动的紧张状态，“士希贤，贤希圣，圣希天”，西方人相似的表述是：“……其他的欲望仍使他们积极活动：特别是有这样四种，我们可以称之为占有欲、竞争心、虚荣心和权力欲。”③遇到这样的旱情，由来已久的做法就是“公卿官长以次行雩礼求雨”④。

这一年的二月癸亥，先是车都布等三旗旱灾。

紧接着是，三月己亥江苏淮安等三府州由旱而引发蝗灾。

夏四月辛酉，乾隆帝下令，展赈甘肃河州等处旱灾。甘肃亦如之。甲子，赈甘肃狄道等二十三州县卫旱灾雹灾。

五月丁酉，赈陕西咸宁等州县旱灾。己酉，赈甘肃皋兰等州县被旱灾民。

六月戊午，赈陕西榆林等十一州县旱灾。闰六月丁酉，赈甘肃皋兰等州县旱灾。

秋七月己未，停征山西阳曲等三十九州、县旱灾额赋。

---

① 乾隆帝：《雩祭斋居》，出自《御制诗集 · 二集》卷 78。
② 乾隆二十四年三月二十日《直隶总督方观承奏折》。
③［英］罗素著，何兆武，等译：《论历史》，广西师范大学出版社 2001 年版，第 156 页。
④《礼仪志中 · 请雨》，出自范晔：《后汉书》卷 95，中华书局 1965 年版，第 3117 页。

冬十月癸未，赈山西阳曲等五十六州县旱灾。癸巳，免山西助马口庄头本年旱灾额赋十分之七。赈盛京开原等城、承德等七州县旱灾，己亥，赈陕西定边等九县旱灾。

十二月甲子，赈甘肃皋兰等十四州县及东乐县丞属本年旱灾……仅山西一地，受灾面积之大，灾情之重为百年一遇，包括晋中和晋东南的几府数十州县。其中汾州府的介休县，“值岁大旱，斗米千钱”，“穷民食草木，形骨立”[1]；平遥县“大旱无雨，斗米至八钱有零”[2]；孝义县“大旱，民饥，饿死相继”[3]；潞安府的长治县，“旱饥”“时斗米银钱”[4]……

在经历了一个漫长的暴日焦枯的苦苦煎熬后，人们的生活希望在一点点地破碎，最终达到绝望。这是旱魃给人间带来的生存体验上的一种独特的精神体验。这一过程几近使乾隆帝的精神陷入崩溃的边缘，只是被那些走马灯似的祈佑仪典所掩饰。

这一年的孟夏四月丁巳日，因天时亢旱，乾隆帝由斋宫步行至圜丘，祀天于圜丘，行常雩礼。至五月辛卯日，乾隆帝诣黑龙潭祈雨。辛丑日，他又素服步祷于社稷坛祈雨。丁未日，乾隆帝以农田望泽，雨泽未沛，不乘辇，命停止卤簿，由景运门步行祭方泽（地坛），虔诚祈祷。然而旱情并无好转的迹象，为此乾隆帝谕：“朕躬祭方泽，值祈雨之时，竭诚吁恳，未获甘霖，夏至已逾，急不可待，后日即进宫御膳虔斋，思过待命。”[5]多次隆重的祈雨祭典均未见成效。夏至过后天仍不雨，晚禾亦不能收获，乾隆帝甚感京畿之危机，复于六月庚申日，乾隆帝以久旱，步至圜丘行大雩礼。

“大雩”是雩祭礼典的极致，也是一年之中祈雨活动的终极，如果大雩之后还不降雨，天下将终止一切求雨活动。大有置之死地而后生的决绝之势。

---

①《乾隆介休县志》卷5《宦迹》。

②《光绪平遥县志》卷12《杂录志》。

③《乾隆孝义县志》卷8《胜迹祥异》。

④《光绪长治县志》卷8《大事记》。

⑤《钦定大清会典事例・礼部》卷420。

大雩之礼

六月十一日（7 月 20 日），乾隆帝敬举大雩之礼。以祈天佑。一切礼仪，礼部速议以闻。祭典上的御制祝文已经拟定，曰：

> 臣承命嗣服，今廿四年，无岁不忧旱，今岁甚焉。曩虽失麦，可望大田，兹尚未种，赤地里千。呜呼，其惠雨乎！常雩步祷，未蒙灵佑，方社方泽，均漠弗佑，为期益迫，嗟万民谁救！敢辞再渎之罪，用举大雩，以申前奏。呜呼，其惠雨乎！上天仁爱，生物为心。下民有罪，定宥林林。百辟卿士，供职惟钦。此罪不在官，不在民，实臣罪日深。然上天岂以臣一身之故，而令万民受灾害之侵？呜呼，其惠雨乎！谨以臣躬代民请命。昭昭在上，言敢虚佞？计穷力竭，词戆诚罄。油云沛雨，居歆赐应。呜呼，其惠雨乎！[①]

正如《周易》所说“观天之神道而四时不忒，圣人以神道设教而天下服矣”。以神道设教的目的，当在于为政治统治服务。乾隆帝当然明白，责无旁贷，“以德配天”，即天命可以转移，失德而失天命，修德则受天命。所谓“皇天无亲，唯德是辅”[②]。天命是以德为转移的，而德则是人们自身修行的结果。人通过主观努力，修明德性，就可以争取获得天命。

“雩，祈雨之祭也，大雩祭天，而雩天子之礼也”[③]。然而，从奉行的那一套祭祀的内涵而言，根本谈不上宗教的狂热，宗教神的天，在此演绎成了义理的天。天帝的人格化和天人观念的伦理化，实质上把天道融于人道之中，使神道立足于人道的基础之上，而人道的原则是以现实的政治统治为依据的。在“不雨旱忡忡”

① “是日，大雨竟日。”《清高宗实录》第 588 卷，第 17 页。
②《周书・蔡侯之命》。
③ 李明复:《春秋集义》，摘引自《景印文渊阁四库全书》，台湾商务印书馆 1986 年版，第 324 页。

的当下，政治利益的最主要的诉求就是雨泽，最要紧的政治行动就是祈雨。

大雩祀昊天天帝于圜丘……巳刻，皇帝诣坛斋宿，常服乘骑出宫，不乘辇，不设卤簿仪仗，不陈礼乐，前引后扈大臣侍卫，咸常服导从，午门鸣钟，不陪祀王公百官常服跪送。驾至南郊，由坛西天门入，至昭亨门外降骑，步行入坛，恭视坛位，上香行礼如仪。祀日，皇帝雨冠素服，步祷于坛。扈从官暨陪祀执事各官咸雨冠素服，不燔柴、不进俎，不饮福受胙……皇帝行三献礼……司乐协律郎引舞童十有六人……舞童乃舞皇舞，按节而歌云汉诗八章。

雩舞真正寓意是什么呢？雩舞者，应为羽人。大约是祭祀鸟灵，象征追送亡灵之意吧。《庄子·徐无鬼》“孙叔敖甘寝秉羽”释文：“或作翅，雩舞者之所执。”雩祭时将鸟羽蒙在头上，或者手持羽翅，显然是为了将自己装扮成鸟。《说文》:“雩或从羽，雩舞羽也。”雩祭舞羽，故字又从羽。雩祭要跳皇舞，皇舞蒙羽而跳，这是雩祭者自饰为鸟的习俗在文字上留下的印迹。既自饰为鸟，其舞蹈动作自然模仿鸟的动作。春秋时期吴王阖闾葬女，舞白鹤以葬之的记载，见于《越绝书》。这是以鸟类或鸟类的象征“羽人”为主体的祭祀鸟灵或追送亡灵的一种原始祭祀活动。因为鸟能飞到天上，而被认为具有“请福于天，以通鬼神之道”的超神力，人死后，便可借助鸟的神力进入天堂。

歌毕退……并如常雩仪，礼成。乾隆朝唯一的特别的祭神大典结束了。皇帝在肃艾的气氛中还宫。

此次行大雩礼之前，乾隆帝曾多次以上谕的形式阐发敬天礼神的思想，申告天下。

五月二十日内阁奉上谕：

> 朕此次亲诣社稷坛祈求雨泽，礼部所开仪注内无荐玉之礼，询其原委，则系相沿旧规，并无义意可考。夫玉以庇荫嘉谷，使无水旱之灾，载在传记且于答阴之义更为相称，着饬所司谨用玉将事，以迓神庥，并着载入会典。祭之日，朕戴雨缨，冠素服，出右门，手御常轿，由右一

路行至金水桥应御辇处，即步行至坛行礼，以申虔祷。[①]

可以说是为了祈雨已是无所不用其极了。同日内阁奉上谕：

京师去年腊雨未能普遍，而自春徂夏，雨泽愆期，虽屡次设坛祈祷，或雷雨一过或小雨帘织入土不过一二寸，总未得邀沾沛。今芒种已逾将届夏至，二麦既失望，秋田尚有未耕，朕两月以来宵旰忧虑，寝食靡宁，深加修省，昨降旨亲祭社稷坛，虔诚步祷为民请命，不胜迫切。尔诸大臣，皆国家共襄治理之人，休戚本属相关，当此望泽孔亟之际，又宁不各自刻责儆惕，以冀感召休和耶？夫灾沴之征，必有人事以应之，或者政事尚有缺失有須因时斟酌者，宜各抒所见以备采纳，但不得毛举细故，摭拾浮言，如昔所称天旱求言故事耳。朕自即位二十四年至今，爱民之心有如一日，凡所以为百姓虑者无一事不极其周详，无一时或释诸怀抱。统计各省蠲赈之需，不啻数千万，而恩膏下逮常如不及，此亦天下臣民所共知者，……凡我臣民宜共体朕返躬自责之苦衷，各自警省，力挽颓风，则彼苍仁爱阴庇下民，庶雨旸时若可冀，转啬为丰，以共享乐利之泽矣。

五月二十六日内阁奉上谕：

现在天时亢阳，雨泽未霈，朕于北郊行礼时，著照九年、十二年之例，不乘辇，不设卤簿，由景运门前往致祭。[②]

这一次是乾隆帝至地坛行祈雨礼……尽管这是一次无果的奉祈。

---

①《乾隆朝上谕档》第 3 册，档案出版社 1991 年版，第 323 页。
②《乾隆朝上谕档》第 3 册，档案出版社 1991 年版，第 325 页。

高宗御制《云汉诗》八章

祭典之上，一项重要仪式是演乐乾隆帝的御制大雩《云汉诗》八章。旋律用《中和韶乐》，调式以黄钟宫立宫，倍夷则下羽为主。曲调肃穆而低回，令人无不济济谨乎，恭默肃艾。御制八章云：

瞻彼朱鸟，爰居实沈。协纪辨律，羽虫徵音。万物芸生，有壬有林。有事南郊，陟降维钦。瞻仰昊天，生物为心。（一章）

维国有本，匪民伊何。维民有天，匪食则那。蝼蝈鸣矣，平秩南讹。我祀敢后，我乐维和。黾鼓渊渊，童舞娑娑。（二章）

自古在昔，春郊夏雩。曰维龙见，田烛朝趋。盛礼既陈，神留以愉。雷师阗阗，飞廉衙衙。曰时雨旸，利我新畬。（三章）

于穆穹宇，在郊之南。对越严恭，上帝是临。茧栗量币，用将悃忱。惴惴我躬，肃肃我心。六事自责，仰彼桑林。（四章）

权舆粒食，实维后稷。百王承之，永奠邦极。惟予小子，临民无德。敢懈祈年，洁衷翼翼。命彼秩宗，古礼是式。（五章）

古礼是式，值兹吉辰。玉磬金钟，太羹维醇。元衣八列，舞羽缤纷。既侑上帝，亦右从神。尚鉴我衷，锡我康年。（六章）

惟天可感，曰维诚恪。惟农可稔，曰惟力作。恃天慢人，弗刈弗获。尚勤农哉，服田孔乐。咨尔保介，庤乃钱镈。（七章）

我礼既毕，我诚已将。风马电车，旋驾九阊。山川出云，为霖泽滂。雨公及私，兴锄利氓。亿万斯年，农夫之庆。（八章）①

大雩礼有别于常雩礼之处在于，其一，大雩是最高级别的雩祭，是在多次多

①《清史稿・乐志三・乐章一・附郊庙、群祀条》。

种祈雨活动都不能奏效的情况下，由皇帝本人举行的极致的专题性宗教祭典。常雩是不分有无旱情，届期行祭。如嘉庆十二年（1807）常雩之前嘉庆帝的谕文中所说，皇考高宗纯皇帝“至雨水调匀之岁，每遇常雩大祀，则前期斋宿郊坛，系由宫中乘辇而出，仪物具备”[①]。而大雩则是旱情“甚，乃大雩”的国家级别的祈雨活动。

其二，大雩与常雩在祭祀仪节上有所不同。譬如：常雩以列祖配飨，大雩则不设列祖配位。大雩祀前一日巳刻，皇帝诣坛斋宿，不配祀，王公百官跪送行大雩礼的皇帝限于午门，而且祀日，皇帝以为民请命的姿态祈天惠雨，并用舞童二佾，歌《云汉》之诗，且皇帝、扈从官及陪祀执事各官，咸雨冠素服……这些仪节都是常雩礼所没有的，其目的就是为了突出昊天上帝绝对尊贵的地位，并突出祈天惠雨的主题。

其三，二十四年（1759）践行的大雩在乾隆朝六十年间仅举行过一次，为祈雨，乾隆帝对民蒿目而视，对神焦吻而谈。如此漫长的祈祷，足以令人浩叹！

此后，除道光十二年（1832）六月二十八日（7月25日）因京师亢旱，举行又一次“大雩”外，并无他例。诚如道光帝所言：“世不有非常之变，不敢举非常之典。”[②]大雩即祈天惠雨的“于万不得已”的“非常之典”，是政治与宗教结合的一种非常形式。泛政治化也使生活泛宗教化，而泛宗教化的最为根本的特征就是要用行动来表达内心的情感。而更为隐蔽也更为重要的，则是落实到各种日常行为中的政治的礼仪化表现，以规定性的形式来表征政治权力所要求的规定性的情感。当然，在很多时候，形式就是内容，内在的情感与外在的形式之间的分离，则又使政治的宗教实践的荒谬性、残酷性更为突出地表现了出来。大雩——“非常之典”正是这样一种“结合”的集中体现。

①《钦定大清会典事例·礼部》卷420。

②《钦定大清会典事例·礼部》卷420。

16

以阴克阳

话题转到了1934年8月22日的全国大报《申报》，上面登载了鲁迅的一篇文章，写道：

> 报载余姚的某乡，农民们因为旱荒，迎神求雨，看客有戴帽的，便用刀棍乱打他一通。
>
> 这是迷信，但是有根据的。汉先儒董仲舒先生就有祈雨法，什么用寡妇，关城门，乌烟瘴气，其古怪与道士无异，而未尝为今儒所订正。虽在通都大邑，现在也还有天师作法，长官禁屠，闹得沸反盈天，何尝惹出一点口舌？①

文中提到的发生在20世纪30年代的迎神赛会祈雨中的天师作法与长官禁屠②等事项，其为怎样一种情景前文已有相似的记述，诸如迷信戴帽、打伞会引起干旱的事也见于多处记载③。然而，所谓"用寡妇"则未尝说及。其实，鲁迅文中董仲舒祈雨法之"用寡妇"是一种戏言，董仲舒在《春秋繁露》第七十四《求雨》篇中有这样的话："四时皆以水日，为龙必取洁土为之，结盖，龙成而发之。四时

---

① 鲁迅：《迎神和咬人》，《鲁迅全集》第5卷，人民文学出版社1981年版，第547页。

② 1926年竺可桢著《论祈雨禁屠与旱灾》文，记："各省当局，先后祈雨禁屠，宛若祈雨禁屠，为救济旱灾之惟一方法。"《竺可桢文集》，科学出版社1979年版，第90页。可见直至民国，由官方导演的此类迷信活动还相当普遍。

③［美］明恩海（Arthur H.Smith）著，陈午晴译：《中国乡村生活》，中华书局2006年版，第133页。

皆以庚子之日。凡求雨之大体，丈夫欲藏匿，女子欲和而乐。”还有所谓“令吏民夫妇皆偶处”，“令吏妻各往视其夫，到雨为止”[①]等语。就是凡亢旱无雨，汉朝廷会令吏民夫妇在庚子日里同房，以取阴阳调和之意。

由男女间的结合与天地间阴阳化合流云作雨，构成神秘的互渗与感发，或以女之“阴性”诱发同有“阴性”的雨水。就董氏的阴阳之法看来，人间男女的巫山云雨是和天上的云雨息息相通的，令吏民夫妇皆作偶处交媾，是为了激发苍天悠然作云、霈然作雨。

这一主意为他赢来了千古的好名声。《汉书》上说：“仲舒治国，以《春秋》灾异之变推阴阳所以错行，故求雨，闭诸阳，纵诸阴，其止雨反是。”其大意如是也。后人鲁迅则批判说，什么“烧香拜龙，作法求雨，赏鉴‘胖女’，禁杀乌龟……”[②]，“依旧是旧日的迷信，旧日的讹传”，对此，他奉上了永恒的诅咒，让它“在拼命的救死和逃死中自速其死”[③]。

在中国人的宗教中始终没有出现其他宗教中的所谓“二元论”，如：相信上帝与魔鬼始终是独立存在的，或者，如在西方人的精神世界中，有两个永恒的神，一个是善良之神，一个是邪恶之神，即“两极对立”最终必将导致否定。而中国人的宗教基本符号几乎是粘连在一起的，其中典型的就是阴阳，这对宗教的元素所象征的内容不构成“两极对立”，就像是干旱与洪涝，就其本质而言也说不上是善良或邪恶。

相反，它们是交替转化的，至多说得上是相生相克的。因此最终必将导致一种“中和”的，或者说是一种妥协的结果。旱魃或许是个例外的灵鬼，它不断地被斩杀，又不断地复活，因此用阴阳说辞来调节人们应对干旱时的苦难，也许是一种不错的精神慰藉手段。

邹衍是阴阳家的代表，他把宇宙的机能概括分成五个集类，五种元素之间存在着阴阳（积极和消极）两种力量。阳的力造就生成：金生水、水生木、木生火、火生土、土生金，一个永远不断的生成链环。由于不断地生成，宇宙万物就像滚

---

①《路史余论》引《求雨法》。
② 鲁迅：《奇怪》，《鲁迅全集》第5卷，人民文学出版社1981年版，第543页。
③ 鲁迅：《迎神和咬人》，《鲁迅全集》第5卷，人民文学出版社1981年版，第548页。

雪球一般，越滚越大，大到超越了极限，最终也许会爆炸毁灭。因此，生成的本身就同时产生抵消、克制的力：金克木、木克土、土克水、水克火、火克金，一个永远不断的抵消链环。 16

以阴克阳

传说“孛星女身而性淫，能为云雨”。所以每遇大旱，道士作法求助于她。袁枚《子不语》卷七说到道士向她求雨的场面：道人小童向她掷符，“掷一符妇人怒，弃裙追童。童掷次符，妇人益怒，解上衣露两乳奔前。童掷三符，忽霹雳一声人亵衣全解，赤身狂追……道士敲令牌喝曰：雨，雨，雨！妇人仰卧坛下，云气自其阴中出，弥漫蔽天，雨五日不止”。

从总体来说，阴阳两个力的相生相克的基本形态，就是黑月吃白月的太极图。先秦周的雩祭用女巫，祈雨为以阴求明。《礼记 · 月令》郑玄注说：“阳气盛而常旱。”干旱的生成是由于“火生土”使阳气过盛所致。那么中国人的办法就是要用阴的力量来抵消它，以水克火。这是了不起的智慧。

然而，由于阴阳的概念，有时很难明确厘定它们究竟是精神还是物质，因此胡乱的相生相克便是在所难免的。晋人郭璞在《葬书》中说：“夫阴、阳之气噫，而为风。升而为云，降而为雨，行乎地中而为生气。生气行乎地中，发而生乎万物……”表达了一种对大自然的循环演变的理解。李约瑟在《中国科学技术史》中说中国人的阴和阳的思想，“其中也许包含了那种文明的某些特征性的东西”。此言切中中国文化之实。

由此，一个有着显著阴性特征的神灵是“云神”。《淮南子 · 天文训》上说：“季春三月，丰隆乃出，以将其雨。至秋三月，地气不藏，乃收其杀，百虫蛰伏，静居闭户，已降霜雪。”高诱注曰：“青女，天神，青女霄玉女，主霜雪也。”又说：“丰隆，雷也。”高注所释“青女”主司霜雪的说法大概是不错的，“青女”之滥觞源自中国传统宇宙论，岁时之变换，世上万事万物的生长消息，无不受神明节制的观念，因而此说有水到渠成之功；而高注将“丰隆”释为雷神，则似有误，多不合逻辑。

《楚辞 · 远游》云：“召丰隆使先导兮……风伯为余先驱兮……左雨师使径持兮，右雷公而为卫。”诸神之间有显著的并列关系。又，王家台秦墓出土竹简《归藏》“大壮卦”中有“丰隆卜将云雨”。因此“丰隆”应该是云神，它和风伯、雨师、雷公一起，则能行云致雨。司霜雪的“青女”与司云雨的“丰隆”相对，表明古时候，已将它们视为同类的人格化的自然神，从而与年岁善恶相联系。带有自然崇拜和上古神话色彩的“青女”后又被称为“玉女”，玉女最终为道经所吸纳，成为道经中习见的神灵[①]。将男女之事与求雨放在一起说，错落地传达了某种潜在意味，这令主张“男女之大防”的儒家文化陷入窘境。

天地之所为，阴阳之所起

《周礼·大司徒》荒政十二之十就说要“多昏”，这里说的“昏”就是男女之婚也，并说凡遇荒年即可“不备礼而婚娶”。后来有人解释说：“多昏，谓凶荒之年，杀礼多昏，使男女得以相保。”[②]其意义也包括了以女代表那个“阴”的元素，并以地上的阴阳之合去响应天上的阴阳之合。

古代的阴阳思想似乎并没有特别明确的理论界说，它常常在具体的名词和一般的概念之间徘徊，有时会变得微不足道，有时，它的变异将招致天地万物的变异。公元前644年，发生了“鹢退飞，天陨石”怪异现象，或有人说，这是“阴阳之事，非吉凶所生”，或有人说：“知事由阴阳，若阴阳顺序，则物皆得性。”

董仲舒《春秋繁露》说：“大雩何？旱祭也。难者曰：‘大旱雩祭而请雨，大水鸣鼓而攻社，天地之所为，阴阳之所起也，或请焉、或怒焉者何？’曰：‘大旱者，阳灭阴也，阳灭阴者，尊厌卑也，固其义也，虽大甚，拜请之而已，敢有加也。’”《周礼·春官·女巫》上说：“掌岁时祓除衅浴。旱暵则舞雩。若王后吊则与祝前。凡邦之大灾，歌哭而请。”董仲舒疏曰：“雩，求雨之术，呼嗟之歌，《国风·周南》《小雅·鹿鸣》。”郑玄注则引郑司农说：“求雨以女巫。”

在他看来，诱发雨水主要决定于女子。《春秋繁露·求雨》结语说：“凡求雨之大体……女子欲和而乐。”令女子放开情思意欲，诱降甘霖。《艺文类聚》卷

---

① 参阅余欣《神祇的“碎化”：唐宋敦煌社祭变迁研究》，《历史研究》2006年第3期，第66—67页。

② 吕祖谦曰，引自〔明〕俞汝为辑《荒政要览》卷3，万历三十五年刻本。

一百也引董仲舒《求雨文》说，“广陵女子诸巫，无大小，皆相聚其郭门外”，立 16
水坛上，以诱雨。

以阴克阳

另一方面，“阴阳”概念决不会仅停留在寒热晴雨等具体事物和现象之中，古代中国的思维方式很容易使它贯穿在其他感觉相近的事物与现象上，所谓“物生有两”，两两相配，“体有左右，各有妃耦”[①]“所以动达阴中之阳也”。宇宙的一切都会有“清浊、大小、短长、疾徐、哀乐、刚柔、迟速、高下、出入、周疏，以相济也”[②]。因此，终究会形成“因阴阳之恒，顺天地之常”[③]的思想，使阴、阳成为认识宇宙而设定的两大基本元素。

阴阳是六气“阴阳风雨晦明”中的两气，在中国，水代表“阴”，“阴”是女性之本原，人们历来相信，代表“阴”的东西可被用来克制“阳”。似乎还不是大的类，只是自然天象之事，但是，它又同人的生理相关，这一分类似乎又是贯通的抽象概念。这样，民间闹出了藏丈夫的法子，说是为了损阳益阴而祈雨。盖“大旱者，阳减阴也”。后宫参与祈雨或是一种不错的办法，只是不见正史记载。传乾隆间，京师大旱，孝贤皇后于御园龙神祠内，步行亲往祷雨，旋即渥沛甘霖。宫中祷雨之文，谓之《木郎词》，三十余句，以三四五七言为句，类汉时郊祀乐章。宫廷凡有祈雨之事，后妃、宫眷皆沐浴斋戒。有诗云：“铁牌请到自邯郸，斋醮连旬诏社坛。步祷深宫家法在，木郎词付近臣看。”[④]说的是，乾隆年间，京师大旱，孝圣皇太后于御园龙神祠内亲往祷雨，于是渥沛甘霖。

根据《黄帝玄女战法》中的记述：黄帝与蚩尤九战九不胜。黄帝归于太山，三日三夜，雾冥。有一妇人，人首鸟形，黄帝稽首再拜伏不敢起，妇人曰：“吾玄女也，子欲何问？”黄帝曰：“小子欲万战胜”。遂得战法焉。又《玄女兵法》中也说：“黄帝攻蚩尤，三年城不下……”“九战九不胜”，可见蚩尤是很强大的对手，其力量与黄帝不相上下，黄帝只有求女神帮助才取得了胜利。相传传授房中秘术的玄女曾为大战蚩尤的黄帝作神鼓。

---

①《左传》昭公三十二年。

②《左传》昭公二十年。

③《国语・越语》。

④〔清〕吴士鉴，等:《清宫词》，北京古籍出版社 1986 年版，第 5 页。

传统文化中将男女事与天象也混为一谈，即天地在风雨中交媾，人的男女性交亦称之为“云雨”。诸如:《礼记 · 哀公问》上说:“天地不合，万物不生。大昏，万世之嗣也。”此大昏指的是包括人在内的“万物”。又，“妾在巫山之阳，高丘之阻，旦为朝云，暮为行雨，朝朝暮暮，阳台之下”[①]，谁晓得此“云雨”指的又是什么？

还有，特别是桑林，那是祈雨的胜地。商朝初年，发生了一场旱灾，延续了七年。史书说:“……三月，商王践天子之位，是岁大旱。”[②]连续七年的旱灾，使河干井枯，草木枯死，禾苗不生，庄稼无收，白骨遍野。咄咄逼人的旱灾，震撼着整个王朝。那时的人们都认为是天帝所为。卜辞中就有“贞(问):不雨，帝佳旱我”[③]，意思是:不下雨，是天帝给我的旱灾。此时，商代为“殷人尊神，率民以事神，先鬼而后礼”[④]。因此，自从旱灾发生后，商汤就在郊外设立祭坛，天天派人举行祭礼，祈求天帝除旱下雨，这就是“郊祭”。

郊祭之上，史官虔诚地向天地山川祷告说:“是不是因我们的王政事无节制法度？是不是使人民受了疾苦？是不是因官吏受贿贪污？是不是因小人谗言流行？是不是有女人干扰政事？是不是宫室修得太大太美？为何还不快快下雨呢？”这是史官受汤之命，说了六条自责的政事以求天帝鬼神赐福降雨。

商汤不仅这样说，而且还身体力行。他命史官们在一座林木茂盛的山上，选了一个叫桑林的地方设了祭坛，他亲自率领伊尹等大臣举行祭祀求雨……祷告完毕，商汤便坐到柴堆上去。左右正要点火，突然乌云四合，大风乍起，人们望眼欲穿的大雨骤然而至。这就是历史上的“汤祷桑林”。

在桑林商汤擒拿了象征着雨旱之灾的封豨，就意味着胜利抵御了这种自然灾害。《淮南子》高诱注文对事情本相的探索更深一步:“桑林者，桑山之林，能兴云

---

① 宋玉:《高唐赋》，出自《文选》卷 19。相似的诗文如唐代艺伎薛涛（768—831）“朝朝夜夜阳台下，为雨为云楚国亡”的诗句。《全唐诗》之二卷十，第 63 页。

②《通鉴前编》。

③《铁云藏龟》卷 1，第 25 页，第 13 条。

④《小戴札 · 表记篇》。

作雨也。”“雨”是中国特有的一个性关系隐词[①]，桑林在古代的确是先民在特定时 16
节（春天）自由交合的场所，[②]《诗经》不少篇章对此一语道破，至今汉语词汇中仍保留大量与桑和男女有关的词组。[③]秦始皇以“夫为寄豭”作为丈夫外出偷情贪淫的隐语，原来还是典出有据的文雅之词。女子的淫邪诱雨在佛典《大智度论》中有一例，说荒远的世上，“天久不雨，婆罗㮈国王令淫女扇陀引诱‘上天的仙人’，遂成淫事。天为大雨七日七夜”。类似传说还有很多。通俗的解释，诚如李渔所说，世界本来是个活的舞台，几千年来，唱戏的只有两个人，一个男的，一个女的。“一阴一阳之谓道，生生之谓易”[④]。人们就是这么认识的。

以阴克阳

在古代闪米特人那里也看到了类似的故事，“这种逻辑的目的特别强调水的获得，而要获得水的办法是，把一个掌管风暴、狂暴的黑色男性神祇和一个白色、脆弱的太阳女神结合在一起。不管是在神话里还是在仪式上，当人们把一个少女敬献给风暴神时，就意味着二者的结合完成了，这样做的目的是确保获得一场倾盆大雨。然而，这场大雨必须结束，这样它的破坏力才随之停止，然后那些带来丰产的雨水就可以静静地流到已经耕种的田地里。根据闪含文化的逻辑，风暴神必须被一个更年轻的男神祇杀死，后者代表的正是那带来丰产的雨水，而作为血腥的制造者，红色自然是他的象征物。这个年轻的英雄从他年迈的对手那里救下那个被当作祭品的少女，最终这两个年轻人顺理成章地举行了‘神圣的婚礼’：一

---

①《易·乾·彖辞》：“云行雨施，品物流形。”这是在用云、雨为象征描绘一种阴阳交合的状态，宋玉《高唐赋》“巫山之神女……旦为朝云，暮为行雨，朝朝暮暮，阳台之下”之语并非初源。《庄子·天运》：“云者为雨乎？雨者为云乎？孰居无事淫乐而劝是？”王先谦的《庄子集解》引宣颖曰：“云雨乃阴阳交合之气所成，故以为造化之淫乐。”《说文解字》：“雨，水从云下也。”云在古人心目中地位甚重，《河图地运记》：“云者，天地之本也。”《封禅书》：“日主，祀成山……以迎日出云。”《后汉书·郊祀志》注引《风俗通》：“万物之始，阴阳之交，云触石而生，肤寸而合。不终朝而遍雨天下，唯泰山乎！”可见云雨是天地交合之景象，叶舒宪的《高唐神女和维纳斯》一书中提出大量有力证据证明古人认为下雨就是天父与地母交合的行为表现。

②《周礼·地官司徒》：“媒氏：掌万民之判。凡男女自成名以上，皆书年月日名焉。令男三十而娶，女二十而嫁。凡判娶妻入子者，皆书之。中春之月，令会男女。于是时也，奔者不禁。若无故而不用令者，罚之。”奔，古代女子没有通过正当礼节（婚配）而私去与男子结合。

③ 如《鄘风·桑中》：“云谁之思？美孟姜矣。期我乎桑中，要我乎上官，送我乎淇之上矣。”《卫风·氓》则以“桑之未落，其叶沃若。……桑之落矣，其黄而陨”喻男女感情的热烈与消散。《汉书·地理志下》：“卫地……有桑间濮上之阻，男女亦亟聚会，声色生焉。”后来用“桑间濮上”指淫靡风气盛行的地方，也指男女幽会之处，如“桑中”（比喻幽会、私奔）、“桑中之约”（男女幽会）、“桑中之奔”（男女私奔）、“桑间月下”（男女幽会）等。

④《易经·系辞》上，第五章。

个二元结合被新的二元结合所取代”[①]。

抑或这只是一种幻想，却遇上了鲁迅对弗洛伊德主义的“解释”，他说：“佛（弗）洛伊特（德）恐怕是有几文钱，吃得饱饱的罢，所以没有感到吃饭之难，只注意性欲，有许多人正和他在同一境遇上，就轰然拍起手来。诚然，他也告诉过我们，女儿多爱父亲，儿子多爱母亲，即因为异性的缘故。然而婴孩出生不多久，无论男女，就尖起嘴唇，将头转来转去。莫非它想和异性接吻么？不，谁都知道：是要吃东西！食欲的根柢，实在比性欲还要……”听了这些话，弗洛伊德的唯性论就一溜烟地逃跑了。那么，如果将“吃饭”问题与阴阳交媾相联系，性欲也许就变得神圣了。故也有人说：“夫天生万物，唯人最贵。人之所以上，莫过房欲，法天象地，规阴矩阳。”[②]

恰似南唐后主李煜（937—978）的那首《菩萨蛮》云：“……雨云深绣户，来便谐衷素。宴罢又成空，梦迷春睡中。”作为一位多愁善感的才子，尽管作为宋朝将军的俘虏，他失败了，然而，作为诗人，他将诗中浑然一体的“雨云”长久地保留在了文化记忆中。

玩不好玩砸了的也是有的，如金章宗泰和四年（1204），知大兴府事纥石烈执中因“祈雨聚妓嬉戏”[③]，受到了弹劾。

祈雨仪式中的巫术特点包括祈请式、模仿式、交感式、引诱式、惩罚式等类型，[④]如前述造龙致雨就是一种交感巫术，而“暴巫”则是惩罚巫术。附会了大量阴阳五行因素。乾隆十二年（1747）京师大旱，有人按照求雨闭阳纵阴的观念，要求停止正阳门外石路工程。

---

①［英］鲍尔迪（Julian Baldick）著，谢世坚译：《黑色上帝：犹太教、基督教和伊斯兰教的起源》，广西师范大学出版社2004年版，第6—7页。

②《洞玄子》。

③ 脱脱，等：《金史》卷38，中华书局1975年版。

④ 李锦山：《史前龙形堆塑反映的远古雩祭及原始天文》，《农业考古》1999年第1期，第128—140页。

用玉之法

乾隆二十四年（1759）五月二十日内阁奉上谕：

> 朕此次亲诣社稷坛祈求雨泽，礼部所开仪注内无荐玉之礼，询其原委，则系相沿旧规，并无义意可考。夫玉以庇荫嘉谷，使无水旱之灾，载在传记且于答阴之义更为相称，著饬所司谨用玉将事，以迓神庥，并著载入《会典》。祭之日，朕戴雨缨，冠素服，出右门，御常轿，由右一路行至金水桥应御辇处，即步行至坛行礼，以申虔祷。[①]

这里面有个问题很重要，乾隆帝认定，“玉以庇荫嘉谷，使无水旱之灾，载在传记且于答阴之义更为相称”。因此，提出“用玉将事，以迓神庥，并著载入会典”。

玉何以庇荫嘉谷？其原甚古。传说中上古帝王名“颛顼”，是以“瑞玉”为声符的，古音同“瑞玉”，马王堆汉墓出土的帛书《五星占》即将颛顼直接写成“瑞玉”，因之有可能颛顼是以玉器作为避邪通神物的古老部族。早期玉器的出土在新石器时代晚期，与颛顼的传说时代基本相符。

据《史记 · 封禅书》引《尚书 · 舜典》：舜“在璇玑玉衡，以齐七政。遂类于上帝，禋于六宗，望山川，遍群神。辑五瑞，择吉月日，见四岳诸牧，还瑞”。[②]“璇玑玉衡”和“五瑞”都是玉器，据汉人孔国安注、唐人孔颖达疏、宋人蔡沈注，都说“七政”为日月五星，是后来的“上帝”。“六宗”为六种祭法，表达了古人以玉器象天文的意识。

---

①《乾隆朝上谕档》第 3 册，第 323 页。另见乾隆帝：《御制诗集 · 五集》卷 11 注：乾隆二十四年，上祭社稷坛，以仪注无荐玉之礼，谕以玉庇嘉谷于答阴之义，为称饬所司用玉将事。着为令雩祭大礼向未举行，乾隆七年，上以启蛰龙见郊雩并重，命礼臣集议举行，与日至大祀同。

② 据《史记 · 封禅书》引文。

形而上者谓之道，形而下者谓器。出于《周礼》的构拟，玉被列在器之首，玉器作为最高级别的重要礼器，确也符合当时礼仪的规范。《天官·冢宰》曰："……及纳享，赞玉牲事，及祀之日，赞玉币爵之事。祀大神示，亦如之，赞玉几玉爵。大朝觐会同，赞玉币、玉献、玉几、玉爵。大丧，赞赠玉、含玉。"而王用玉的职守者是天官冢宰，为诸礼官职位的极致，足以说明玉器在王朝礼仪中的重要地位。

作为"礼天地四方"的"六器"，据《周礼》，有苍璧、黄琮、青圭、赤璋、白琥与玄璜。[①]很显然，"六器"具有法天礼地的用意。商代流行的龙形玉雕"珑"，可能是祈雨巫术中巫师所用的一种礼器。《周易·乾·文言》曰："云从龙，风从虎。"即相信龙能致雨。

《礼记·聘义》上载：孔子回答弟子子贡关于"君子贵玉而贱珉"的问题时说，君子所以"贵玉"是由于玉具有十一种"德"，即，"温润而泽，仁也；缜密以栗，知也；廉而不刿，义也；垂之如坠，礼也；叩之其声清越以长，其终诎然，乐也；瑕不掩瑜，瑜不掩瑕，忠也；孚尹旁达，信也；气如白虹，天也；精神见于山川，地也；圭璋持达，德也；天下莫不贵者，道也"。

如是说还有《管子·水地》《荀子·法行》之说等。这些赞美之辞显然是礼玉世俗化的条件下，由后世儒生发出的感慨。《礼记·月令》孟冬之月上说"其帝顼颛"，郑玄为此作注说："此黑精之君，……自古以来，著德立功者也。"

或许这里面的文字说明玉有德，性属阴？不用多说了，这不过只是乾隆帝用玉的阴性讨好神的实用主义的把戏。

求雨，闭诸阳，纵诸阴

日月对应，日为阳，在东，朝日于城东门外；月为阴，在西，夕月于城西门

---

①《周礼·春官·大宗伯》曰："以玉作六器，以礼天地四方。以苍璧礼天，以黄琮礼地，以青圭礼东方，以赤璋礼南方，以白琥礼西方，以玄璜礼北方。"郑玄注："礼神必象其类：璧圜象天；琮八方象地；圭锐象春物初生；半圭曰璋，象夏物半死；琥猛，象秋严；半璧曰璜，象冬闭藏，地上无物，唯天半见。"

外。这些说法，有着广阔的文化背景。又如河南许州“岁旱祈祷多戾于礼，其尤 16
甚者，水浇孕妇，名曰浇旱魃”[①]。似乎也在说道教是民间祈雨的精神源泉。

以阴克阳

按照五行之说，城南门又是关涉阴晴雨雪之门。时逢旱祈雨，要关闭城之南门。例如，河南新乡民俗，祈雨时设坛、禁屠宰、闭南门。贵州《开阳县志稿》说：“南门昼闭，意谓久晴火旺，而五行家以南方属火，故闭之。”

公元9世纪，随遣唐使来华的日本高僧圆仁，写下《入唐求法巡礼行记》，圆仁书中写了乞雨乞晴风俗：“唐国之风，乞晴即闭路北头，乞雨即闭路南头。相传云：‘乞晴闭北头者，闭阴则阳通，宜天晴也；乞雨闭南头者，闭阳则阴通，宜雨也。’”此言讲到了南阳而北阴。与此相印证，有《旧唐书·五行志》一则材料：“开成二年，……京师旱尤甚，徙市，闭坊南门。”

修于20世纪30年代末的贵州《开阳县志稿》还在说，“南门昼闭，意谓久晴火旺，而五行家以南方属火，故闭之”。如此的求雨止雨之法包括：令民阖邑里南门，置水其外。开邑里北门，具老公猪一，置之于里北门之外。在古人的想象里，水与火，两相对立，此消彼长。关闭城邑和闾里的南门以求雨，因为五行南方为火，关南门以示拒绝火气。置水南门外，再展示一个强调。关上南门的同时还要大开北门。北方属水，敞开向北的大门，以壮水气之势，求得雨来。

门外置猪，因为十二地支中亥属水，方位北，而猪是亥的生肖。止雨求晴时，一切反过来，即《春秋繁露》所说：“开阳而闭阴，阖水而开火。”还要在社坛的水池中养蛤蟆，并在相应的城门置公鸡和豭猪，豭猪即公猪，社坛置蛤蟆，大概皆取其阴阳感应之义。

总之，城门启闭的意义，已远远超过出入的现实功能，而成为把幻想付诸行动的一种方式，古人借此方式，表达选择五行之气、沟通苍天的愿望。当然，以这种表达愿望的方式来求雨，是没有确定的效果的。

将南门昼闭以求雨的礼俗，还必然给人带来出行的不便，钱泳（1759—1844）提出异议：“请雨祈晴之说，自古有之……余谓晴雨是天地自然之理，虽帝王之尊，人心之灵，安能挽回造化哉！即有道术，如画符遣将、呼风唤雨诸法，亦不

① 道光《许州志》卷1，出自《方舆志》。

过尽人事以待天耳。杭人请雨祈晴，则全仗观音力，尤为可笑。究竟观音果能祈雨耶？吾不知之也。”[①]

钱泳所言无疑是有见地的。挟带降雨的暖湿气流，来去与否，是由当时大气环流形势决定的。南、北门的敞开与闭合，并不能召其来或拒其去。钱泳评论求雨祈晴风俗，“不过尽人事以待天”——求雨在人，降雨在天，久旱盼甘霖的人们，在此一风俗中得到心理上的安慰。

“……小心翼翼，昭事上帝，允怀多福”[②]。风调雨顺从本质上说是一种恩赐——当它成为蓝天白云底下的真实状态之前，就首先作为一种静谧肃穆的氛围存在于人类的精神世界，就像微风拂过水面泛起一层涟漪。“求仁得仁”，作为对人类敬畏之心的酬答，上天也就将雨泽这宇宙间最珍贵的物质小心翼翼慷慨地赐予芸芸众生。只有当“忧德之不建而不患力之不足”[③]，成为全人类的共识的时候，才可能架构一个公正的以和谐为旨归的国家关系体系。这是一个古老的民俗观念。

南阳市英庄和王庄汉画像石的天文图像中，还有“女娲举月”画像，说明汉代南阳有祭祀月神求雨的习俗。古人认为，月中有蟾蜍，而月与蟾蜍都和雨水有关。蟾蜍属蛙类，又称蛤蟆。汉代也有杀蛙求雨的风俗。“董氏求雨法”还说：“啬夫斋戒祈祷，杀蟾蜍祭天，可以求雨止雨。”[④]该书的《求雨》篇要民间的祈雨者，取五只蟾蜍置方池中，具请酒、脯脯祝斋三日，服苍衣拜跪求雨。王充在《论衡·顺鼓》篇中说：“雨久不霁……宜捕斩兔、蟾蜍。”

可见，蛤蟆在求雨活动中成为被祭祀的主要对象之一其意义在于类女性的意象，使它在求雨活动中成为“女性诱雨”观念的辅佐性意象。东汉焦延寿《易林·大过》中就有“蛤蟆群坐，从天请雨，应时辄下，得其愿所”的话。

月中有蟾蜍，《淮南子》云：“月，天之使也，积阴之寒气，大者为水，水气之精者为月。”又云：“方诸见月，则津而为水。”古代的占星术中，月就是主管水旱之神，故可以据月的形状占验气象，“月初生小而形广大者，月有水灾”；“月先行

①〔清〕钱泳：《履园丛话·考索》。

②《诗·小雅·大明》。

③《国语·晋语》。

④《春秋繁露》卷16。

离于毕，则雨”；“月晕围辰星，所守之国有大水”；“月晕围心，人主有殃，又曰大旱”；“月晕鬼，大旱”[①]。

南阳汉画像石中“女娲举月”的画像，说明女娲与月神也有一定的联系，故成为人们祭祀的对象。据考证，“娲”与“蛙”同[②]，又为“雌蛙”，也有人认为女娲与嫦娥同神异名，这样，女娲也就自然成为月神了。据载，月神女娲在古宗教中是一位主管水旱的神灵，如《论衡》记汉代风俗云：“久雨不霁，败攻社，祭女娲。”也有人考证，女娲就是女魃。综上可知，在汉代南阳确有祭祀月神祈雨的风俗。

阴阳失和的真相

京戏有《秦香莲》一剧，最为家喻户晓，或因其大快人心之故。故事中的北宋王朝时的穷措大陈世美，上苍偏偏关顾他，使他娶得贤妻秦香莲。他在妻子的鼓励之下，发愤读书，为了专心，家事由秦氏一人艰苦操劳。如此艰辛地过了若干岁月，那一年，乃大比之年，陈世美理应赴开封府，可是他连吃饭都没有钱，哪里来的盘费？妻子秦氏把家产及身上所有可以典当的东西当得净光，不足之数，再向亲友借贷，受尽羞辱，才把他打发上路，夫妇二人，在十里长亭分手，抱头痛哭，发誓生生世世勿相忘。

陈世美的学问可真了得，到了京城，一下子考取了状元，一个大转变在此发生，皇帝老爷看陈世美仪表堂堂，龙心大悦，乃派人问他是否成婚。陈世美虽是宋王朝之人，却硬说自己尚是一条光棍，乃和公主成亲。他是何等聪明，公主乃荣华富贵的根本，自然努力伺候得公主甚为满意。

是由于人间阴阳失和而引起一场大旱，还是由于上苍可怜苦命的秦香莲？恰逢家乡大旱，实在活不下去，秦氏乃上奉公婆，下携二子，一路上哀哀乞讨，向京城出发。路途遥远，她听说丈夫在京为官，又听说已经再娶，风言风语，不敢

---

①〔唐〕瞿昙悉达撰《开元占经》卷15—17，《月占篇》。

② 杨堃：《女娲考》，《民间文学论坛》1986年第6期。

置信。走到半途，公婆年老，不堪颠沛流离，双双病故，将公婆安葬后，仍继续前进。这一段戏最为凄凉，观众看到这里，个个泣不成声。母子三人好容易到了京城，驸马府是何等的威重森严，最初连通报都不可能，又费了很大劲，陈世美才算知道。可是，他越想越不对，这岂不是犯了欺君和重婚两种大罪，而且即便啥罪都不犯，他也不能舍弃天仙化人的公主，而屈就黄脸婆。乃把心一横，一口咬定不认识秦香莲女士，因之也不得不连带否认他的两个亲生幼儿，并且为了根绝后患，索性一不做二不休，派了一名杀手，前往灭口，事情就闹大啦。那秦氏的歌词唱道：

一年旱，二年旱，三年旱……

感天动地的嗟吁之声终于惊动了天庭，终演绎了铡美案——千古铁案。但是，终于有人要出来考证了，据今人童德伦的说法，这出戏是这样编成的：清顺治十五年（1658），在京做官的陈熟美的同窗好友仇梦麟与胡梦蝶二人，从均州到京都找陈熟美求官，被陈熟美讲明道理后婉言拒绝。仇、胡二人大为不满，认为陈熟美在求学期间，他们曾接济过他，现在他仕途已就，反而忘恩负义，不念旧情。

怨恨而归的仇梦麟和胡梦蝶走到河南南阳，正遇上当地上演曲剧《琵琶记》。二人看到戏中所演正是忘恩负义之事，于是计上心来。他们不惜花费银两，请戏班子按自己的意愿，把《琵琶记》的情节加以改造，把戏中忘恩负义的男主人公换成了他们怨恨的陈熟美，编造了一出他们认为赛过《琵琶记》的新戏。

戏的内容差不多，只是把名字换了一下。为掩人耳目，他们不敢用真名，而是把陈熟美变成了陈世美，还把陈世美说成了驸马。改编后的《琵琶记》在河南、陕西、湖北一带的演出，还真引起了观众的同情和共鸣。后来根据观众的愿望，又改编成陈世美让包青天给铡了。

而陈世美这个名字最初出现在戏剧舞台上那是清代乾隆、嘉庆年间的事。当时的戏名不叫《铡美案》，叫《赛琵琶》，这个剧名最初见于清朝嘉庆年间焦循所著的《花部农谭》。书中有这样一段记载：花部中有剧名《赛琵琶》，余最喜之，为陈世美弃妻事，陈有父母儿女，入京赴试、登第，赘为郡马，遂弃其故妻，并不顾其父母。令仇、胡没有想到的是，他们为泄私怨一时冲动，竟酿成了一个历史冤案。而在《续辑均州志》的历代秀才名录里，还真的找到了仇梦麟的名字，他与陈熟美是同年的秀才。于是清代的事也就“演绎”到了宋代，戏名也变成了《铡美案》。

据说，在今湖北丹江口市，也就是均州城，从来不演《铡美案》。作为戏剧中的另一个主人公，陈世美的妻子秦香莲，她的生活原型真名叫秦馨莲，是均州六里坪秦家楼人氏。她是陈熟美的第二个妻子。夫妻相敬如宾，白头偕老，根本没有戏剧中所编的那些情节。编戏人为了掩人耳目，把秦馨莲改成秦香莲。这真是冤案中的连环冤案。

17

钦天监里的西方传教士

西方传教士来华的使命当然是传播上帝的福音。但是为了传教，特别是在文化背景、道德观念、语言礼俗完全不同的中国传教，所传的教义又是与传统信仰截然不同的宗教，那么先决条件就是博得中国知识分子的同情，使中国知识分子相信他们手中掌握着不容置疑的真理，掌握着随时可以得到验证的事实，而且又是吸引人的、陌生的真理。不能不赞同西学中所谓“追求真理的勇气和对于精神力量的信仰是研究哲学的第一个条件”[①]的箴言。

在“宗教哲学”这一术语还未被充分理解之前，一种宗教精神就已经在西方觉醒。《圣经》上说，在过住棚节时耶稣大声宣称自己是水的源头[②]。还有，望远镜、自鸣钟、红衣炮以及天文、历算、测绘等等，足以引人入迷，使一部分国人在赞叹这些看得见摸得着的奇迹的同时，也会赞叹那些看不见摸不着的上帝的奇迹。越来越可以看到，在那些周密的演算和推理后面存在着一种巨大的宗教精神的热情。

---

①［德］黑格尔:《哲学史讲演录》第一卷，商务印书馆 1959 年版，第 3 页。

②《约翰福音》第 7 章，第 37—38 节。

来到中国的早期西方传教士

16世纪，欧洲仅剩法国、意大利等国信仰旧教，新教在各国兴起。由于天主教出现了信徒减少的危机，于是内部有些人开始自省。罗耀拉（Ignatius Loyola,1491—1556）在1540年教宗保禄三世任期内创立了耶稣会，改革天主教，并趁着海通之际，向远东等地进行传教事业。耶稣会创立后相当重视教育，同时，教育也是会士对教会服务的最佳领域。罗耀拉强调："神学方面要读新旧约圣经与圣托玛斯学说，哲学方面要读亚里士多德"，他还成立了训练耶稣会士与其李昼耶稣会学院教授的机构。至1626年为止，全欧洲已有444所学院。耶稣会是个知识性的传教组织，会士们需要学习包括敌人理论在内的一切知识。

从历史资料中人们不难发现，这一个时期的天主教改革家们不仅在宗教事务上，而且在科学方面受过良好教育，他们以极高的热情如饥似渴地追求知识。虽然其本意在于帮助耶稣会士们抵挡住对基督教信仰产生种种攻击的现代科学知识，进而最终帮助他们在一个信奉异教的中国宫廷中取得引人注目的地位。①

主张与中国文化"调和"的利玛窦（Matteo Ricci）作为最早来华的西方传教士，除了拥有杰出的数学才能，还带来了一些新鲜的西洋物品，这些对他打开中国局面起到了很重要的作用。另外，他还抓住了先秦儒家典籍中的"天"字，并在"天"后面加上一个"主"字，从而创造出一个明白无误地表示人格神的新名词，在"Deus"这个词的翻译问题上，利玛窦别具匠心地调和了基督教与儒家的核心概念。附带着士大夫中间也产生了"天学"这一笼统而含糊的术语。这一术语被用来统称传教士带入中国的基督教教义、数学、历法、天文学和实用技术，它在广义的士大夫中产生了深远的影响。进士出身的李之藻编辑的多卷本《天学初涵》便体现了这一术语的知识构架，该著述汇合了"天学"在基督教教义、教义辩护、天文历算、数学、农政、水利等诸多方面的内容。

---

①［英］雷蒙·道森著，常绍民、明毅译：《中国变色龙——对于欧洲中国文明观的分析》，中华书局2006年版，第48、49页。

也就在来中国传教的利玛窦神父逝世数十年后，在欧洲的传教士中发起了一场论战，这场论战迅速蔓延到神学家和神职人员中。论战的核心涉及基督的福音是否能够适应中国文化与中国传统的某些因素。未到过中国的德意志哲学家莱布尼茨就是其中主张“通融主义”的代表人物。他从在华传教士手中获得了许多研究中国问题的第一手资料，在与传教士白晋的通信中吸收了中国哲学，尤其是宋儒理学的精华。他非常崇拜中国儒家的自然神论。在他看来，“中国人认为，自然现象、山川河流所有的精神，要么象征通过它们而起作用的上帝的力量，要么，根据某些人的看法，可能象征某些赋有行动能力和知识的特定的精神实体。他们还认为，它们（精灵）具有精妙而轻飘的身体，就像有些古代哲学家和早期教父把这样的身体赋予精灵或者天使一样”①。他还认为在中国人的信仰中，“天既不能视物，也无悟性，无恨也无爱，但通过和理的联系人所做的努力发挥了上述视悟爱恨的效力”②。

眼见欧洲的道德沦丧，莱布尼茨向整个欧洲发出忠告：“在我看来，我们目前已处于道德沦落难以自拔之境。我甚至认为必须请中国派遣人员，前来教导我们关于自然神学的目的和实践，正如我们派遣教士去中国传授上帝启示的神学一样。”在他的倡导下，柏林、维也纳、圣彼得堡等地的科学院都将对中国的研究列入了研究课题。应当指出的是，如果不能明白莱布尼茨对中国自然神学的向往，其功用首要是有利于欧洲自身的精神建设与改造，就会在理解上产生不必要的盲目性。看来，在欧洲传播中国信息的衔接点上出了问题，来到中国并学会中文的耶稣会会士与旅行者们提供了初级的中国印象，但他们中间没有前沿的思想家，而像莱布尼茨这样的思想家又没有来过中国，也不能直接阅读中国文献，而恰恰是这样的交错造就了一种精神武器。西方传教士们似乎一意孤行，痴迷于用基督教的上帝来取代佛陀等中国的神祇，而本土的思想家们却在一个朦胧的中国印象中，提炼出改造欧洲社会的合理要素。

在长达两个世纪的时间里，西方对于当时的中国保持了热烈的、积极的看

①《莱布尼茨论中国人的自然神学》，第 76 页。引自斯图沃德：《跨宗教对话：中国与西方》，中国社会科学出版社 2004 年版，第 112 页。

②《莱布尼茨论中国人的自然神学》，第 92 页。引自斯图沃德：《跨宗教对话：中国与西方》，中国社会科学出版社 2004 年版，第 118 页。

法。伏尔泰、魁奈、亚当·斯密等都对中国有很高的评价。其中亚当·斯密虽然指出了中国存在的问题，但是仍然把中国称为世界上最富之国。另外，法国神父傅圣泽（Jean-Fran cois Foucquet）留下的笔记和手稿数量也很大。在他的《神学问题》的手稿中，有一篇是关于汉字“道”的论争（即它是否等同于基督教中的上帝），他竟然用了320页的篇幅来认真研究中文文献中的“道”和西方文献中的“上帝”的含义。从傅圣泽的这些手稿可以看到，以他为首的索隐派是在“礼仪之争”中，处在利玛窦的“适应”路线和道明会等“原教旨”派的基督教传教路线之间的一个思想派别。他们既不像利玛窦路线那样在中西思想之间调和，从而受到对立派的攻击，也不像道明会的传教士那样完全不考虑中国文化的情况，将基督教文化看成唯一标准。因此，傅圣泽的学说在中西文化交流史上有着独特的影响。

然而，在中国的西方传教士们对中国固有宗教意识的批驳却已屡见于这一时期的教会文书。他们指出：“中国之异端最多，惟孔子则不肯信异端，尝（常）曰：攻乎异端，斯害也已，而惟兢兢于天命之当畏。后世因有孔子先有是言，而人始信西儒辟佛尊天之说，若使孔子不为之先，则神父虽有万口不能强人必听。”在另一篇述文中写道：“圣人言命，庸人亦言命其言命一也。但圣人则知有命而安之，不怵志于利害，不撄情于得失，守义而不惑，循理而不违，以顺承乎天之所以命我之意；庸人虽终日言命，而见利则争，见害则进，得则扬扬然，失则戚戚然，终其身履乎险阻之途，而行乎悔吝之内，及眩乱反复，不知吉凶知何去何从，则求所为推测之术而预度之。”①对五行之说的批驳也屡见不鲜，有人指出：“世以金能克木，然不如火之克木，并其形而毁之也；以火能克金，亦不如火之克木，克木而木不存，克金而金愈精也；以土能生金，不如土能生木，木则连山遍岭，金则生不数处也；日土克水，而土实能生水，河海沼沚，其下皆有土以承之，水非土戴而生，水能空立乎？”并断言“其于五行生克之理，如刻舟而求剑然。”②西方传教士对于东方的求福避祸的那么一套祈神活动不以为然，在他们看来，“祸福之

① 丘晟：《闽中将乐县丘先生致诸位神甫书》，出自耶稣会罗马档案馆：《明清天主教文献》第10册，（中国台北）利氏学社2002年版，第168、189页。

② 丘晟：《述闻篇》，出自耶稣会罗马档案馆：《明清天主教文献》第10册，（台湾）利氏学社2002年版，第191页。

来，非有趋避之术也，如欲辞祸而求福乎？则或修德以胜妖，祈天以永年，人事尽而天意可回。庶几为理之所有耳”①。

钦天监里的西洋人

明朝末年，继利玛窦之后，许多欧洲耶稣会的传教士相继来华。中国士大夫徐光启等人对西方的天文数学知识进行了学习和研究，采用西方新法推算，效果极佳。因此，他们奏请皇上开设历局，翻译西法，修订历书。在他们的引见之下，传教士熊三拔、庞迪我、邓玉涵、汤若望等人先后进入历局参与工作。

不久，明朝灭亡，清军入关。清廷需要准确地观测天象，颁布历法，以新天下耳目。以大学士范文程为媒介，汤若望进入了清朝宫廷修订历法。经过公开验证，清廷确认汤若望的历算准确无误，这一事件暗示着中西文化在社会生活中的此消彼长。顺治元年（1644）七月，礼部左侍郎李明睿上书，提出“查得明朝旧制，历名大统，今宜另更新名”。显然依照历代改朝换代另立新历的惯例，清政府迫切需要一部新历，汤若望的做法正好迎合了编制新历的需要。八月初一，清政府派大学士冯铨和汤若望共赴灵台验测，事后冯铨复奏：“用大统术、回回术所推，交食食刻均差，独按西洋新法所推一一吻合。”肯定了汤若望的预测结果，同时也肯定了西洋历法。同年十一月，汤若望被任命为钦天监监正，这使他成为中国历史上第一位荣任此重要官职的西方传教士。

在随后的一两年里，汤若望将原有137卷的《崇祯历书》删改压缩成103卷，更名为《西洋新法历书》，晋呈给朝廷。以《西洋新法历书》为基础，取天聪戊辰二年（1628），为历元编制的《时宪历》，在清初除中间5年外，前后用了80余年。

罗马教廷和耶稣会派遣传教士来华的根本目的是要不断扩大天主教在中国的影响，以便获得政治上和经济上的利益。明末清初，天主教在华势力确实获得了

① 丘晟：《述闻篇》，出自耶稣会罗马档案馆：《明清天主教文献》第10册，（台湾）利氏学社2002年版，第213页。

迅速的发展，如据毕嘉统计，在1651—1664的14年间，新受洗入教者已超过10万人。但是，传教士和教徒们的一些言行触犯了封建统治者的尊严，天主教教义也与中国传统的儒家思想不和，同时围绕历法改革的“新旧之争”也一直在继续进行，终于在钦天监内引发了一场激烈的斗争。

顺治十七年（1660），安徽歙县人官生杨光先向礼部上《正国体呈》，说《时宪历》上有“依西洋新法”五字，是“窃正朔之权以予西洋”。只是当时汤若望受宠正深，礼部未予上报。康熙三年（1664）七月，杨光先在鳌拜、苏克萨哈支持下再向礼部呈递《请诛邪教状》，控告汤若望等传造妖书，窥视朝廷机密，内外勾结，教会20年来收徒百万，布党京省要害之地，图谋不轨等。又附上《摘谬论》和《选择议》，指责号称万年历的历法只编了200年和“选荣亲王葬期用洪范五行，山向、日月俱犯忌杀”。经清政府会审，结果汤若望与另外七名钦天监官员被判凌迟，五人被判斩首。后因北京接连五日发生地震，按例减刑，只有李祖白等五名钦天监官员处斩。清政府同时任命杨光先为钦天监监正。此后，汤若望于康熙五年（1666）去世，各省传教士被押往广州驱逐出境。

这一次胜利依靠的是政治权力，而不是天文学本身，并且也不能证明传统天文学优越于西洋新法。杨光先虽被任命为钦天监监正，但他实际上不懂天文学。康熙七年（1668）十一月，比利时传教士南怀仁上书指责杨光先、吴明烜的历法不合天象，后经验证属实，于是又彻底废除了《大统历》、回历，重新起用《时宪历》。

康熙八年（1669），鳌拜伏诛，南怀仁再次上告，结果一翻前案，汤若望及被斩五人皆平反赐恤，杨光先则拟斩而因年老赦归。在康熙帝亲政后，天主教则开创了在华的“黄金时代”。南怀仁做了皇帝的老师；钦天监几乎成了传教士们的固有领地……康熙帝甚至还正式邀请更多身怀绝技的西方传教士到中国来，到北京来。法国路易十四国王果然派遣了“国王数学家”白晋、张诚等人来华。在康熙帝的亲自策划和组织下，经耶稣会士和中国学者的通力合作，两项堪称中西文化交流结晶的大型工程得以完成，这就是编纂汇集了中外天文数学知识的100卷的《律历精蕴》，和第一部以西方先进方法测绘的全国地图——《皇舆全览图》。自然书籍的编纂和地图的汇总，都是在北京完成的。

作为对耶稣会士遵循“利玛窦规矩”，在中国奉公守法，为朝廷、为宫廷勤劳服务的回报，康熙帝对天主教在中国的传播，采取了更加容忍甚至鼓励的态度。在康熙三十一年（1692）皇帝发布了利玛窦梦寐以求，为之奋斗了一生而没有得到的有关传教自由的诏书。他赐北堂给法国传教士；他题写了“无始无终，先作形声真主宰；宣仁宣义，肇昭拯济大权衡”的对联和“万有真元”的横批，表示了对天主教的理解和支持。

乾隆二年（1737）奉敕组成以戴进贤、徐懋德为主，明安图等协办的“增修表解图说”班子，并于乾隆七年（1742）编成《历象考成后编》10卷。后编比前编有较大的进步，如抛弃了过时的小轮体系，应用了开普勒第一定律（椭圆运动定律）和第二定律（面积定律），增补了关于视差、蒙气差的理论并采用了较精确的数据等。但《历象考成后编》应用的开普勒定律中，日地关系是颠倒的，即太阳沿椭圆轨道绕地球运动，而非哥白尼的日心体系，这种颠倒，对于数学计算并没有什么影响。[①]

西学传入

最早反对西方历算的是崇祯年间的魏文魁，随后是杨光先。杨光先的传世名言是“宁可使中夏无好历法，不可使中夏有西洋人”。当西洋历法以无可辩驳的验证显示出其精确性无可怀疑时，又有人说，西法本来就出于中国，这是两百年后“西学源出于中国”的先声。

在徐光启的《几何原本》之类的科学思想中，数学无疑是一颗“金针”，“盖凡物有形有质，莫不资与度数故耳”[②]。他主张以数学为基础（“众用所基”），然后应用在关系到日用民生的各种技术上去。这一点突出地表现在他在《条议历法修正岁差疏》所列的“度数旁通十事”中。这“十事”是：治历、测量、音律、军

① 参阅白寿彝主编《中国通史・第十卷・清时期（下）》第四十八章“天文学”第二节“钦天监的天文工作”，上海人民出版社，2000年版。

② 徐光启：《条议历法修正岁差疏》。

事、理财、营建、机械、舆地、医药、计时。其中，历象既正，除天文一家言灾祥祸福、律例所禁外，若考求七政行度情性，下合地宜，则一切晴雨水旱，可以约略预知，修救修备，于民生财计大有利益。再者，度数既明，可以测量水地，一切疏浚河渠，筑治堤岸、灌溉田亩，动无失策，有益民事，等等。“度数旁通十事”突出地表现出徐光启对基础科学理论重视，深透出对基础科学与其他应用学科之间关系的认识。

康熙之后的雍正、乾隆两朝，也基本上延续了这一政策，“重其学，不重其教”。一方面，禁止中国百姓信奉基督教，驱逐坚持排斥中国儒家礼教的传教士到澳门；另一方面，继续容纳，甚至欢迎遵“利玛窦规矩”的，同时学有专长的传教士，特别是耶稣会会士在宫廷服务。

由于全国范围的禁教，在客观上起到中西文化交流桥梁作用的传教士们，不是集中在北京，就是被驱逐到澳门。传教士们惨淡经营了近百年的各处教堂，包括利玛窦创建的肇庆、韶州、南昌、南京等地的教堂，都被没收和改为他用。而只有在北京的东、南、西、北各教堂，仍为在京任职的传教士的宗教场所，其作为展示西方科技文化的作用不减。[①]栅栏公墓不但得到保护，而且继续收葬在京逝世的外国传教士。不仅如此，雍正十年（1732），来自法国的耶稣会会士还得到了属于他们自己的墓地——正福寺墓地。

乾隆年的发现与探索

中国皇帝允许西方传教士在华尤其是在京居住的主要原因，在于用他们为宫廷皇室服务，郎世宁、王致诚作为乾隆帝的宫廷画师，在内务府“养心殿造办处”领取俸禄。郎世宁、蒋友仁直接参与了圆明园内欧式建筑和园林的设计工作。还有其他不少的传教士成为宫廷的工匠、乐师和医生。由于国家在修历、

① 清乾隆年间，著名的历史学家、军机章京赵翼，参观了教堂里的西洋画、千里镜，用管风琴演奏了西洋音乐，赵翼事后撰写了题目为《西洋千里镜机乐器》的短文和题为《同北墅、漱田观西洋乐器》的长诗，对在南堂所见所闻做了详细的介绍。

外交和皇室文化消遣方面的需要，中国宫廷成了西方传教士施展其各方面才华的最佳场所。

乾隆三年（1738）四月，庄亲王允禄等人上了一道奏疏。在疏中，他们首先报告了西方天文学的发展，和戴进贤利用新法发现《历象考成》的误差，重修日躔表、月新表的经过。他们指出："盖测量在地面，而推算则以地心，今所定地半径差与差皆与前不同，故推算每差数刻，而测量终不甚相远也。至其立法以本天为椭圆，虽推算较繁，而损益旧数经合天行，颇为新巧。"①

乾隆七年（1742）此书完成，共10卷，名为《历象考成后编》。书中采用了西方天文学的诸家新说，主要体现为，太阳半径旧定为地球5倍余，现增至96倍余，此为西人世间新制望远镜之功。清蒙气差（即光经过大气的折射率）采噶西尼新说，日月五星轨道，旧为平圆，今为椭圆，此采哥白尼天文三定律之一，但没有介绍哥白尼的日心地动说，而以日月五星并列。此外，地球与日月距离的计算采用了牛顿的方法，但万有引力定律亦未输入。②

对于这部书，清代学者给予了高度评价。阮元曾经指出："推步之术，由太阳以迄大统，虽疏密殊科，而验以实象，终多违舛。我圣祖仁皇御定考成上下编，集古今年内之大成，录中西之要求，固已立万年步算之准，一百世增修之法矣。"③阮元虽看到了《历象考成后编》的科学成就，但将功劳归之于乾隆帝，反映了一种封建官僚的典型心态。

《历象考成后编》所依据的天文学理论之一，是牛顿在《自然哲学之数学原理》的拉丁文第21版（1713）中提出的，较为完善的月球运动理论。而编写《历象考成后编》的目的之一，则是为了编制300年（1723—2022）的历年——《癸卯元历》。从某种意义上讲，《癸卯元历》属于西方历法系统，与我国的传统历法在性质上是完全不同的。④

作为戴进贤的接班人，南斯拉夫人刘松龄，在乾隆八至三十九年（1743—

---

①《清史稿》卷45，《志》20，《时宪》1。

② 参阅方豪《中国天主教史人物传》下册《戴进贤》，中华书局1998年版，第77页。

③ 阮元：《畴人传》卷41。

④ 陈久金：《回历日月位置的计算及其运动的几何模型》，《自然科学史研究》，1989年第8期。转引自鲁大龙：《〈癸卯元历〉闰年的特点》，《中国科技史料》第19卷，第3期（1998年），第87页。

1774）主持钦天监工作之，主编了《仪象考成》。早在乾隆九年（1744），这项工作刚刚开始之时，他就是其中的一个重要成员。参与编撰的有传教士鲍友管（Antoine Gogeisl）、傅作霖（Felix da Rocha），中国学者何国宗、明安图等人。乾隆十四年（1749），刘松龄在致欧洲兄弟的信中写道："天文测验时常有之，如天主保我寿健康宁，成绩不久将可成书一卷。除日月食外，尚须测验木星诸卫星之出没，恒星行星之受月食，与恒星比较所知行星的运行。总之，一切现象尽在测验之中。吾人有测微器一，报时计一，皆甚优良，又有半径二尺四分圆仪一具。"①

据竺可桢撰《清北京之气象记录》一文载："法人哥比神父于乾隆八年（1744）曾在北京做气象观测，其后耶稣会教士阿弥倭（J.F.Amiot）从乾隆二十年初到二十五年腊月底（1755—1760）曾在北京记录气温、气压、云、风及雨量，每天观测两次，共得六年资料。其成果刊载于巴黎《数理杂志》中。"另外，意大利传教士 Alphonse Vagnoni，化名高一志，曾与我国的韩云合作，译述了《空际格志》，这是我国第一部介绍西方气象知识的书籍。

《四库全书总目》子部，天文算法类一，《御定仪象考成》。此书由传教士戴进贤、刘松龄、鲍友管和中国学者何国宗、明安图等人所撰，成书于乾隆十九年（1754），共 32 卷。首 2 卷介绍玑衡抚辰仪的性能和用法，后 30 卷是星表。据有关学者研究，所撰诸表似译自格拉马蒂西（Grammatici）的书。②

《四库全书总目》批驳道："大旨主于使人尊信天主，以行其教，知儒教之不可攻，则附会六经中上帝之说以合于天主，而特攻释氏以求胜。然天堂地狱之说与轮回之说相去无几，特小变释氏之说，而本原则一也。"

乾隆帝坚持崇儒重道的基本国策，他认为："西洋所奉天主教乃伊土旧习相沿，亦如僧尼、道士、回回，何处无此异端？然非内地邪教开堂聚众，散扎为匪者可比。"③他本能地警觉到天主教对清王朝统治有危害，于是禁止天主教在中国的传播。同时，他又看到传教士的西学可资利用，允许有技艺的传教士进入中国，为清廷服务。其宗旨是："收其人必尽其用，安期俗不存其教。"④为了"收其人"、

①［法］费赖之著，冯承钧译:《在华耶稣会士传及书目》下，中华书局 1995 年版，第 782 页。

② 参阅［法］费赖之著，冯承均译《在华耶稣会士列传及书目》下，中华书局 1995 年版，第 659 页。

③《宫中档乾隆朝奏折》第 8 辑，第 415 页。

④《清朝文献通考》卷 298，《四裔》卷 6，第 7471 页。

用其人，乾隆帝常常高抬贵手，网开一面。因此乾隆年间的禁教政策，时紧时松，传教活动时隐时现，大小教案“此伏彼起”。[①]

在那个以宗教与宫廷密切结合为特征的世纪里，关于干旱灾害在中国的特殊性，事实上已经被一些在中国有长期居住经验的西方传教士和学者所注意，他们广泛地描写中国的“饥荒”问题，但在阐述“中国文化的特质”或“中国人的精神”的时候，却没有关注二者的相关性。与此同时，一些来华传教士的高度教养与其优雅的生活方式及其人道精神也被当时中国的知识界忽略不计。另外，不能不看到的是，徐光启当年所设想“度数旁通十事”的付诸东流，即使后来的儒生们会在政治理想中，情愿将西洋的数学、天文历象的成就下合地宜，延展到“晴雨水旱，可以约略预知，修救修备，于民生财计大有利益”的宏图中，但在实际中，无论是学者自身，或学科体制，政府还是都未能找到一种可供操作的路径。

因此上下百年，在中国便没有人去关注事实，去追求真理了。而一个靠着经验直观来判断事物的国度，就像不会去理解哥白尼的“日心说”那样，是不能理解经验直观与科学之间的区别的，而经验直观在任何情况下都是无限多样的，不可能纳入任何概念。

---

① 参阅吴伯娅《康雍乾三帝与西学东渐》，宗教文化版社 2002 年版，第 12 页。

18

《皇朝礼器图式》

中国对雨水计量的关注无疑是早的。乾隆元年（1736）二月初二至初五绘制的降雨等值线图，单位以寸（1寸＝3.2厘米）表示。比法国（1778）早42年，比日本（1783）早47年。[①]据竺可桢的记述："我国古时之测雨量，其为法亦甚精密。……迨前清康熙时，朝鲜肃宗复制有测雨器，分颁各郡，高一尺，广八寸，并有雨标，以量雨之多少，每于雨后测之，均系黄铜所制。日人和田雄治在大邱、仁川、咸兴等处，先后发现乾隆庚寅年（1770）所制之测雨台。"[②]然而，这件仪器并不见于由总理礼器图馆事务和硕庄亲王允禄等人奉敕修撰的《皇朝礼器图式》。

《皇朝礼器图式》中的三辰仪

尽管西方文化与东方文化的区别是先天的，可令人没有想到的是，中古时代欧洲的苦难也是以干旱为特征的。耶洗别引诱上帝子民在邪教的礼节中行奸淫，吃祭偶像之物，并强迫全国的人敬拜太阳神巴力。耶洗别的时代，天曾闭塞，三

①《世界气象组织公报》第29卷，1980年6月第1期。

② 竺可桢:《论祈雨禁屠与旱灾》，原载《东方杂志》1926年第23卷13期，参见《竺可桢文集》，科学出版社1979年版，第90页。

年零六个月不下雨。照样，罗马教掌权迫害上帝子民的中古黑暗时代，也曾有预表性的“一载、二载、半载”，也即1260年的大干旱，缺乏圣灵和真道的雨水。“……任凭那些希望看他们消灭的人肆意蹂躏的时候，上帝的子民便要从各城镇各乡村中，成群结队地迁居到极荒凉的偏僻之处。许多人要在山寨中找到避难所”①。

一幅可怕的中古时代的受难画景。经历了千百年之后，在东方，一个新生的政权也在经历着一场文化的蜕变，只是这一过程并不像西方基督教诞生时的那般苦难。《皇朝礼器图式》的编制是征服者礼典的一个组成部分，它完成于乾隆二十四年（1759）。此时距清入关已115年。这正是清代社会发生大变化、进行所谓文化“整合”的最重要的历史时期。清朝礼仪也是在这100多年间，从最初有浓重的满族烙印，到后来融入儒家理念，进而形成系统成熟、独具特色的礼仪。其中清朝祭天礼的确立就颇具有典型性。

清代祭天包括冬至祭天、正月祈谷、孟夏雩礼三大礼，从设立至完备，长达127年。三大礼中，最早实施的，是皇太极于崇德元年（1636）所行冬至圜丘祭天礼。但其意义完全不同于《周礼》中的祭天，即“至日祀天于南郊，迎长日之至”，不过是将发兵征讨朝鲜前的满族传统堂子告祭礼移至圜丘。而祈谷、雩祀，这两种体现农业社会的祭礼，同是随着清人关后社会转型才逐渐设立的。直到乾隆七年（1742）才将祈谷之坛明确定在祈年殿，又过了17年，才以《皇朝礼器图式》最后制定雩祀的仪节。

清初祭天之礼器，因袭明代用瓷质，雍正年间改为铜质。乾隆于十二年（1747）明确要求更换礼器的质地。“十月奉谕：朕敬天尊祖，寅承毖祀坛庙祭器，聿既稽考古典，亲为厘定，命所司准式敬造，质文有章，精洁告备，今岁圜丘大祀为始，灌献陈列，悉用新成祭器，展虔敬焉”②。

正是在这样一个背景下，《皇朝礼器图式》中稀里糊涂地收录了两件西洋天文仪器——浑天合七政仪与浑天仪，这是演示西方哥白尼太阳系学说的仪器，七政

①［美］怀爱伦：《善恶之争》第39章，第648—649页。其中的描述是：“日头能用火烤人”，“不但造成干旱灾荒，而且也能直接伤害植物、动物和人的生命”。

②《皇朝通典》卷41。

仪还配有钟表机械，可以自动演示地球和行星绕太阳的运动。以地球为中心的浑 18
天仪，和以太阳为中心的英国制浑天合七政仪，是罗马教廷对日心说解禁的见证。尽管仪器上标有超过 40% 的西文款识，却被堂而皇之地列为皇家礼器。这件事本身说明了，一方面，乾隆帝以天朝上国自居，强调“八方向化，九土来王”，却对世界格局全然不知；另一方面，又是当时社会对西方文明几乎毫无认识的体现，以为只是仪器，就具备“以齐七政”的作用。在这种情况下，西方传教士蒋友仁利用绘制世界地图的机会，在中国公开传播哥白尼学说。

《皇朝礼器图式》

这些观测仪器的科技史的意义固然重要，但从人文的角度观察，来华传教士传播西学的这场运动的文化本质，意义更为别具。到 18 世纪中叶，蒋友仁将浑天合七政仪录入《皇朝礼器图式》事件，预示着西学传播又出现了另一种尝试。这一举动很有意义，使这一严重违背中国正统宗教的天体学说悄然溜进了天朝的内庭。“西土著述，对于哥白尼说的介绍，首见汤若望之历法西传，然拘禁甚多，不敢畅言。其后，南怀仁辈虽喜谈天文地理，亦避哥白尼之说而不谈。其为较详之介绍，且敢承认其说者，则自蒋友仁始”①，从否定性的角度看，它否定了一切巫术性的救赎手段，即“祛魅”，从肯定性的角度看，它实现了“着眼于彼世而在现世内进行生活样式的理性化”，即理性化的生活方式。②

戴进贤等“据西洋新测星度，累加测验”，发现使用已久的南怀仁星表与天的运度不符，“理宜改定”③。遂于乾隆九年（1744）十一月九日与同仁一起奏请增修《灵台仪象志》，此举引起乾隆帝对观象台的注意。同年十一月三十日，皇帝视察了观象台。看了台上的仪器后，他认为浑天仪符合中国的观测传统，而西法在刻度划分方面却占优。乾隆帝在《仪象考成》序里，又道出了他的遗憾：南怀仁的六架仪器“占候虽精，体制究未协于古。赤道一仪，又无游环以应合天度”④。

这一年的十二月二十日，和硕庄亲王允禄等迎合圣意，奏请制造三辰公晷仪，

---

① 张维华：《明清之际欧人东渐史》，后编第 1 章之《西洋传入中国之天文与历算学》。

② 唐爱军：《马克斯 · 韦伯论宗教理性化——兼与马克思的比较》，《贵州师范大学学报：社会科学版》2017 年第 3 期。

③［德］戴进贤，等：《钦定仪象考成》，1757 年，引自《中国科学技术典籍通汇》天文卷（七），大象出版社 1998 年版，第 1350、1346 页。

④［德］戴进贤，等：《钦定仪象考成》，1757 年，引自《中国科学技术典籍通汇》天文卷（七），大象出版社 1998 年版，第 1344 页。

说："三辰公晷仪制规仿现衡，其用广大简易，为从前所未有。请制造大仪，安置观象台上，以便测量之用。"四天之后，即十二月二十四日，皇帝就批准了允禄的请求，并就造大仪做了谕示："观象台所存旧仪、座架废铜著即为制造新仪之用。"其中"用旧仪、座架废铜铸造"，恐怕不是刻意要销毁旧的中式仪器，而应当是为了减少用铜量。允禄的那段话暗示，当时已经有了尺寸较小的三辰公晷仪。据文献记载，乾隆九年（1744）二月制作的镀金铜制三辰公晷仪，由戴进贤奉命设计。据何国宗书写的《三辰公晷仪说》记载，它没有地平圈，用游表而不用窥衡，借助螺旋调节水平，引入了天体仪调节北极高度的原理，因而具有欧洲仪器的结构特征；同时，它将赤道环再次分为中国简仪上的那种天常赤道圈和游旋赤道圈。可以认为，它的主要设计者是既理解中国传统仪器，又熟悉欧洲仪器技术的人。可以说，自然科学的进步势必不断削弱宗教的根基，宗教信仰不断世俗化，最终被理性科学所取代。

允禄等考察了南怀仁的黄道、赤道二仪，于乾隆十年（1745）五月一日向皇帝报告了在雍和宫铸造大仪的计划："今应按其尺度制造，谨用五分之一拟制式样，恭呈御览，伏候圣训，再铸造仪器。……今郎中佛保现在雍和宫办理铸造之事，请就便交与佛保处，遵旨用旧仪、座架废铜铸造。如有不敷，再行配搭添补。臣等已派出内务府郎中杨作新、公议副总领叶文成、臣馆算学教习何国栋、原任钦天监五官正刘裕锡，会同监制督工。臣等不时前往查看，一切做法仍会同西洋人戴进贤、刘松龄等商酌办理。"①

乾隆帝对上述请求做了如下批示："好。照议办理。依此五分之一式样制造铜仪一座进呈。"② 清朝大臣与戴进贤、刘松龄等人商议一切做法，这个说法表明，传教士发挥了重要作用，甚至可以说他们指导了制作工作。十年（1745）八月十四日，允禄等在奏折中再次提到仪器模型，并称大型仪器为"三辰仪"："臣等随令郎中佛保等将五分之一铜仪一座现今敬谨制造外，其观象台添设三辰

---

① 戴进贤，等:《钦定仪象考成》，1757 年，引自《中国科学技术典籍通汇》天文卷（七），大象出版社 1998 年版，第 1348 页。

② 戴进贤，等:《钦定仪象考成》，1757 年，引自《中国科学技术典籍通汇》天文卷（七），大象出版社 1998 年版，第 1348 页。

仪。”① 18

十一年（1746）春，戴进贤去世。五月六日，刘松龄继任监正，继续做编书和制造浑仪的工作。在三辰公晷仪的基础上，钦天监先制成了一架黄铜镀金的小三辰仪，子午圈的侧面镌刻着“大清乾隆丙寅年刻”。何国宗在十二年（1747）一月或二月初为此写了《三辰仪说》，多半文字与《三辰公晷仪说》相同。②《皇朝礼器图式》绘制了三辰仪插图③。《皇朝文献通考》几乎完全重复了《皇朝礼器图式》的文字说明，但把它错安在“三辰公晷仪”的名下。与三辰公晷仪不同的是，三辰仪强调了测赤道经纬度的功能，增加了窥管的过极游圈变成了中国传统的四游仪。

《皇朝礼器图式》

乾隆十九年（1754）一月二十七日，允禄等报告，已经铸成并安设了大仪。他们认为，此仪“若仪名三辰，于义未备”，故请求皇帝赐名。乾隆帝将它定名为“玑衡抚辰仪”。四月八日在仪器上用满汉两种文字镌刻“御制玑衡抚辰仪乾隆甲子造”。它成了中国历史上最后一架大型浑仪，安装在观象台的西北角。负责监造的人员有内务府的佛保、杨作新、公义、舒山、叶文成，以及钦天监的何国栋和刘裕锡。从仪器构造的中国化推断，中国人发挥了重要作用。“乾隆甲子造”指的是乾隆九年（1744）制造三辰公晷仪的时间，目的是强调两者之间的联系。

有关玑衡抚辰仪的情况被编成《玑衡抚辰仪说》两卷，列为《仪象考成》之卷首，并补上“御制”二字，于乾隆二十二年（1757）刊印。此书是中国仪器史上对技术内容做文字描述最详尽的专书。其中，“制法”一节可以看作对南怀仁《仪象图》的制造工艺部分的文字补充和诠释。玑衡抚辰仪的制造者基本上承袭了南怀仁用过的制造工艺。

据《御制玑衡抚辰仪说》的《仪制》记述，最后的成品基本上是中式的三重环结构。它既继承了三辰公晷仪的过极圈（赤极经圈）与游旋赤道圈相连的结构，

---

① 戴进贤，等：《钦定仪象考成》，1757 年，引自《中国科学技术典籍通汇》天文卷（七），大象出版社 1998 年版，第 1349 页。

② 白尚恕、李迪：《从三辰公晷仪到玑衡抚辰仪》，出自《中国科技史料》第 3 卷，1982 年，第 2 期。

③ 允禄，等：《皇朝礼器图式》，乾隆二十四年（1759），引自《影印文渊阁四库全书》第 656 册，台湾商务印书馆，第 169 页。

又选择了三辰仪的过极游圈和窥管（四游仪），并采用中国浑仪的典型子午双环和过极双环（赤极经圈），以及欧洲式的刻度划分方法、螺旋和垂球。由于仪器被固定在北京的观象台，设计者放弃了调节北极高度的结构。因此，它本质上成了中国传统浑仪的改型设计，即“玑衡遗法”①。

和历代中国浑仪相比，玑衡抚辰仪结构简洁，刻度精准，设计和制造时间长，装饰造型华丽。因此，有人称赞它是“清朝一代最杰出的天文仪器”②。然而，从仪器的技术特点和功能来审视，这种赞誉似言过其实，因为它有不容忽视的铸造缺陷，它的刻度没有超过南怀仁的仪器。虽然它的带十字线的窥衡要比南怀仁的缝隙式照准器的瞄准精度高，但比当时欧洲仪器上带测微计的望远镜照准仪落后得多。参与制造的传教士仅遵皇帝的意愿而对欧洲的新技术视而不见；中国匠师对欧洲新仪器了解不够或者不得要领，似乎与另一个世界（欧洲）的技术进步有很大的距离感。

综上所述，制造者先以“三辰公晷仪”为基础制作了模型“三辰仪”，最后制就成品“玑衡抚辰仪”。设计思路与观象台仪器的欧洲化趋势相反，中国的铸造工艺还在发挥着一定的作用。这表明清朝的仪器技术经历了一个欧洲化的过程。

清代古观象台的天文仪器，在世界天文史上有重要地位。而就在光绪二十六年（1900），八国联军入侵北京期间，法国占领军和德国占领军争抢这批仪器，联军统帅瓦德西说：“这些天文仪器有极高的艺术价值，他们的造型和各台仪器的龙形装饰都极为完美。”十二月二日，法军抢去了数件，接着德军抢走了天体仪、纪限仪、地平经仪、玑衡抚辰仪、浑仪，并将它们运到了德国柏林。1921年归还给了中国。

乾隆年的《皇朝礼器图式》中的西洋天文仪器与北京古观象台上带有欧洲风格的天文仪器，它们的确很好看，也很精致，只是这些有着天象观测功用的仪器从未与中国的雨泽发生过什么关系，最终，它们仅仅成为艺术价值很高的皇权的装点。

---

①［德］戴进贤，等：《钦定仪象考成》，1757年，引自《中国科学技术典籍通汇》天文卷（七），大象出版社1998年版，第1355页。

② 陈遵妫：《清朝天文仪器解说》，中华全国科学技术普及协会1956年版，第46页。

哥白尼的日心地动说

古代中国人从上到下，一致认为，中国是这棋盘或鸡蛋形状的正中心，周边都是夷狄蛮，再远处，就可能是“鬼国”了。13世纪时，西方流行地圆学说，几个世纪以后，西方传教士把地圆学说介绍给中国，中国人觉得很可笑，康熙时主持天文工作的钦天监监正杨光先居然“喷饭满案”。对于中国士大夫来说这是万难接受的说法。

《增补坤舆全图》于乾隆二十五年（1760）完成。它长12尺半，宽6尺半，东西两半球直径各5尺，比以前利玛窦及南怀仁所制“尤为精当”。图的四周有说明文字和精美的附图。这幅图之所以名为《增补坤舆全图》，就是增补南怀仁所绘的《坤舆全图》。不过，他所增补的多属天文的部分，说明文字的内容绝大部分属于天文学，附图则完全是天文图。

在这幅图的解说中，蒋友仁明确宣布哥白尼的日心地动说是唯一正确的，并介绍了开普勒三定律以及欧洲天文学的一些最新发展，如地球为椭圆形等。这对于我国天文学的发展具有相当大的意义。不过，蒋友仁还没有介绍牛顿的万有引力定律和布拉德雷关于光行差的发现。是否能通过《坤舆全图》让中国人相信地球说，更从中领悟到信奉至此的天圆地方说从根本上存在着谬误呢？实际上当时的中国人是不可能认同天下的中心国——中国只不过是大地中一片土地的说法的。

为了便于人们接受哥白尼的日心地动说，在《增补坤舆全图》的说明中，蒋友仁做了通俗易懂的解释。他说，人们初闻日心地动说，往往惊为异说，原因在于只恃目证，而目证有时并非真理。例如人们在地球上看太阳和月亮，以为它们两径相等，其差还大过五六寸。然而根据推算，太阳之径比地球之径大百倍，而月亮之径只为地球之径的四分之一。人在地球上看太阳，似乎是太阳动而地球静，“今设地球动而太阳静，于推算既密合，而于理亦属无碍”。

他进一步举例说明：人在地面，视诸星之行皆环绕地球，而地似乎常静不动。这绝不能作为地静而诸星动的根据。这就好比“舟平浮海，舟中之人见舟中诸物，远近彼此恒等，则不觉舟行。而视海岸山岛屿以外诸物，时近时远，时左时右，则反疑其运动矣”。人在地面上，视周围诸物之远近恒等，则不能察觉地表运行。而看到地球外诸星，时上时下，时左时右，则以为诸星绕地球而旋行。

是天动，还是地动？是太阳围绕地球转，还是地球围绕太阳转？这是托勒密学说和哥白尼学说斗争的焦点。公元2世纪，古希腊的天文学家托勒密创立了地心说，认为地球静止地居于宇宙的中心。此后，教会利用这一学说，并对它进行篡改，以论证上帝创世说。

16世纪，波兰伟大的天文学家哥白尼创立了日心地动说，认为太阳是宇宙的中心，而地球等行星围绕太阳运行。这不仅是天文学发展史上的一个里程碑，而且引起了人类宇宙观的深刻变革。1687年，万有引力定律发现之后，日心地动说在欧洲更加深入人心。1727年英国天文学布拉德雷发现光行差，验证了地球的运动，日心地动说由此得到了普遍承认。罗马教廷不得不在1757年取消了对哥白尼学说的禁令。救赎的关怀已被利益的追求所吞噬。

根据有关学者的最新研究成果，蒋友仁并不是在中国公开传播日心地动说的第一人。黄百家很可能是我国第一位完整、公开地介绍日心地动说的学者。日本学者小川晴久撰文指出，黄百家在《宋元学案·横渠学案》中有关于哥白尼学说的描述，表明了这样一个事实：“中国的天文学者们在17世纪下半叶，就相当正确地知道了哥白尼的地动说。”①

然而令人遗憾的是，《增补坤舆全图》是作为寿礼献给乾隆帝的，他虽然高兴地夸奖了蒋友仁，赏赐他几匹绸缎，但并没有懂得这幅图的价值。他曾令朝臣及学者就这幅图及其说明进行讨论，许多人都认为蒋友仁的说明是“标新立异”，不可信。结果，这幅图被锁进了皇宫内廷，无人能识。更何况当时的中国还未建立近代科教机构与相应的体系，即使乾隆帝有一时的灵动，在传播上也缺乏必要的渠道。

①［日］小川晴久:《东亚地动说的形成》,《科学史译丛》1984年第1期。

30多年之后，钱大昕虽然把他的润色稿定名为《地球图说》并刻印了，但是 18
阮元却在序言中劝读者对于哥白尼学说“不必喜其新而宗之”[①]，因为它“上下易
位，动静倒轩，离经叛道，不可为训”[②]。阮元是当时的著名学者，达官贵人，在学 《皇朝礼器图式》
术界举足轻重。他对哥白尼学说的态度在社会上很有影响。因此，长期以来，蒋
友仁的介绍在中国没有起到应用的作用。再就是，人们都看到了，理性科学取代
宗教，但不能解决现代世界的价值信仰问题，带来的结果是价值多神论和意义问
题的困扰。

① 阮元:《地球图说序》，［法］蒋友仁:《地球图说》。

②《蒋友仁》〔清〕阮元:《畴人传》卷46。

19
《增补坤舆全图》与《泰西水法》

16世纪即明中叶以后，作为西方传教手段的科学知识，地理学是很重要的一项，其中又以地图学为最。主要代表人物有利玛窦（Matteo Ricci）、白晋（Joach Bouvet）、雷教恩(Jean-Baptiste Regis)、杜德美(Pierre Jartoux)、蒋友仁(Michel Benoist)等。他们很多人都是澳门圣保禄学院的学生，精于地理学，且擅长地图测绘。

《坤舆万国全图》

在中国，第一张世界地图是由利玛窦传入的。此后，利玛窦及其后来的传教士又在中国分别绘制过新的世界地图。中国人的宇宙观念和地图因此产生了飞跃式的进步。从万历十二年到三十六年（1584—1608），经利玛窦绘制的世界地图有12种之多，其名称有《山海舆地全图》《两仪玄览图》《山海舆地图》《舆地全图》《坤舆万国全图》等。其形状或为东西两半球图，或东西半球合为一椭圆形。

其中第一幅中文世界地图《山海舆地全图》是在肇庆制作的。后经王泮的质疑，利玛窦很快认识到将中国局处一隅是一种危险的安排。他后来这样写道：中国人认为天是圆的，但地是平而方的，“他们深信他们的国家就在它的中央。他们不喜欢我们把中国推到东方一角的地理概念。他们不能理解那种大地是球形、由陆地和海洋所构成的说法，而且球体的本性就是无头无尾的”[1]。这种视中国为天下的地理概念和几千年沉淀下来的意识绝非一朝一夕所能改变。

于是利玛窦不再企图以一种理性去论证世界与中国的关系，而是对地图做了技术上的处理，把福岛本初子午线从世界全图的中央向左移动170°，在地图两边各留下一道边，使中国正好出现在《坤舆万国全图》的中央。同时为了减轻中国人心理上因欧洲人到来而产生的恐惧感，故意把中国与欧洲的距离从“六万里”扩大到“八万里”。这种迎合中国人盲目自尊自大的做法，这种似是而非的地理上的模糊数字，并没有给中国带来一种真正科学意义上的“世界意识”，奠定了中文世界地图400多年来的大格局。

《山海舆地全图》后来有多个版本，名称也不尽相同。1584年，利玛窦在南方肇庆绘出了第一幅世界地图，并译注上中文名称。1595年他又在南昌为建安王搞了一张这份图的绘写本。1600年又在南京刊出《山海舆地全图》。但最为完善的是万历三十年（1602）由李之藻刻成的《坤舆万国全图》。这些地图现在只在罗马和日本宫城县图书馆保留有几幅1602年版本。在中国除李之藻刻本《坤舆万国全图》藏于南京博物院外其余均失传。1935年“禹贡学会”也影印出版了《坤舆万国全图》，但不是真迹。

利玛窦绘制这些世界地图，给中国人民带来了多方面的地理知识，这包括：在中国地理学史上，首次应用西方地图投影法绘制地图而进行经纬度测量。随着利玛窦来华，地图投影法也一并传入中国。为了绘制地图，他亲自测得了北京、南京、大同、广州、杭州、西安、太原、济南等地的经纬度，数值与今天的测值相差无几，可见当年测量精度之准。利玛窦在《山海舆地全图》中介绍了经纬度的作用，即东西向的纬线表示地球的长度，赤道为纬线的起线，向北数到北极为北纬90°，反之为南纬，也是90°。

在《坤舆万国全图》上把世界分为五大洲，即欧罗巴、利未亚（非洲）、亚细亚、南北亚墨利加（南北美洲）及墨瓦腊泥加（泛指南极一带）。当时尚不知道有大洋洲（清初年始知）。由于五大洲的分绘，地圆说在中国第一次得以科学表述，

①［意大利］利玛窦，等著；何高济译:《利玛窦中国札记》，中华书局2005年版，第179—181页。

改变自古以来中国人对天地关系"天圆地方"传统理念。

再者，利玛窦地图还对当时世界各国的方域、文物、风俗习惯等尽量加以介绍，使中国人耳目一新，从而了解中国在世界上的位置以及与其他各国在地理上的关系。地图上绘出了南北美洲、非洲南半部以及大海中一些岛国的位置和形状，并对它们做了扼要的说明，把中国人的地理视野扩展到新大陆。

同时，利玛窦在他改编的世界地图中还有图说，确定了一系列自然地理名词，并沿用到现在，如经纬度、南极、北极、赤道、北极圈等。并以赤道，南、北回归线与南、北极圈为地球表面五个气候带。这种划分是随着地圆说而传布的一种新观念。这里面渗透着对自然气候的科学认识。清初剑华堂曾拍案叫绝："呜呼！今日之天下，与古之天下异矣！……西人东来，地球图书，夫然五洲之土地，数十国之名号，粲然而分呈。"[①] 康熙六十一年（1722）来澳门的法国传教士宋君荣（Antonius Goubil）在北京建立测候所，开展气象观测。南怀仁还把温度计、湿度计，及其制作、应用技术带进中国。

乾隆九年（1744）来澳门的法国传教士蒋友仁手绘《坤舆全图》，并作文字说明。后人将这些文字整理成《坤舆图说稿》，内容有坤舆图说，经纬线，测量地周新程、亚、欧、非、美洲，七曜（星）序次，四季，地半径差，论地图，交食，太阳，五星，客星等。而南怀仁的地图已增绘大洋洲。尽管他们所绘制的世界地图，与利玛窦地图一样，与今天世界地图相比还有不少差距，但它们毕竟或多或少地向中国传入一些新的世界地理知识。虽然这些地图不一定在广东绘制，但将利玛窦地图作为一个范本，显然对它们是有深刻影响的。

乾隆十五年（1750）来澳的法国传教士钱德明（Jean-Joseph-Marie Amiot），在乾隆二十至二十五年（1755—1760）也在北京进行气温、气压、雨量、风向等观测。有关统计数字后来在巴黎发表，成为外国人在中国最早的气象气候观测记录。

乾隆二十一年（1756）、二十四年（1759），平定准噶尔和回部之后，清政府两次派何国宗等人及外国传教士到伊犁和南疆进行测量，绘制地图。蒋友仁根据他们所绘的地图，结合自己来华时带来的世界地图，决定画一幅《增补坤舆全

---

①《皇朝经世文编》卷 49。

图》。这是一幅大型的世界地图，需要付出相当大的劳动。当时蒋友仁的身体已很衰弱。乾隆帝特派御医为他治病，并派中国学者何国宗协助工作，令中国学者钱大昕为他润色地图的说明文字。这时近代地理学尚在孕育之中，而欧洲文艺复兴、地理大发现同时发生，促使这一学科取得许多破天荒的成就，奠定了近代地理学的基础，这又是欧洲资本主义原始资本积累时期，新兴资产阶级开始向东方寻找殖民地和市场。在传播宗教的同时也将欧洲文艺复兴时期的欧洲地理学在中国传播，在相当有限的程度上改变中国传统地理学格局。

圆明园里用上了“泰西水法”

利玛窦对徐光启说过，自己“薄游数十百国，所见中土土地人民，声名礼乐，实海内冠冕，而其民顾多贫乏，一遇水旱，则有道殣，国计亦诎”。他建议尽早译出“象数之流”的“水法一事”，“可以言传器写，倘得布在将作，即富国足民，或且岁月见效”。万历四十年 (1612) 徐光启和熊三拔合译《泰西水法》6 卷。

卷一介绍龙尾车，这是一种螺旋式提水机械；卷二介绍的玉衡和恒升，则是利用气压原理提水的唧筒；卷三介绍水库，这是一种小型蓄水池塘；卷四介绍找泉凿井技术；卷五谈水性；卷六则是诸器图形。徐光启在《农政全书》中收录其中的前四卷。

《四库全书总目》对《泰西水法》做了简明介绍，称“是书皆记取水蓄水之法”。明确指出：“西洋之学，以测量步算为第一，而奇器次之，奇器之中，水法尤切于民用，视他器之徒矜工巧，为耳目之玩者又殊。固讲水利者所必资也。”

《四库全书总目》还写到，《泰西水法》卷四之末有附记云：“此外测量水地，度形扫势高下，以决排江河，蓄泄湖淀，别有一法。或于江湖河海之中，欲作桥梁城垣宫室，永不圮坏，别为一法。或于百里之远，疏引源泉，附流灌注，入于国城，分枝析派，任意取用，别为一法。皆别有备论。兹者专言取水，未暇多及云云。”为此，《四库全书总目》感叹道：“则其法尚有全书，今未之见也。”也就是说并未在实际生产中运用，惋惜之情跃然纸上。实际上，一项科学技术要运用到实际生产中去，还有很长的路要走，而科技应用的可能性并不在其本身的优劣，堵塞的症结应是社会制度与机制上的缺失。

为《泰西水法》作序的郑以伟称该书“酷似《考工记》，此法即不敢补《冬官》”。兹一说，是弘扬，还是歪曲呢？祛除巫术等救赎方法的一个重要前提就是宗教世界图像的二元对立，人神越对立，人神相通的中介通道就越是被废除。理性科学认为通过经验知识已将世界理性化，传统宗教将世界解释为充满博爱伦理的意义体，而理性科学将世界解释为完全事理化，祛魅的工作并未完成。

《泰西水法》介绍的这些知识和机械，当时尚未在农业生产中传播，却用在了宫廷的人造水系工程上。据史料记载，雍正年间，在圆明园的水木明瑟一景中，建筑师们用西洋水法引水入室，其主体是推动风扇供皇帝消暑的三间风扇房。该景建于雍正初期，雍正五年（1727）时奉旨将水法上的翎毛风扇做了放大的改造。乾隆九年（1744）御制“水木明瑟”词序曰：“用泰西水法引入室中，以转风扇，泠泠瑟瑟，非丝非竹，天籁遥闻，林光逾生净绿。”

乾隆帝在这方面比其父要大气得多。圆明园长春园北隅一区西洋楼就是为西方的喷泉而特意建造的。乾隆十二年（1747），乾隆帝偶见西洋画中的喷泉甚感兴趣，便找来郎世宁问谁能仿制，郎世宁推荐了法国传教士蒋友仁。乾隆帝随即命蒋在长春园督造水法，将“泰西水法”和西洋建筑引为中用，为圆明园这一中国古典园林增添了一笔异国色彩。西洋楼景区共有西洋风格建筑群组10余处，其中专用于喷泉建筑有4处，喷泉共有11组。乾隆二十四年（1759），蒋友仁的身体已很衰弱。说是修建圆明园喷泉时的过度劳累损伤了他的健康。各组喷泉均采用动物争斗场景为造型题材，其中饶有奇趣的南部喷泉造型为一条翻尾石鱼，它被一群铜鸭、铜鹅所围，鸭、鹅嘴中喷水聚向鲤鱼。这组喷泉反映的是一派田园的景象。大水法前是一组猎狗逐鹿造型喷泉，取材于逐鹿中原的典故。海晏堂四周有5组喷泉。其南北各有2个喷泉造型也很有趣：一猴挂着印、打着伞、拿一竹竿捅马蜂窝，水从伞尖流下来。这一喷泉造型的寓意是中国传统文化中的封侯挂印。好不热闹。

其中，海晏堂即为安装泰西水法机械设备而建造，是长春园中最大的西洋楼。

19 《增补坤舆全图》与《泰西水法》

蒋友仁据意大利人艾儒略（P.Julius Aleni，1582—1649）记述的罗马名苑中的喷泉，并参考了诸如1619年在德国出版的《流体动力法则》（*Les Raisons des Foeccs Mouvantcs*）有关水法的技术，完成这项史无前例的工程。尽管当时的西方传教士所受教育的知识水平与欧洲新型的工业革命有着很大差距，但毕竟能按照他的意图，完成“水法”的机械制造与安装，实令人感叹其匠心。和海晏堂11间楼用扶梯连接的是安放水车水库的11开间“工”字楼，中段有砖砌高台，上置“养鱼池”，盛水180吨。水池的四周包满了锡板，防止池水渗漏，水中养池鱼，称为“锡海”。工字楼两翼是东、西两水车房，地面有下冲流水石槽，借以推动机轮，带动龙尾车，扭水旋转上升，上达锡海，再利用地心引力经过铜管流向喷泉。

乾隆三十九年（1774），蒋友仁病逝后，竟无人能操纵这架龙尾车，乾隆帝每次来游园，只能靠人工上楼输水，以供喷泉，乾隆帝一经离园，喷泉便断水了。乾隆五十八年（1793），英国特使马戛尔尼（George Macartney，1737—1806）来京，乾隆帝特意宣旨邀请其游览圆明园等水法处，其本意当在向外邦炫耀，美化印象。然而，马氏全然未领其意，在日记中他描写了圆明园宫室亭馆之胜境，却对长春园水法只字未提。[①]

其实，西方御旱的知识还远不止“泰西水法”，记录了19世纪70年代欧洲的《使西日记》，作者曾纪泽才写道：“西人御旱之法，曰凿井，曰种树，皆所以引地气接天气也，收效虽迟，而成功之后，常得奇验。英法诸国，皆以劝民种树为大政，伐一株者责种两株，言多种树木，不独可以除旱灾，兼能减民间疾病云。”由这段在100多年前写下的文字可以得知，欧洲“御旱”，凝聚着几代人在正确观念指引下的辛勤劳动。

西方宗教预设一个绝对的神的观念，强调了人神之间的二元对立、紧张关系，从而切断通过自我神化而达到人神同一的可能性，阻击了巫术、迷信等手段。同时，西方宗教在救赎方式上是禁欲主义的，这样的救赎是以现世为取向的。西方所谓物质实体，自始即含潜伏于感觉世界之下之实在之义，凡物质本身不能自动，

① 参阅童寯《北京长春园西洋建筑》，《建筑师》1981年，第1期。该文在分析其原因时说：喷泉在英国作为拉丁规则式庭院的一种装饰，16世纪下半叶是极盛时期，到18世纪受中国建筑思想的影响而兴起的自然风格弥漫英国，此后矫情人造的水法已过时而不受重视。因此马戛尔尼对长春园内的水法漠然置之。

必待外力使之运动，或物与物相冲突而后运动之意。而那些有着浓厚宗教色彩的耶稣会会士并未能将真正意义上的科学技术传到中国，这是由于他们受命于罗马教廷的神旨，服务于中国宫廷，就其本身所掌握的知识与技术而言，还未能从中世纪的“质”的世界观转化为近代的“量”的世界观；另一方面，即使像瓦特(James Watt，1736—1819)[①] 在 18 世纪的 80 年代头一年发明的从两边推动活塞的双动蒸汽机等工业革命的新技术已然登场，也会因为专利权[②]的原因限制其技术以传教的方式传播到中国。

1900 年大旱全是教堂止住了天

《圣经 · 旧约全书》中的上帝这样说：“你们若留意听从我今日所吩咐的诫命，爱耶和华你们的神，尽心尽性侍奉他，他必按时降秋雨春雨在你们的地上，使你们可以收藏五谷、新酒和油。也必使你吃得饱足，并使田野为你的牲畜长草。你们要谨慎，免得心中受迷惑，就偏离正路，去侍奉敬拜别神。耶和华的怒气向你们发作，就使天闭塞不下雨，地也不出产，使你们在耶和华所赐给你们的美地上速速灭亡。”[③] 这是对东方世界的“邪恶”咒语。随之美妙的东方传说结束了。

统摄有不同灵魂群体的两大神系之间的冲突一触即发。以儒教、大乘佛教为文化基本结构的东方与基督教为文化基本结构的西方，终于闹翻了。一方，基督教所信仰的至上神——一个完全又无限的上帝，基督教教义坚信其作为“一切存有者共同的最后原因”；另一方，在儒教与佛家看来，所谓一切存有者共同的最后

① 瓦特，英国发明家。1736 年 1 月 19 日生于苏格兰格林诺克。童年时代的瓦特曾在文法学校念过书，然而没有受过系统教育。瓦特在父亲做工的工厂里学到许多机械制造知识，之后他到伦敦的一家钟表店当学徒。于 1763 年到格拉斯大学工作，修理教学仪器。在大学里他经常和教授讨论理论和技术问题。1781 年瓦特制造了从两边推动活塞的双动蒸汽机。1785 年，他也因改进蒸汽机的重大贡献，被选为皇家学会会员。

② 专利权萌芽于英国。1236 年，英王亨利三世曾颁发给波尔多的一位市民制作各种色布 15 年的特权；1331 年，英王爱德华三世授予佛来明人约翰 · 肯普织布及染布的独占权利；1367 年，特许两名钟表工匠营业。世界上最早建立专利制度的是威尼斯共和国。1474 年，威尼斯共和国制定了世界上第一部专利法，依法颁发了世界上的第一号专利。科学家伽俐略在威尼斯共和国获得了扬水灌溉机的 20 年专利权。1642 年英国颁布了《垄断法》，继英国之后，其他资本主义国家陆续颁布了专利法。如美国是 1790 年，法国是 1791 年。

③《圣经 · 申命记》第 11 章，第 13—21 节。

原因不能被视为是真实的。这种不真实来源于一种极端的、狭隘的、带有偏见的文化利己主义。在基督教经典中记述着，当以色列人离开埃及时，上帝在白天变成云柱为他们领路，夜里变成火柱为他们带路。[①] 云柱能带来黑暗和黄昏，上帝又出现在云端里，此时伴随着雷鸣和闪电。上帝在授予摩西十戒时，还要求以色列人打碎其他民族的神柱。后来，上帝解释说，如果他的律例得到遵守，他就会及时地给人们降下雨水，让大地丰产；但是，如果人们不去遵奉其旨意，他就会报复，给他们带来灾难，直到他们记住上帝和他们的祖先立下的盟约。

一方面，对当地宗教习俗是否采取较为宽容的态度，在教会内进行了一场旷日持久的争执，终于在 1704 年有了一个阶段性结论，教皇克莱芒十一世颁布了一项可归结为对耶稣会士在华传播福音十分不利的敕令。接下来，1705 年和 1742 年的教皇诏书重申了有关条款。另一方面，其连锁的结果引发的更大不幸落在了在华传教会的头上，乾隆三十八年 (1773) 耶稣会受到了来自朝廷的空前压制，从某种意义上讲，这一打击极其有害。更为糟糕的是，乾隆三十九年 (1774) 中国皇帝的禁教谕令终止了一个重要时期的中西文化交流。

这一天终于到来了，水火难容的冲突爆发了，基督教的神咒显现了。《圣经 · 旧约全书》中写道 :“上帝将使雅弗扩张，使他住在闪的帐篷里。”暗示作为雅弗的出生地欧洲，注定要征服闪的出生地亚洲。1840 年，雅弗的子孙们燃起的战火烧到了乾隆帝的皇孙道光帝的帐前，一场中西之间的大冲突就这样拉开了序幕。

尽管西方列强船坚炮利在中国人身上强加了过多的不平等条约，然而，对 19 世纪末帝国农民生存威胁最大的还是旱灾。在那一段时间，全国连续发生的大旱达到了创纪录的 140 次。1900 年，直隶的旱情愈益严重，南部地区春夏秋三季亢旱。据直隶总督李鸿章奏报 : 献县、曲周、高阳、沙河、平乡、广宗、永年、肥乡、磁州、元城、大名、隆平、宁晋、饶阳等 15 州县也大面积受灾，“歉收三、四分不等”[②]。如邯郸县自春徂夏无雨，“苗皆枯槁，颗粒无收，人民饿毙甚多”[③]。清

---

①《圣经 · 申命记》第 13 章，第 21—22 节。

② 李文海，等《近代中国灾荒纪年》，湖南教育出版社 1990 年版，第 667 页。

③ 李世昌，等纂修 :《邯郸县志》卷 1 之《大事志》，(中国台北) 成文出版社 1969 年版，第 138 页。

河县当年亦“酷旱至七月始雨，因灾免税”[①]。持续差不多两年的亢旱之后，直隶大部分地区的灾情达到了无以复加的地步，出现了“畿辅荒旱，赤地千里，民不聊生”的悲惨景象。[②]1901年春夏间，旱灾仍然威胁着直隶许多地区，“贫民无计谋生，岌岌不可终日”[③]。

没有死的帝国农民开始了大规模的逃亡。山东黄尘滚滚的土道上，河南荒芜的田野上和河北干涸的河床边，数百万流民在绝望中行走。他们衣不蔽体，食不果腹，孩童啼哭，成人无泪。为了生存，人人相食的现象时有发生——“有一家食过小孩数个者，有一人食过九个人肉亦自死者”。面对如此铺天盖地的灾难，帝国政府通常的赈灾办法是设立“粥场”。北京六门外的“粥场”调拨官仓大米15万石。但是，在帝国的国土上依旧有越来越多的灾民饿死在城墙之下、荒野之中。对于上千万的灾民来讲，“粥场”无异于杯水车薪。帝国政府害怕发生“民变”，于是禁止流民流动。清代学者俞樾的《流民歌》云：“不生不死流民来，流民既来何时回？欲归不可田无菜，欲留不得官吏催。今日州，明日府，千风万雨，不借一庑。生者前引，死者臭腐。吁嗟乎！流民何处是乐土。”[④]

---

① 张福谦修、赵鼎铭纂：《清河县志》卷17之《杂志》，（中国台北）成文出版社1976年版，第1185页。
② 李文海，等：《近代中国灾荒纪年》，湖南教育出版社1990年版，第668页。
③ 李文海，等：《近代中国灾荒纪年》，湖南教育出版社1990年版，第686页。
④〔清〕俞樾《流民歌》，转引自孙燕京主编《晚清遗影》，山东画报出版社2000年版，第180页。

20

两场常雩官场风波

自乾隆二十四年（1759）、二十六年（1761）大灾年之后，直至三十九年（1774），国朝年年渥泽应时，澍雨频沾，一下子持续了十余个丰平年。连续的风调雨顺使人们有一种满足感，让人活在那个年景里，透着由衷的庆幸。另一方面，如梭的岁月也悄然改变着老年帝王的政治形象。

三十八年常雩风波

三十八年（1773）祈雨的结果应当为乾隆帝带来了欣喜才是，看一看当时的御制诗就会为他诗情所感染，就在祈雨返回的路上皇帝的大辂车队竟遇上了雨泽，乾隆帝顿时诗兴大发，一首《雩祭毕雨中回銮之作》云：

> 请雨宁妨雨湿衣，礼成仍喜雨中归，
> 因传执事胥颁赏，敛锡鸿庥敢不违。
> ……

读这样的诗就让人喜悦，而乾隆帝偏偏要担心旁人不明白，诗后他还自注道："在坛执事人负朝衣不免沾湿，因概命行赏，以均天贶。"祈雨灵验，让雨浇个透心凉也高兴，兴头上皇上要犒赏随从人员，图个皆大欢喜，并将如此潇洒举动说是天意。接下来，他仍旧喜不自禁，说个不停，云：

> 比户贾商且和乐，足知农父更欣如。①

也就在这样一个时候，始料不及的事出现了。雨下得哗哗的，祭神祈雨的事还要不要搞了？对神明的怠慢情绪在人们的公务差事中蔓延开来，常言道，乐极生悲，这就来了……见于四月十二日的内阁奉上谕：

> 此次常雩大祀预期，皇穹宇拈香仰瞻，列祖神牌见有字色模糊之处，谕交太常寺堂官查办，乃该堂官只将上年冬至祭祀恭请出龛入龛祀丞任策祥送交刑部治罪，而刑部亦并未切实根究，仅以任策祥照律问拟，颟预具奏。朕宿知郊坛大典非一祀丞专司其责，恭请神牌系捧爵赞礼郎之事，且其日即经德福奏称向例如是，何得仅委之微末祀丞而置赞礼郎于不问？必系德福袒护满员，希图蒙混了事。

在乾隆帝看来，当事人所述辩词，荒渺莫考，愚顽不堪，信口雌黄，不可究诘。“因令军机大臣详悉查询，始据德福称，恭请神牌出龛入龛系祀丞任策祥，其自供案请入停内，恭尊至坛及祭毕由坛迩奉供案，系赞礼郎珠通阿，并查明珠通阿系原任副都统雅尔呼达之孙，是德福之意存袒庇已属显然。而素尔纳尝三十八年办理庶务，从不肯稍涉含糊，亦无人能以朕前取巧欺饰，德福何人，竟敢以此尝试耶？此案若非朕洞鉴其隐，则任策祥独当重罪，而珠通阿竟因堂官袒庇以脱然事外，何以服任策祥之心而使太常寺官知所儆惧，纵而临期纵赴，市会其惊悸亦去死无异。朕综理庶狱，凡笞杖小罚尚不使其稍有枉纵，况大辟重犯乎？”②往日里，这样的差错或是要丢官位或遭贬黜，好在是风调雨顺的年景，因为刚才祈雨返途遇上的雨泽，龙心欣慰，因此就此作罢。处罚留有相当余地，目

---

①《御制诗集・四集》卷21。
②《乾隆朝上谕档》第7册，第348页。

的是惩前毖后，使各衙署官司由此有所儆惧，明白当今皇上不是那么好糊弄的就好了。

这一年，乾隆帝复谕天下，“常雩”之一切典章，断不可削减，俱谨载入圜丘大祀。

四十七年常雩风波

又过了九年，相似的事情重演了。乾隆四十七年（1782）春的常雩祭又引来了一场不小的政治风波。这一年京师和保定一带，数月无雨。进入孟夏，天时更加亢旱，禾苗枯槁，农户盼雨正殷。当时，这位古稀天子决定按照定例，亲自祭天祈雨，择定四月初六举行常雩礼于圜丘。

从《起居注册》看，一切照常，乾隆帝从祭前三天即四月初三日起，先到紫禁城内的斋宫斋戒两天。祭前一日寅刻，乾隆帝着常服，到太和殿阅看书写常雩祝文的祝版；巳刻，乾隆帝离开紫禁城，出午门，经正阳门到达天坛的斋宫，当晚斋宿。初六日寅刻，乾隆帝出斋宫，到圜丘行常雩礼。礼成以后，他到圆明园住了两天，初八日回紫禁城。似乎是波澜不惊，什么事也没有发生一样。

事实上，平静中却隐藏着一场政治风波的玄机。这次常雩礼，尽管祭前几天就由礼部、工部、乐部、太常寺等有关衙署做了大量准备工作，举行常雩礼时的种种繁缛礼仪也均按礼制规定逐一进行，但仍然出了纰漏，这其中有三件事令乾隆帝十分恼火。

第一件事是，常雩祝版上有的字笔画模糊，缮写得不够工整，他不满；

第二件事是，乾隆帝离开天坛斋宫到圜丘行礼，于具服台更衣时，发现“更衣幄次所设坐褥亦不整齐”，他又不满；

第三件事是，乾隆帝“行礼时，见坛内悬挂天灯仅二盏”，而不是典制上规定的三盏，他更不满。①

① 冯荒：《天灯之累》，《紫禁城》1982 年第 3 期。

为此，龙颜震怒，离开天坛到达圆明园后的当天，他立即谕令内阁查办与这三件事有关的人员。乾隆帝为什么如此大动肝火呢？乾隆四十七年（1782）春的常雩祭已非乾隆三十八年的情景，京师一带，数月无雨，进入孟夏，天时更加亢旱，禾苗枯槁，形势十分紧急，人的心情自然也就焦躁，焦躁的人则难免虚伪。他在礼成后当天的上谕里，就讲了一通大道理：

> 常雩大典，朕亲诣行礼，凡在坛执事诸臣胥应共矢恪恭坛内一切礼器，于朕未经斋宿之先，礼部、工部、太常寺堂官预行派员周视，均宜敬谨安设。诚以敬天大典，小心昭事之忱，小大臣工所当共凛。……郊坛典礼朕亲诣行礼，尚如此草率不敬，若遣官恭代，更不可问矣。其罪甚大，非寻常错误仅止交部议处者可比。[①]

经过一番了解追究，乾隆帝在同一上谕里对有关人员一一给予处分。他首先指出工部堂官罗源汉等人的错误，说他们“近因福隆安患病，精神不能周到，遂各委蛇袖手，而派出司员等亦俱怠忽从事，以致种种玩误，不可不严示惩儆”。结果工部尚书罗源汉、侍郎诺穆亲、兼管太常寺事务礼部尚书德保、侍郎德明，“俱着革去顶戴花翎，仍革职，从宽留任。十年无过，方准开复”。“四十七年（1782），坐雩祭礼器误，夺官，以三品顶带往和阗办事。召授正黄旗汉军副都统，迁正红旗汉军都统”[②]。

在神坛执事的诸臣胥未能像皇帝一样对神表示足够虔诚，还有一层深层的原因。当神祇对这种诉求无动于衷时，人对神祇就表现出不满和愤怒，但这种愤怒可能被畏惧所压抑，于是对神祇的供奉就显得三心二意。人们在崇拜的偶像前占卜，在置卦之前，人们隆重祈祷，说些亲热动听的话，只是希望给他们好卦。在灾变社会，精致的神祇的观念是建立不起来的，灾民世界的神祇只能是“鬼”这种捉摸不定又充满实用主义特征的恐惧之物。

“鬼”的此岸性表现在“他”的人性特征上，“他”具有趋利避害的“经济人

---

①《清朝文献通考》，浙江古籍出版社 2000 年版，第 5693 页。

②《清史稿・鄂宝传附徐绩传》。

本性”，也具有喜怒哀乐这种人的有限性。“自然神教”的机会主义特征首先表现在人对鬼神的机会主义态度上，中国人对神不是敬，而是怕，还有一种利用心理；“敬神”不是忏悔自己的罪过，而是贿赂神去惩罚自己讨厌的人，或在神发怒而制造灾变的时候自己可以幸免。

中国人对“天”的奚落源于对现实的恐惧和幽怨。故孔子说了，“道之将行也欤？命也；道之将废也欤？命也”[①]。他将道之实行与否？听之于天命。天命构成了人的主体的存在与活动的限制，使之始终不能超出天命的范围。墨子在总结灾变经验时也做了相似的表述：“顺天意者，兼相爱交相利，必得赏；反天意者，别相恶交相贼，必得罚。”

然而，事实上“顺天”只能是一种幻想，因此就有人出来贬低天的地位，在这一问题上不遗余力的是老子，他说：“天地不仁，以万物为刍狗”，这是灾民的愤怒；“天法道”，天不是最高的主宰，这是“不敬天”违制诸臣胥对于权威的精神胜利。

在乾隆三十八年（1773）、四十七年（1782）围绕着常雩礼典的案件中尤有体现。三十八年（1773）四月二十三日内阁奉旨：“太常培养堂官义处一案，所有并未先行看出之素尔讷、德福、诺木欢、谢溶生、德明、毛辉祖及上年冬至未经看出之永贵，俱着从宽改为改职留任，又袒徇赞礼郎珠通阿之德福及随同附和之素尔讷议以革职之处，仍著注册；其瞻徇不举之诺本欢、德明、毛辉祖、谢溶生，议以降三级调用之处，并着注册。钦此。”[②]

四十七年（1782），福隆安当时是满籍工部尚书，确实因病未能照常视事，因此没有被免职，但仍“罚其公俸十年”。受处分最重的是工部侍郎徐绩。他本来当过巡抚，因获咎，复用为侍郎。乾隆帝说他充当侍郎后，“并不实心奉职，其罪更重”。结果被革职，令自备资斧，前往新疆和阗，接替达尔吉善的工作。另有两名工部官员，一是署理工部侍郎不久又兼户、兵两部事务的曹文植，二是祭前一日才兼署工部侍郎的福长安。

乾隆帝认为这两人也“均难辞咎，著交部严加议处”，同时要曹文植不必再

---

①《论语 · 宪问》。

②《乾隆朝上谕档》第 7 册，第 362 页。《乾隆朝上谕档》，第 11 册，第 109 页。

兼署工部侍郎事务。对专司悬挂天灯、铺设更衣幄次坐褥的工部司员，乾隆帝谕“查明革职，发往伊犁效力赎罪”。对祭前工部派往圜丘查验准备工作的司员，乾隆帝也下令一一查明议处，“以示惩儆”。

礼部尚书曹秀先、礼部侍郎达替庄存与钱载、太常寺卿肃善洞阿、倪承宽、少卿扎郎阿、孙士毅，也都受到“交部严加议处”的处分。乾隆帝指责他们：“礼部、太常寺堂官专司典礼，乃以预备天灯等项系工部承办，漠不关心，不过照例站班，置身事外，均失人臣敬事之义。”

在这道上谕的结尾，乾隆帝又一次阐述说：“夫敬天所以勤民，龙见而雩，典礼尤重。朕古稀之年，尚敬谨为民请命，乃大小诸臣疏怠若此，不能以己化人，实益惭懑，不得不严加惩创，将此通谕中外知之。”[①]引得乾隆帝大动肝火的缘由在于官吏们的精神涣散，对奉祭上神的敷衍，更何况，当年，据报旱情频仍，“山东兖、沂、曹、济等府州……各地方，初时因雨水较稀，民间望泽甚殷”[②]，“直隶田间种麦现在尚有望雨之处”，“惟保定、河间等府因晴明日久，土脉干燥，尚未播种齐全……”[③]这些都令皇上焦心不已。

第二天，即四月初七日，有关大臣及衙署对皇上所追究的三件事一一进行查验，将查验结果及给予有关人员的处分奏告乾隆帝。关于缮写雩坛祝版笔画模糊一事，有关衙署查明经办人员，提出惩处意见后，乾隆帝于四月初九日降旨，指出祝文“系属清字，所有汉大学士稽璜、协办大学士尚书蔡新，毋庸议处。三宝、英廉、永贵俱著从宽，免其革任。所议降级之处，仍注册。余依议”。校阅这次常雩祝版的内阁侍读吴麟，因为“未能将字画模糊之处校出，部议革职”。四月十七日乾隆帝降旨，说：“该员承办翻译书籍尚系熟手，着加恩赏给笔帖式，在翻书房行走。如果奋勉出力，数年后该管大臣再行奏谕开复。”

乾隆帝在这次常雩礼后对一些事的处理，可谓雷厉风行，这固然是出于维护帝王尊严，出于表示对常雩礼的重视，在一定程度上显示了办事效率高。但对个别官员的处分、任免，却也显露出了某些不够周到之处。譬如：工部右侍郎诺穆

---

①《左传》僖公十五年。
② 乾隆四十七年七月初四《山东学政赵佑奏折》。
③ 乾隆四十七年九月十五《直隶总督郑大进奏折》。

亲，在这次常雩礼前两天，即四月初四日，就已奉旨随尚书和珅、左都御史刘墉等驰骤前往山东查办案件。四月初六日举行常雩礼前的筹备工作，他不可能全部参与，却也受到颇重的处分：革去顶戴花翎，革职留任，而受处分的当时，他还在前往山东办公差的路途上。

这一年乾隆帝另下一道谕旨，曰："常雩大典，朕亲诣行礼，凡执事诸臣胥应共矢恪恭，一切礼器于朕未经斋宿之先，预行派员周视，均宜敬谨安设。诚以敬天大典，小心昭事之忱，小大臣工所当共凛。"①

乾隆帝祈雨的虔诚是持之以恒的。乾隆六十年六月，时值旱情，清廷祈雨。驻藏办事尚书松筠上奏，除加恩赏给何宁花翎顶戴外；折内写有赴藏时未得觐见一语，言语含混不清。乾隆帝阅后不满，字寄松筠申饬：

> 初看时，似以为去年松筠自荆州赴藏时未得觐见，继而方知乃为何宁奏请也。此事应简明扼要则已，何须又书写如许无用之词。兹朕每日祈雨盼报，即甚焦烦，松筠乃曾在军机处行走之人，此情亦不知乎？仍将无关紧要之事，烦渎具奏若此，殊属非是。著寄信松筠严行申饬之。②

乾隆帝事必躬亲，事无巨细，总揽万机，凡事他都要亲自过问，裁定，他的统治术看上去是那样的精致，貌似圣明。年老之后的他待事待人则更加苛求，好胜之心日盛一日，在他的政治判断中又有多少此类"明察秋毫"是出于这种无意识动机的作用，实在值得深入研究。

官家祈雨的浮躁之风与民间的混乱礼俗是相互传导的，在民间人们更多的是想通过巫术来求雨，置正规的"雩"礼不顾，而乱祭鬼神佛仙，淫祀之风大盛，这曾引起了一些饱学圣贤之书的人的强烈不满。

乾隆年官至户部侍郎的李绂（1675—1750）在淋漓尽致地描绘了马子（男巫）的祈神表演后，疾呼"左道惑人禁当厉"。③他在诗作里对在祈雨祭神时，缺乏必

---

①《清朝文献通考》，浙江古籍出版社 2000 年版；赵尔巽：《清史稿》，中华书局 1976 年版，第 5696 页。

② 摘引自常建华：《乾隆帝祈雨祈晴的多民族性》，《紫禁城》2011 年第 5 期。

③ 李绂：《裕州观祷雨》，出自张应昌：《清诗铎》，中华书局 1960 年版，第 882 页。

要的虔敬，甚至耽于娱乐嬉戏的人提出责难。后来的孙衣言（1814—1894）也议论当时的祈雨："旁人腹诽不敢议，为俗其久忘其非。"[①] 如此近于儿戏的祈雨不可能感动上天，甚至会带来社会礼俗的杂乱无章。

① 孙衣言：《拜水行》，出自张应昌：《清诗铎》，中华书局 1960 年版，第 199 页。

21

葫芦僧判葫芦案

《红楼梦》第四回《葫芦僧乱判葫芦案》，此“葫芦”乃“糊涂”的谐音。一个不认恩德的“葫芦官”在“葫芦僧”的“指点下”，糊里糊涂地判了一场是非莫辨、冤屈难伸的“葫芦案”。官场上的满堂假话、胡诌，以及包裹在里边的黑暗与腐败一览无余。乾隆朝的官场又会是怎样的呢？

官场风波的平息

频频发生在雩坛祀典上的草率玩误案，虽然相关官员受到了处罚，但失误却屡禁不止，似乎是在诠释一种文化现象的衰落。上谕中的指责言辞大致都没有错，这一批奴才对于雩祭之典“并不实心奉职”①，多数人只是因为祈神，而仅抱有一种利己的求佑心理，骨子里却不以为然——即便天塌下来，还有个儿高的顶着呢！究其社会原因，主要是执事人员本无真正的宗教意识，也就不存小心昭事之忱，必然会在行事中草率不敬，故使祭神之典大失肃艾，使皇上失了颜面。

另一方面，对于臣下而言，天下事都是由皇上一人说了算的，臣工们只是遵旨行事，制约他们的是某种既定的形式、文牍，以及上司和下属的关系。臣工的

①《乾隆朝上谕档》第 11 册，档案出版社 1991 年版，第 109 页。

一切行为都是被动的，连自我预期也是不可能的，因而君臣之间的利益关系相当模糊。在这样的情形下，工作中人浮于事，出些纰漏便是在所难免的了。

诚如乾隆帝所说，这些做臣子的，在祭神祈雨这样的大典之上，竟然都会“精神不能周到，遂各委蛇袖手，而派出司员等亦俱怠忽从事，以致种种玩误”，最终造成了一连串的失误。如进一步深究其因，还是那俗话说得好，“食官饭，打官鼓；鼓敲碎，有人补”，这本来就是不归臣胥个人愁的事。如果一种文化本身既涣散又颓废，更无深邃的宗教精神存乎其间，那么生出了无可挽回的颓势便不足为奇了。

乾隆四十七年（1782），由常雩而引发的政治风波犹如一阵旋风，然而，一段时间的严饬吏治之后，乾隆帝最终还是在实际处置上感到分身乏术。假设帝国的行政权力的总量不变，官僚职场上的秩序是通过引入制度来实现的，他们始终受到琐细的规章条例的制约，而君主的专制权力则是源于超越制度的具有无上权威的个人意志，那么在通常情况下，当君主精力充沛时这种权力经常出入于既定规则的边缘，但是，当君主精力不济或执政能力还处于“稚嫩”时，这种权力则往往大到了没有边际的地步。

君主的专制权力也是一把双刃剑，君主行使专制权力比官僚行使官场上的权力多，帝国权力的运行就会出现此消彼长的局面，从而打破原点上的君臣关系的平衡，这也正是精明的君主不大愿意看到的情形。参入官僚行政权力的君主专制权力，很容易陷到具体管理事务中，与官僚的行政权力相混淆，最终必将削弱君主的唯我独尊的权威。因而，乾隆帝的事必躬亲必须保持一定限度，以避免君主专制权力自身的官僚化。另外，如果君主专制权力过分扩张，日常运转的官僚机器也会减速，或暂时停止。在发了一阵龙威之后，乾隆帝只好在处分官员的实施阶段缓和下来。四十七年常雩礼前后的几份上谕和奏文，就将这样一种权力关系演绎得活灵活现。

先是常雩前的一份奏文中称，已查明“支搭更衣幄次之司员系郎中萨涵泰、夏璇源、那沾、徐烺，即遵旨将该员革职，发往伊犁”。众所周知，制约官僚的精髓在于对犯罪与行政失误之间加以区别，行政处分应由吏部掌管，刑部则是在案犯被弹劾并撤职后加以刑事惩罚。而在这份奏文中，两个程序在乾隆帝的干预下合二为一了。

据学者研究，发生于乾隆朝的5151件弹劾案中，只有不到百分之八的案件系由专门负责监督官员的监察机构提出的，其余的均由京城或各省的官僚提出。① 这其中又有多少是在皇上的旨意下发生的，已经不得而知。但在乾隆四十七年夏四月里发生的案件中，事实则十分清楚。四月初五日，因诺穆亲出差，乾隆帝谕令内阁："福长安著暂行兼署工部侍郎。"四月初六日行常雩礼后，福长安因天灯、支搭更衣幄次等事获咎，乾隆帝因此于七日上谕："著金简暂行署理工部侍郎事务，俟诺穆亲回京，金简即毋庸署理。"到了八日，内阁接到的上谕却又说："工部侍郎现有金简署理，福长安不必兼署。"

这实际上是免去了福长安的兼职，而又不提"免"字，显然这是费了一番心机的。三天后，即初十日，乾隆帝对四个人的处分又做了如下安排："现在乌里雅苏台办事章京需员换班，著加恩即令萨涵泰前往更替。又伊勒图另折请派章京二员前往伊犁换班，即著那沾、徐烺前往更替。其夏璇源一员，亦著交伊犁将军差遣委用，遇缺更换，毋需再请派员前往……"实际上，乾隆帝都做了比较平缓的处置。这一结果并不完全源自这一种文化现象的副作用，表层关系是被认定的刑名与降雨为因果的思维定式，更深层的则是"官僚君主制"② 本身制约了乾隆帝的行政能力。君主的专制权力与普遍规则的官僚体系之间始终都处于一种两难的境地，而对部分有过失的官员做出的无定制的处置，则从反方向加速了常雩礼典的颓势。

然而，某种仪典一旦以祖制的形式固定下来，必将会受到统治集团的极力维护。如嘉庆十一年（1806）的上谕就念念不忘："每岁举行南郊、祈谷、常雩三大祀，我皇考高宗纯皇帝，敬天以实，躬亲殷礼，一切仪文品节，悉经裁定昭垂。"道光帝在奉行大雩礼的御制祝文中也有相似表述，曰："凡典礼之昭垂，皆遵循而无敢废。"③ 由此可进一步看出官僚君主体制与祭神求佑精神之间的依附关系，因而在考察这一时期的政治制度时，常雩大祀礼典的文化特征便显现出了隽永的反思

① 参阅马起华《清高宗朝之弹劾案》，（台湾）华康出版部，1974年版，第78—84页。
② 参阅［美］孔飞力著，陈兼、刘旭译《叫魂——1768年中国妖术大恐慌》，上海三联书店1999年版，第249页。
③《钦定大清会典事例·礼部》卷415。

意义。

官场上的通融

正像有人想象的那样，“君主和官僚是同一个社会制度的产物，因而他们之间任何表面的冲突都是一种假象”[①]。此时的官场上，已经形成了无所不在的以相互“通融”为特色的社会风气。乾隆三十八年（1773）的那场常雩礼典上的玩忽职守案，其中导致龙颜震怒的原因是，其一，满族官员之间的相互袒护，负有领导职责的太常寺堂官[②]的德福，袒护同为满员的责任人赞礼郎珠通阿，希图用属下的汉族属员顶替他的“罪过”蒙混了事。满族人作为问鼎中原的族群，早已上升为帝国的统治集团。因此，从清朝官制中定缺、补缺的情况来看，优待宗室、优待满人的倾向是很明显的。在各衙门的官位配置上也优于汉人，但从官吏管理上，又有满洲、蒙古无微员，宗室无外任的说法。也就是说从六品首领佐贰以下官不授予满洲、蒙古人。赞礼郎算是个特例。[③]如果由此引发种族矛盾，势必与持盈保泰的大局不利，因而为乾隆帝所难容。

其二，是官场上的官宦家族之间的袒庇。据查，责任人赞礼郎珠通阿系原任副都统[④]雅尔呼达之孙，由于这样一层关系而得到了德福的袒护。其实官场上的通融还远远不止如此，“通融”的社会背景是官场上众多的利益集团，其中同族、同乡、同僚、同师、同年进士等都会是形成利益集团的机缘，并就此形成了官官相护的关系网。乾隆帝对官场的这种不正之风采取了不予容忍的坚决措施，包括制定规则对官僚们加以制约，及在规则失效时依赖专制权力诉诸强有力的制裁。

---

① 马起华:《清高宗朝之弹劾案》,（台湾）华康出版部，1974 年版，第 246 页。

② 乾隆十四年定礼部满洲尚书以兼管太常寺入衔。

③ 乾隆六年（1741）定制，以出身不同而改定赞礼郎品阶，满人皆以六品冠带食七品俸，汉人则为正九品。因此职任接近皇帝，多用满人。《历代职官表 · 太常寺 · 国朝管制》:“赞礼郎，满洲二十二人，汉人十四人……掌相仪、序事、备物、絜器。凡国之大禋祀则分充典仪、典乐、通赞、引礼、传赞、司香、司玉帛、司爵、司祝、司馔、掌燎、掌瘗、进俎、絜壶司、拜牌、拜褥等官，各供其职，无有不恪。凡中祀、群祀咸准式而差次之，以奉殷礼焉。”

④ 高级武官，为八旗都统或各省驻防将军的副官。八旗都统每旗各一人，从一品；副都统各二人，正二品，辅助都统掌八旗政令。各省的副都统一般隶属于将军，但亦有例外。参阅《历代职官表 · 太常寺 · 各省驻防将军》。

他将这种驾驭之术运用得游刃有余，在这一点上，他似乎做得很成功。

乾隆在《明辟尹嘉铨标榜之罪谕》中说："朕以为本朝纪纲整肃，无名臣亦无奸臣，何则？乾纲在上，不致朝廷有名臣、奸臣，亦社稷之福耳。"[①] 换言之，乾隆帝在使他的臣工们不致成为奸臣与名臣，而施展着驾驭之术的同时，不惜将有些人干脆变成庸臣，并利用各种手段在官宦中树立为臣的榜样，最为典型的做法就是业绩考成制度在京城，三年考绩的登记由六部长官总其成，在各省则由巡抚负责。

这些登记册[②]（通常用明黄包扎）最后送交由吏部官员、都察院官员和满汉大学士各一名组成的审查委员会。这个委员会将审查结果登记造册，并以此决定官员的升迁、贬降或留任。吏部要向皇上分别奏报升迁和贬降官员的情况。皇帝奏准因"卓异"而获升迁的官员仍然要由他们的上司专门加以推荐。而作为臣子的，不应从中体味到为官之道即为臣之道的真谛吗？有学者认真地考察了乾隆年间的这些黄册档案，并找出了考评报告中出现的拘谨和浮面的相同措辞，惊呼这些呆板固定的报告为评价官员所提供的余地是多么有限！[③]

那些拘谨呆板的评比程序为官场上的"通融"之风提供了一个适宜的生态环境。首先，从政治的角度来看，人们需要回避官场上的风险。考核制度的实质就是把对一部分人的评价标准"升华"为对所有人的评价标准，或者说赋予官僚以"普遍性的形式"，使之获得无可争议的共通性的考成标准，这势必造成一种"虚假意识"。实际上，这一标准十分空乏，作为一种原则，考评的话说得应该越少越好，在缺乏具体标准的情况下，描述被考评人的操守显然是在鼓励人们去搪塞皇上。

其次，考评或许适宜于认为自己是"好的"官员的官僚们。在一个受规则束缚的"官本位"的社会环境里，最好的官员就是最少惹事的官员——也就是那些能规避麻烦，将消极应付视为美德的人。这样做的结果必定是，贤员不行举荐，

---

①《清代文字狱档》第六辑。

② 清朝三年考绩登记册有时被称为"四柱册"，因而每个人都占有包括四个项目的一页，其秩序为："操守""政事""才具""年力"。每一项目下有分为三等。

③ 参阅［美］孔飞力著，陈兼、刘旭译《叫魂——1768 年中国妖术大恐慌》，上海三联书店 1999 年版，第 254—257 页。

劣员不受纠察，丑闻秽行得以一味迁就，没有人将事实作为评价的标准，“通融”还将怜悯赋予普遍性的认同，“不忍”之心被视为唯一合理的、有普遍意义的思想。于是乎，官员们相率作伪，“通融”的背后却隐藏着利益的欲望，而代表了拥有权力的某部分人的私利的程序终于堂而皇之地替换成“可怜人”的公允角色，结党营私，在官场上大行其道。并将“评比”的活动推而广之，在社会上形成一种独特的文化现象。

臣子有了过失或罪过将受到比较严厉的处置。从乾隆元年（1736）开始，曾为职官及职官子弟、举监生以上的俱发当差，其余为奴。乾隆三十三年（1768）改定，“凡充军人犯该州县仍注军籍当差。以该州县为专管。该府为统辖。如有脱逃疏纵，将该府州县职名题参”。

另外，“通融”的办法还有捐赎。顺治十二年（1655）题准，文武官员有犯事者，除实犯死罪外，余罪俱准折赎。役蠹犯罪者，不准折赎。雍正十二年例：“凡犯罪例不准纳赎，而情有可原者，其捐赎之数，斩绞罪，三品以上官一万二千两，四品官五千两，五、六品官四千两，七品以下官及进士举人二千五百两，贡监生员二千两，平人一千二百两。军流罪各减十分之四，徒罪以下各减十分之六。”乾隆元年（1736）三月“奉旨：赎罪一条，原系古人‘金作赎刑’之义。况斟酌情有可原者，方准其事；尚属可行。嗣后赎罪例，照旧办理”[1]。清代按律例有纳赎、收赎、赎罪三种，各有专指。老疾军犯准流罪可以收赎。例之外有捐赎，用于例不准纳赎而情有可原者。纳银数目，军流各减死罪十分之四。乾隆帝当然知道，这种情况将影响司法的公正性，将为一些官员开脱罪责大开方便之门。但他同时也知道，可靠的日常管理是受到制度上某些问题的制约的，而制度变迁则牵扯着体制内所有人的既得利益。

---

① 光绪年《钦定大清会典事例》卷724。

制度变迁的困厄

以社会科学的观点，制度可以简言之是持续的曾被公认的社会生活的规范，或解释为在相互关系中被确立的个人行为方式。制度的具体特征体现为：其一，依据个人的行为，而期待着他人也遵从，所确立的行为方式；其二，如果有人脱离了这种方式，依据相关法规、习惯与习俗的社会反作用或将予以制裁。然而，这并不是说，由于加以制裁，人才服从制度。制度区别于法律。一般说来，制度是行为的规范化，可使人们的生活更加自如、容易，并且可以实现人们社会生活的种种目的与要求，赋予社会生活以规律，调节社会内部的各种关系。同时，制度往往不仅给予个人，而且给予社会集团以安定。由于制度的形成是过去经验的沉淀和积累，因此它作为一种文化的载体与保存者发挥其作用。

譬如《左传》隐公一年曰“先王之制”，隐公五年曰“古之制也”之属。根据制度，将会有既得利益者，也会有非既得利益者。制度成为人们的价值观念与信念的对象。另外，制度不仅存在于人们的观念之中，还存在于现实的政治集团、宗教集团、家族与集体作业机构中，人们根据过去积累的经验而形成的价值观念与信念来约束各成员，并使之遵从确立的行为规范。总而言之，制度是一种依据道德、习惯、习俗而形成，并加以制定的包括政治、经济、法律等诸多内涵的社会性规范。

中国政治在“政府体制”上的基本特征是“单一制政府”，或在国家结构上是中央集权的大一统的国家结构。正如清末一些来华的传教士和商人因“震惊”而发现的，中国的贪污腐败是“别具一格”的(制度化了)。

在回顾、检讨中国现代化百年制度变迁的困厄与中国现代化的曲折历程的众多文献中，将近代中国现代化历程归纳为器物（技术）变革、制度变革、文化变革三种社会变革模式的依次递进，是一种最为流行的叙述模式。但严格地讲，所谓三种模式的更替，实际上只是一种理论抽象，技术变迁、制度变迁与文化观念变迁事实上不存在截然的分离、对立。三种模式的更替究其实质，反映的是国人对于现代化社会变革丰富的内涵认识的逐步深入，而未必是近代以来中国社会变迁的真实历程和全部内容的反映。

只有建立制度体系，才能在保护和催生各种合理的因素的同时，逐步将它们整合成一种新的社会文明形态。由于“奉旨行事”而使惩处的法规制度切线不清，在执法力度上多有轻重失衡之处，因而在司法实践中只能如乾隆帝所言“不败露则苟免，即败露则应问”，但问罪时又缺乏可资援引的律例，故会在审理的案件中出现裁定罪与非罪上的混乱状况。

在这一过程中，社会生活的制度化程度，以及社会制度的形式化、理性化水平较低，正是乾隆朝官场上“法规”陷入混乱境地的重要根源。

22 旱灾与刑名

公理冤狱，精诚感天

公理冤狱贯彻了乾隆帝治国理政的基本理念，即“政刑者德礼之先声，德礼者政刑之大本。舍德礼而求政刑，必成杂霸之治。即政刑而寓德礼，乃见纯王之心。一而二,二而一者也。若云德礼之外别有所谓政刑，则非圣人垂教之本意矣”①。因此以清理冤狱而精诚感天便是天经地义的。

更何况“饥馑时，平民已难治生，狱囚死者八九矣”。因此，若逢饥荒必施行清狱，“清狱宜分三等，轻者竟释之；次者限亲邻保结，俟谷熟时再拘；大罪重犯，囚而少赈之”②。而这里专指的是旱灾时奉行的政刑事。

《清史稿 · 高宗本纪》明确记载因天旱而清理庶狱、减刑的实例就有二十宗之多，如：

二年（1737）四月，以旱命刑部清理庶狱。

三年（1738）三月，以旱命刑部清理庶狱。

四年（1739），命刑部清理庶狱，减徒以下罪。

五年（1740）五月丙辰，命刑部清理庶狱。

七年（1742）三月乙亥，以旱命刑部清理庶狱，各省如之。命刑部清理庶狱，减徒以下罪。冬十月甲午，命清理滞狱。

---

① 乾隆帝:《经筵御论 · 道之以德，齐之以礼，有耻且格》，出自《御制文初集》卷 1。

②〔清〕魏禧《救荒策》，出自《荒政丛书》第 1 卷，宣统三年文盛书局石印本。

九年（1744）四月以旱命省刑宽禁。

十年（1745）夏四月，以旱命刑部清理庶狱。

十二年（1747）五月，命刑部清理庶狱，减徒以下罪。

十五年（1750）五月，命刑部清理庶狱，减徒杖以下罪，直隶亦如之。

十八年（1753）夏四月，以旱命刑部清理庶狱，减徒以下罪，直隶亦如之。五月又令，减秋审、朝审缓决三次以上罪。

二十三年（1758）夏四月，以旱命刑部清理庶狱，减徒以下罪，直隶如之。

二十四年（1759）夏四月命刑部清狱减刑，甘肃亦如之。闰六月戊申，以甘肃旱，停发本年巴里坤等处遣犯。

三十五年（1770）五月，以祈雨命刑部清理庶狱，减军流以下罪。

三十六年（1771）夏四月，以旱命刑部清理庶狱，减军流以下罪，直隶亦如之。

三十九年（1774）夏四月，以京师及近畿地方旱，命刑部清理庶狱，减军流以下罪，直隶如之。五月，命刑部减秋审、朝审缓决一二次以上罪。

四十三年（1778）夏四月，以河南旱，命减开封等五府军流以下罪。并命先免河南四十五年田赋。

五十三年（1788）夏四月，以旱命刑部减徒以下罪。

五十七年（1792）夏四月，命刑部清理庶狱，减徒以下罪。闰四月，以久旱，谕台湾及沿海各省详鞫命盗各案，毋有意从严。

五十八年（1793）秋七月，以旱命刑部清理庶狱，减徒以下罪。

六十年（1795）六月，以旱命刑部清理庶狱，减徒以下罪，承德府如之。

以皇帝之尊下达如此多的以旱灾而减免刑狱的命令，无疑干扰了司法的执行，同时也说明了乾隆帝为了达到祈雨的目的无所不用其极。灾害之年的赦与不赦，与朝廷对雨水的认识有关。由此可见，旱灾通过人们的解释对司法实施影响。由于有这样强势的导向，到了具体执行时，在“天意”的掩盖下，被堂而皇之地网开一面，逃脱或减轻罪责者远远不止上述情形。

古人说过："刑之不滥，君之明也，臣之愿也。"[①]灾荒之年"刑名"在"天意"的关顾下，会显得格外微妙。在一种特定的情形下，能使生者不怨，死者不恨，则顺气成象；而无辜被刑，愤触上苍，遂成闭塞，蒸为恒旸。因灾虑囚。古人认为系囚冤滞会引发旱灾，"怨气积，冤气盛，亦能致旱"。所以旱得灾害发生时，皇帝要下诏虑囚[②]。昔春秋时，鲁僖公得立，不恤众庶。比致三旱，后来鲁僖公理冤狱四百余人，精诚感天，不雩而得澍雨。[③]时值干旱，"慎用刑名"有着特殊说法。

刑名的一种意义在于"察冤狱"，据载，汉昭帝（前87—前74）时，海州大旱三年，人民离散，莫知所从。会新太守下车未稳，衙门内就有人对太守说了：非申孝妇之冤而天降大旱就不可罢休。太守询问缘由，此公说：郯城昔有窦氏，年轻时即守寡，事奉姑嫂极为孝顺。姑嫂念孝妇侍奉勤苦，欲其再嫁，而妇不允，这位姑嫂的烈女之性突发，竟然自刭身亡，原因是以己在妨碍其再嫁也。

事情发生之后，姑嫂之女的孝心亢奋，以窦氏杀母而状告官府，原太守按治用刑，谁都知道中国古代公堂之上用刑之残忍，动刑之后招供是意料之中的事，妇乃诬服受死。其间，此公曾据理为窦氏力争，无奈原太守刚愎自用勿听。试问此地大旱三年之咎非在是而何？新太守听了这番话，斋戒沐浴，徒步前往祭奠孝妇于塚前。祝词刚一结束，大雨如注，在久旱中煎熬的人们终于盼来了甘霖。至今有孝妇庙在。这个故事流传甚广，且影响深远。

梁武帝大同五年（539），行雩祭时，行七事，其中大张"理冤狱"等御旱之策。千百年来，"理冤狱"已成逢旱即采用的例行公事。而乾隆七年（1742），身为山东道监察御史的徐以升竟提出了"至不理刑名，则各衙门事件，反多淹滞""并请停罢"[④]的奏章。针对如此不经的提法，礼部与大学士的议决进一步明确："各衙门于斋戒日，照例停理刑名。"照例奉行遇旱清理冤狱，以"精诚感天，不雩而得澍雨"的大政方针。

---

① 晋狐突语，《左传》僖公二十三年。

② 阎守诚：《自然进入历史》，出自《环境史视野与经济史研究笔谈》之三，《中国经济史研究》2006年第1期。

③《公羊传》注，《春秋》僖公二年十月不雨，三年春王正月不雨，夏四月不雨，六月雨。

④《钦定大清会典事例·礼部》卷415。

很显然宽待被惩治的犯罪，美其名曰“清理庶狱”，用以缓解旱情，实质上是在使用巫术来处理政治生活，将“刑名”与旱灾以互为因果的方式联系在一起，并将其转用于法令、法规、制度的“名”与法规制度实际执行的情状的“刑”之上，表现出传统法律文化中对“刑名”认知的匮乏。似乎清理庶狱的目的不仅仅在于维护法律的尊严，而是将其转变为一种神秘的、不可知的神灵，更用于禳除干旱。最终演变成原始巫术的孑遗。

权时用法

刑名，应当说是皇帝手里的一把对臣下的利剑，所谓“德莫厚焉，刑莫威焉；服者怀德，贰者畏刑”[①]。而在旱灾之年，皇帝手里的这把利剑弄不好就要受到折损。为此乾隆帝也有矛盾的心理，由于对大赦并无实际的考虑，因此，争论相对多一些，不过赦的主张更占上风。他曾表述：“惟刑狱一事法重则怨生，法轻则易犯，即如因祈求雨泽清理庶狱，而宵小之徒或遂乘此而作奸犯科，可见习俗浇漓，人心古不古，此亦安得不上干天谴耶？夫不能敷布德化，使朝宁之间共励寅恭，闾阎之中，谨守法度，以迓嘉休而消灾祲，此则朕所深愧。”[②]

《周礼》“荒政”第三个说的就是缓刑。意思是于灾岁凶年减犯刑，缓纵之。虽然后来有人诠释说那是权时之用法，而其意义也很明确，即舒缓民心。乾隆七年（1742）三月的乙亥日，乾隆帝以为有刑名事造成天旱，谕命刑部清理庶狱，各省如之。接着十月，他命清理滞狱。十一月再下谕旨，命持法宽严，务归平允。

然而，旱情一旦有所缓和，皇帝会立即重新挥舞起彪炳“刑名”的利剑。就在行大雩礼的乾隆二十四年（1759）冬十月丁酉，上谕：“国家承平百年，休养滋息，生齿渐繁。今幸边陲式廓万有余里，以新辟之土疆，佐中原之耕凿，又化凶顽之败类为务本之良民，一举而数善备。各督抚其通饬所属，安插巴里坤各城人

①《左传》僖公十五年。

②《乾隆朝上谕档》第3册，档案出版社1991年版，第324页。

犯，分别惩治，勿以纵释有罪为仁，使良法不行。”

实际上，乾隆帝即位后，重修了大清律例，对原有律例进行了逐条的考订和校正，重加编辑，于乾隆五年（1740）完成，定名为《大清律例》，简称《大清律》，颁行天下。这是中国历史上最后一部封建法典，虽然是以《大明律》为蓝本，但可以说是集历代封建法典之大成。

在《大清律》中，还有一种情况是不会因天旱清理庶狱而减刑的，即凡是被认为危机国家的统治基础、触犯封建纲常名教的，均列为“常赦所不原”的“十恶”重刑者，其处刑远比《大明律》为重。清律规定，凡属“谋反”“谋大逆”，不分首从，只要是共谋者，均要凌迟处死，同时还要株连到父子、祖孙、兄弟及同居之人，男人年十六岁以上者处斩，男的十六岁以下及其犯母、女、妻、妾、姊妹辈，给功臣之家为奴，财产入官。实际上，在具体执行中比这更加严酷。

乾隆朝之前中央主管司法审判的机关是刑部、都察院、大理寺，号称“三法司”。乾隆朝之后，皇帝常在三司会审之外，再发“九卿会审”。“九卿”就是六部尚书加都察院御史、通政使和大理寺卿。这一变化实际上确立了皇帝在司法上至高无上的权力，对审判的结果拥有最终的批驳权。

这样的实例不胜枚举，乾隆二十二年（1757）秋审，官吏杨灏侵扣贪赃案发，三法司原拟“缓决”，乾隆帝认为处理太轻而改为“情实”。三法司不仅连忙遵旨改拟，而且又上奏请罪。这说明乾隆帝一方面对日常运作的官僚机构实施管理，另一方面将自己的专制权力注入司法的具体运作之中。

然而，进入19世纪以后，以“理冤狱”御旱，“精诚感天”的做法有了微妙改变。实例是，嘉庆九年（1804），山东东部的高密县久旱不雨，一天，有人发现城郊年初病故的村民李宪德坟头上有些潮润的新土，于是纷纷传言他的尸体变成了旱魃，最终演变成为一场小的骚乱。其中闹得最凶的村民仲二声称“不能只顾他一家，害及阖邑百姓”，便带领邻近几个村情绪激动的村民，强行刨坟开棺，对李宪德的尸首共相击打，最终烧毁了尸体。

此案令审判官瞠目结舌，不知如何断罪。因为按《大清律》规定，为图财或挟仇发冢开棺见尸者绞，但此案的起因是由“祈雨打旱魃”而起，例无治罪明文。经过一番曲折，最后刑部同意了山东巡抚的意见，本案主犯仲二照“发冢开棺见尸律”拟绞监候，获重刑。于是乎，由于此案的判决而将一则新的刑律奉圣旨纂入条例，故《大清律例·贼盗·发冢》中多出了那么一条“指称旱魃刨坟毁尸”的判罪方法，这叫作“因案生例”[①]。不难看出，清代君主是那样小心翼翼地在“刑名”与“精诚感天”合二为一的方式中做微妙的选择，当其中一个侧面失去一时的效用时，便采用包括制定更多的“刑名”规则来加以补救，以至“精诚感天”的“刑名”方式补不胜补。

① 参阅郑泰《清代司法审判制度研究》，湖南教育出版社 1988 年版，第 158、159 页。

23

大陆季风性气候与乾隆帝对旱情的忧惕

20 世纪二三十年代的诗人徐志摩的诗：

……可怜，苦旱的人间！
遍野的饥农，在面天求怜，
求救渡的甘霖，满溢田田——
看呀，电闪里长鬣舞旋，
转惨酷为欢欣在俄顷之间！①

在诗人那里，甘霖似乎是能祈求到的，也确实是能祈求到的。因为雨是一定会下的，有时还会下得很多。

同时代的文人周作人有个书斋，号“苦雨斋”，说来也没有什么深意，意思就是因雨下得多了而苦恼。北京达到“苦雨”的年份应是 1923、1924 年，1923 年 11 月 5 日，他作《雨天的书 · 自序一》，说：“今年冬天特别的多雨，因为是冬天了，究竟不好意思倾盆的下，只是蜘蛛丝似的一缕缕的洒下来，雨虽然细得望去都看不见，天色却非常阴沉，使人十分气闷。”②

转年，周作人还作了《苦雨》短文，说：“前天十足下了一夜的雨，使我夜里

---

① 徐志摩:《幻想》，原载 1923 年 9 月 10 日《小说月报》第 14 卷 9 期。
② 作于 1923 年 11 月 5 日，载于《周作人全集 · 泽泻集》，人民文学出版社 1992 年版。

不知醒了几遍。”“那样哗喇哗喇的雨声在我的耳朵里已经不很听惯，所以时常被它惊醒。就是睡着也仿佛觉得耳边粘着面条似的东西，睡的很不痛快。”①

但是次年，这座城市就在为天旱而求雨了。这就是北京，这就是大陆季风性气候。

认知的模糊状态

总的来说，中国的气候，春旱极为严重，华北平原尤其如此，“旱灾之多，在世界上我国当首屈一指”②，“天道皇皇，日月以为常”③。似乎天的自然性早为中国人所认知，如此状态在古今都是不难想象的，“尝（常）观七八月之间旱，油然作云，沛然下雨，人知蒙泽润于天矣，而不知云——山川之气所蒸，雨——溪涧之水所升，输小以成大也。出泰华之产，发江海之藏；人知惠利于地矣，而不知泰华江海，由于涓埃之积，资约以成博也”④。

在漫长的历史长河中，中国人对于“天”的自然性与神性的认识，仿佛始终处在一种似知又不甚知的模糊状态，因而就不得不认为，似乎如此这般更适应于调整古代中国人与天之间的关系。在“天人合一”思维方式的指导下，面对复杂多变的天候环境，人们更情愿去体验“天道”的善德，顺从于以天道与天命为表现形式的“天”的意志。人们之所以甘于一种被动的状态，主要是由于天既不时地给予下界生民以恩泽，又不时地给予“水旱”的灾难。在上天恩威并重的巨大作用下，在没有具备认知天的自然性的观察条件下，人们所能够做的只能是更多地对天的“神性”表达敬畏，同时，将人的社会性复归于天的神性之下。这一切，在乾隆朝常雩祭典的奉行过程与指导这一过程的思想表述中表露无遗。

通常，在讨论我国北方旱区农业生产问题时，所包括的地区主要是沿昆仑

---

① 作于1924年7月7日，出自《周作人全集·泽泻集》，人民文学出版社1992年版。

② 竺可桢：《论祈雨禁屠与旱灾》，原载《东方杂志》1926年第23卷13期，《竺可桢文集》科学出版社1979年版，第90页。

③ 范蠡语，《国语·越语下》。

④〔明〕陈循：《救荒补遗书序》，引自《中国荒政全书》第1辑，北京古籍出版社2003年版，第9页。

山脉、秦岭、淮河以北大约12个行省的大部分地区。在这样一个广大区域，年际降水变化率很大。华北地区年际降水相对变化率达25%，西北内陆增大到60%以上。

从受旱致灾的年份看，北方旱区几乎年年有旱情发生，就某一地区来说，三年一小旱、十年一大旱的情况极为普遍。据历史资料的分析来看，北方旱区干湿气候也是交替出现的。这与我国处于东亚及南亚季风控制之下不无关系。

东部地区受季风影响，降雨集中在7、8月，雨季到来的时间自7月初到8月初，由南向北逐渐推迟。西部内陆受东南季风影响减弱，但受大陆性降水规律的支配，雨季亦在夏季，唯降水量很小，致使终年干旱。东部地区雨水较多，且雨热同季，但雨季过短，雨量的年际变化很大，除形成常年的冬季干旱外，终年干旱的现象也频频发生。

北方旱区干湿气候交替出现的现象，诚如康熙五十六年（1717）上谕："朕临御五十六年，约有五十年祈雨。"①乾隆二十四年（1759）六月庚申，乾隆帝的御制祝文曰："今廿四年，无岁不忧旱，今岁甚焉。"不难看出，对于乾隆帝来说，对旱情的忧惕是一个长期而持续的过程。连下面的臣工也看得清楚："惟是天时雨旸，难以窥测；而人事修省，不妨过为责难。"②

乾隆九年（1744），"京师及附近府属如天津、河间等处，自科徂春，雨雪稀少，今清明已，农事方殷"，为此乾隆帝焦虑万分，曰："朕心深为忧惕，宫中默祷，已非一日矣，此时虽未至雩祭之期，亦当敬谨祈求，以期膏泽早降。着礼部、顺天府虔诚祈祷，速议举行。"君主的这种长期持续的忧惕就是设"常雩"礼的思想基础。然而，京师及附近府属究竟在一年之中需要多少雨泽，什么时候需要？这大概始终是一笔糊涂账。

乾隆五十三年（1788）春末，京师地区下了一场时雨，然而仅仅过了半个月，京畿地区就出现了旱情，这使乾隆帝陷入了莫名的惊恐，他在诗中感叹道："虽是常雩即祷雩，霈膏旬半麦将枯。"他还特意作注曰："三月二十日得雨固有六寸，然已将及半月，麦田又切望泽矣。前兹谢雨冲泥处，已是扬尘蒿目吾。廿一日至

① 载《钦定大清会典事例·礼部》卷420。
② 山西道监察御史柴潮生言，出自《清史稿》卷306《柴潮生传》。

觉生寺谢雨，道中积水，泥泞廛间深入实六寸有余，今日因常雩斋戒进宫，即前所经之途已觉尘坌扬起，殊深蒿目。”[①]对事物认知的模糊状态使人们陷入一种无尽的幽怨之中——忧国忧民，忧天忧地，却缺少解决实际问题的办法。

周期性干旱

显然，他们不懂得何为大陆季风性气候，同时也忽视了它在特定的社会历史话语形成过程中的特定作用。

季风是由于海陆之间的热力差异而形成的，中国是世界上季风最为显著的国家之一。季风气候的主要特征是季节变化剧烈，降水集中，干旱也相对集中。从季风的成因和概念考虑，世界的典型季风区仅出现于亚洲东部、东南部和南部。陆路辽阔意味着远离海洋的大部分地区的气候存在“强烈的大陆性”，这首先意味着干旱问题极端严重。大陆性和季风性特征一起，导致气温和降水的地区差异和季节差异。中国文明发祥地——华北地区和黄河流域必须不断适应季节的激烈变化。中国西北高原、华北内陆远离海洋，旱灾极端严重。

由于季风气候和地形特点，中国的河流冲积扇是一个“矛盾”的存在，一方面它为农业发展提供优越的土壤条件和灌溉条件——这使文明得以产生并生生不息；但另一方面则是激烈变动的水灾、旱灾和低温天气——这使文明局限于较低的层次并经常中断从头再来。

在这样一个反复无常的生存环境中，农业生产和收获处于十足的紧张状态，生存紧张支配了人们的日常生活。“连续的偶然性”反复发生，经多次反复则形成一般性，甚至变成一种固定结构。“顷刻间闪现”的事件反复发生就具有了历史学的意义，但在它的间断期（间断期可能很长），往往被忽视而不会进入历史学的视野。生存危机锁定了精神自由和个人自由。

京畿地区也经历了一场时雨。一年一度的常雩礼仪上，皇上该做的斋居功课

① 乾隆帝:《进宫因常雩斋戒德胜门外作》，出自《御制诗集 · 五集》卷39。

照常进行。乾隆帝竟在斋宫里对雨作诗，云："自我肇元祀，四年三望霖。"他自注道："常雩于癸亥年始定议举行，然每值祭期无不望雨者，今岁仰蒙天眷，膏泽已霑，而此日复霢霂优渥，何庆如之。"①

常雩之日下雨，由此他相信好运来临了，一时间得意之情溢于言表，"宜旸宜雨信无违，茂对清和丽琐闱。敢诩休徵符肃乂，不忘敕命凛时几"，似乎风调雨顺、国泰民安、政通人和的世道指日可待。但转念一想，常雩举行四年来三次因干旱祈望时霖，"却忆迩年当此际，望云常自夜披衣"②的场景就在眼前，对上天的敬畏不由得有增无已。

就在这一年，也就是乾隆十二年（1747），山东地区"至五月尽无雨。六月初霪淋匝月。秋抄烈风拔木，禾稼尽仆"③。山东黄县"夏蝗野生，食谷叶殆尽。大饥"。同为一省的栖霞县，乾隆十三年（1748）"飞蝗至，次年春，斗米千钱，民间鬻卖男女"④。乾隆十四年(1749)"大饥，斗粟钱一千七百文，饿殍载道，卖子女者无算"⑤。山东南部的沂州府郯城、兰山(今临沂县)两县，地势低洼，久而不雨则旱，一旦遇雨则涝。这一带"本水乡，村外之田辄曰湖，十岁九灾"。

中国的地方大，区域间的旱灾时有发生，劳动人民饥寒交迫，"游食四方，浸以成俗"，"北走关东，南渡江淮，远至福建"，"携孥担橐，邀侣偕出，目曰逃荒，恬不为怪。故兰(山)、郯(城)之民，几与凤阳游民同，到处流亡，以四海为家"⑥不用说，在时间存在形式上，旱情基本上就没有断过，偌大一个中国，其局部的旱情更是不胜枚举。

乾隆三十三年（1768），乾隆帝求雨心切，祈愿尤为强烈：

清晓春云密布阴，甘霖沾复望生心。
世间固鲜知足者，况是时当雩祭临。⑦

---

① 乾隆帝：《斋宫对雨有作》，出自《御制诗集・初集》卷31。
② 乾隆帝：《常雩斋居》，出自《御制诗集・初集》卷31。
③《乾隆福山县志》卷1《灾祥》。
④《乾隆栖霞县志》卷8《灾异》。
⑤《乾隆黄县志》卷9《纪述》。
⑥《乾隆沂州府志》卷4《风俗》。
⑦ 乾隆帝：《西直门外作》，出自《御制诗集・三集》卷80。

可见，乾隆帝从不认为能够在神的旨意下支配或控制这个帝国的雨泽。

乾隆三十六年（1771），命萨哈勒索丕往静明园（静明园是乾隆帝祈雨的重要场所之一）祈雨。该年二月二十五日到四月初七日，乾隆帝奉皇太后巡幸山东，其间，寄谕留京办事大臣等，若京城仍不得雨，则传谕四格前往静明园祈雨。

三月初六日奉上谕：

> 前据留京办事王大臣等奏，京城每日过午时即起风。由此以观，京城并未得雨。今奏到京城得雨二寸，但每日起风，必得大雨方可止。得此寸雨何足。倘继日又得大雨，此间理应奏到，然并未具奏。可知并未得雨沾足，仍在盼雨。①

于是乾隆帝指示：

> 今若又得雨沾足，则不必祈雨，若仍刮风，尚未得透雨，则即传谕内务府总管四格，令伊带领萨哈勒索丕往静明园祈雨。得雨后，即行奏闻。

萨哈勒索丕的祈雨由御前侍卫五福带领完成。五月自初七日酉时始至初八日未时，得雨沾足。乾隆帝又命五福带萨哈勒索丕来汤山行宫，沿途祈雨。五月初十日谕：

> 现京城一带虽已得雨，但未沾足，令伊停止亲在彼祈雨，即带领萨哈勒索丕返回。伊等来此时，沿途（访问，自未沾足地始），凡遇有河或泉水之地，即祈雨而行，至汤山行宫，祈求雨泽。（得雨沾足后，即行奏闻）

这时的乾隆帝可谓盼雨更为殷切。

乾隆五十年（1785）的旱情相当普遍，“南府北河胥望雨，肯因为近远忘旃，

① 摘引自常建华《乾隆帝祈雨祈晴的多民族性》，《紫禁城》2011年第5期。

曰慰何曾实慰乎？苗而秀秀实还需，迩来云起风随作，又已殷殷意惕吾”①。

而由于京畿之地在常雩前已有雨泽，乾隆帝便心生全美的侥幸，在一首《雩祭斋居》御制诗中，他写道：

> 明知今岁胜往岁，因是求全更冀全。
> 每见云兴辄颙若，随听风作益瞿然。
> 宋儒性理书常读，自愧未臻涵养篇。②

可是，未过几日京城一带又告水荒，御制诗中已见“京畿虽雨仍希泽，豫省久干切吁仁”。诗注则更明确地说明：“京畿二三月间速得雨雪被泽，转优往岁，今又晴霁，旬余若再得透雨，更于麦苗大田有益，仍殷颙望。同时，河北卫、辉等属望雨尤切，见于批谕及赋咏者，念释在兹，无一刻不系怀，惟敬祈恩贶速沛甘泽耳。”③

若是在中国体验天意，或会因时段不同而得出截然相反的判断。或有的说好得很，或有的说糟得很，其实这样的感受大都是大陆性季风赋予的。

---

① 乾隆帝:《雩祭进宫斋戒西直门外作》，注:“直隶迤南之大名、顺德、广平及豫省，河北之卫辉、彰德等属现俱颙望雨泽，缱念实不释于怀也。”出自《御制诗集·五集》卷 15。

② 乾隆帝:《御制诗集·五集》卷 15。

③ 乾隆帝:《常雩礼成述事》，出自《御制诗集·五集》卷 15。

24

巫术与常雩大典

在清代律法中，凡未经朝廷授权便与神灵发生交往的行为，都将被视作对国家秩序的一种威胁，因而会动用刑律条款来加以制裁，《大清律例》认定，这种礼数上的冒犯行为终将导致“煽惑人民”“蔓延生乱”的社会麻烦。然而，民间中“巫”的行事则是一个特例。

《礼记·檀弓》上载有一段故事，说：“岁旱，穆公召县子而问然。曰：天久不雨，吾欲暴尪而奚若？曰：天久不雨，而暴人之疾子，虐。毋乃不可与。然吾欲暴巫而奚若？曰：天则不雨，而望之愚妇人，毋乃已疏乎？”

或嫌《礼记》不是实录，那么，《左传》则确有记载：“夏，大旱。公欲焚巫尪。”杜预注：“巫尪，女巫也。主祈祷，请雨者。”又说：“尪非巫也。瘠病之人，其面上，向俗谓天哀其病，恐雨入其鼻，故为之旱，是以公欲焚之。”穆公还是僖公都要杀那些鼻孔朝天的巫，理由是上天因为怜悯他们，怕雨水流入他们仰天的鼻孔而不降雨给人间。

两件事均被明事理的大臣劝阻，认为此举“非旱备也”。这大概就是典型的试图用巫术禳解干旱的事例了，两则记事告诉我们当时人们认定的正确做法是，巫术既不能过分指望，也不可废止。

在清廷的礼典记述中，常雩大典的描写竟是一个没有时代个性的沿革体系，自始至终都未斩断与巫的联系。至迟不过《周礼》的时代，其《春官》上已明确说：“小祝掌小祭祀，顺丰年，逆时雨，宁风旱……”“司巫掌群巫之政令。若国大旱，则帅巫而舞雩；国有大灾，则帅巫而造巫恒。”所谓“巫恒”，即巫之有常者；所谓帅巫而造之，即求所以祷禳之巫术。在所有祈雨招数都用尽仍不能灵验的时候，清人甚至想到了上古的焚巫之术。如吴震方《悯旱》诗所云：“禁咒术已穷，几欲焚巫尪。”[①]

巫术

雩祀的本质也是原始信仰，主要是借巫术、仪式及信守禁忌等方式沟通人与神、此世与彼世，接近“神祇”，祈雨的主祭人希望通过巫术来获得神灵本已决定拒绝赐予人们的雨泽。采取极端的手段到神那里去索取，其中包括宏伟的祭坛、丰盛的祭品、壮观的舞乐、殷切的祈祷以及肃穆的氛围等一系列仪式化的符号和象征行为，祭祀天帝及相关神灵祈求雨泽。

巫术透过一系列仪式化的符号和象征行为，展现了丰富的文化内涵，集中反映了古代人对于自然、天象和政治等方面的思想观念和官方多神信仰的意识形态[②]。

巫术，是人类在蒙昧阶段，生产力水平十分低下的情况下，人们对物质世界和精神世界的一种认识形式和实用手段，在中国，是直接影响人们社会生活的方方面面。弗雷泽（J.G.Frazer）在《金枝》中表述了如下意思：巫术行为是必定会通过感应巫术的两条法则——相似法则和接触法则——产生特殊效果的行为。对于这两条法则，他做了这样的描述：“相似则相生，发生过接触的物体就算它们的接触终止了，物理联系被切断了，在一定的距离之外仍会继续相互产生作用。”[③]公卿大夫也有信着它的，甚至朝廷宫闱之中有时也召用（尽管这样做是明令禁止的）。

---

① 张应昌：《清诗铎》，中华书局 1960 年版，第 492 页。

② 参阅郭宏珍：《古代官方祈雨考述》，《广西大学学报（哲学社会科学版）》2012 年第 2 期。

③ 引自［法］马塞尔 · 莫斯、昂利 · 于贝尔著，杨渝东等译：《巫术的一般理论献祭的性质与功能》，广西师范大学出版社 2007 年版，第 20 页。

在古代，巫有着不同寻常的位置，巫或巫官，在天文星变中，甚至上升为星宿。《甘石星经》载“巫官二星，在房（星）西南，主医巫之职事也”。在相当长的历史时期内，巫咸被当作占验的权威，凡占事吉凶，皆以“巫咸曰……”为依据，可见人们对巫师寄予的信奉，对巫术占卜寄予的崇信。而魔力的产生，当初一定与巫术相关。在原始生存条件下，恐惧与希冀、幻想与虚拟，使人类产生了神的观念，以为在有形世界之上存在着“形而上”的神灵世界。却是世间的事，有了真的，便有假的。那无知男女，妄称神鬼，假说阴阳，会轰动乡民、虚张声势的，从古来就有了。

有人说了，时至今日，真有“功夫”的巫觋已失其传，大行于世的不过是些乡里村夫油嘴老妪，男称太保，女称师娘，假说降神招鬼，哄骗愚人。口里说汉话，便道神道来了，却是脱不得乡气，信口胡诌的，多是不囫囵的官话。正经人听了，浑身发麻，忍笑不住。乡里人信的是活灵活现的神道，偏偏那信服，不知天下曾有那不会讲官话的神道吗？也就在这几百年间，那邪不成邪、术不成术，一味糊弄，愚民信服，习以成风，真是痼不可解，只好做有识之人的笑柄而已。

无论如何，“形而上”世界都是可望而不可即的。“可望”是指可在感性世界中触摸到其“体现”，而“不可即”则是因为人永远也无法完全变成神或完全掌握理念，“道成肉身”。一物与他物相感通所显之功用，亦即一物能涵摄他物，而能生起具体事象之德性。所以，能够与管水的天神沟通的巫，就成为最早的理想的统治者。当江山坐定了，已成为统治者的人便制定出法来防范那些想走老路的新人。

《地官》中荒政第十一条曰“索鬼神”，疏云：“搜索鬼神而祭之。”说的都是祈祷之事。旱旸之时应该是巫觋活动最为频繁的日子，以巫祈神的活动与亢旱一样漫长。或有人要说：神道不应先于人事，求诸明者实，索诸幽者虚也。然而，在更多的祈愿里，“雨之不可得者，缘无从而知其可必能致雨之术也”，所谓幽明一体也。朝野上下的祷神礼典是万万不可废的。即使在明白人看来，那也是以诚相感的不得已而为之的举动。

清廷制定礼法的首要使命是要人们相信自己是因承天命而统治天下的，便在所有层次上使国家的权力神圣化，一切礼典都要堂皇，时间、地点都有严格的限制。而中国以农立国，求雨是要讲求实惠的，巫就可以做到应时，来得方便。巫术活动也是多围绕农事旱涝丰歉进行的，因而还是会在礼法之外或在礼法的边缘派上用场的。在汉代，春旱求雨时，地方官要选择水日祭祀社稷山川，不得斩伐山林名木。在城邑的东门外建四通之坛，坛方八尺，周围树立八面黑旗，以水官之神共工为神主。祭祀之时，用八条生鱼和玄酒，并准备清酒和大块的肉脯。用洁净善言的巫人主持祭祀，要连续三天举斋。巫要穿黑色衣，先向神主祭拜，然后念祝词，祝罢再拜。

唐代民间的祈雨近乎直接向龙祈求，并保留了巫术的某些形态。据《全唐诗》记载，唐代民间祈雨时，用土填满大瓮，用木制的蜥蜴放入土中，然后用穿青衣的小童手持青竹，围瓮边唱边舞："蜥蜴蜥蜴，兴云吐雾，雨若滂沱，放汝归去。"[①]由于蜥蜴是龙的原型之一，所以在仪式中当了龙的替身，如同用土龙一样。

杨亿作《奏雨状》(约撰于999年)，提到魏庠游关辅时所见到的蜥蜴祈雨法，这是由僧人传入的一种"胡法"，杨亿等人如法请祷，果然应验[②]。小童且歌且舞，显示出巫的流风余韵。宋代民间祈雨也用此法，不过略有不同，求雨时各街巷以大瓮装满水，上插杨柳枝，将活蜥蜴放入水中，也有青衣小儿环绕而歌。是时还有一种龙虎祈雨法，用长绳系一虎头骨，投入据称有龙的水潭之中，使人不断牵动长绳，虎头骨就在水中摇摆不定，于是就会有云起潭中，随之雨降。这种祈雨仪式取的是龙虎相斗之意，引龙出渊，从而降雨。

唐宋后，国家的祈雨仪式上已经常有皇帝参加。

小巫见了大巫

随着时间的推移，在正统的祈雨活动中，主要形式是通过国家举办的敬天礼典来求天神降雨，其实通神本身不就是一种巫术吗？只是场面上由官方加以掌控，

---

①《蜥蜴求雨歌》，出自《全唐诗》卷874。

② 杨亿在《奏雨状》，《武夷新集》卷15，对此有详细记载。另外，杨亿在《谈苑》一书中也提到过魏庠所言此事。并说："咸平初，余守缙云，适闵雨，用此有验，具奏其事。蜥蜴，盖龙类也。"《杨文公谈苑》，上海古籍出版社1993年版，第178、196页。

国家指派的祭神官取代了游历于民间的巫觋。

一方面，在国家定义的祭神仪典上，巫觋被逐步地排除在外；另一方面，它们又在其背影下占据着一块特有的公共空间。这时，巫也被分为了体制内的巫与体制外的巫，而所行之术却是并无二致的。“感应是巫术既充分而又必要的特征，所有的巫术仪式都是感应的，而所有的感应仪式也都是巫术的仪式。”①仪式的形式极富有传递性，即使是在施行禁巫的年代，祈雨的形式不仅都带有巫的色彩而且还借助于巫的道术。

巫就是上古社会交鬼神、通天地的人，“巫知吉凶，占人祸福，无不然者”。巫以歌舞事神，故巫的活动的重要内容是舞，因此巫的另一个特点是巫舞一体，以舞娱神、降神，舞人称为巫，巫也被称为舞人。中国巫术文化逐渐以舞参神的形式被纳入正统文化之中。巫作为参加国家盛大宗教仪典的唯一的神职人员，早在《春秋谷梁传》中就有多处记载雩舞、雩祭的情形，而“雩者，为旱求者也”即为求雨而奉行的一种活动。

西周至春秋时期，这类记载还很多，而且多与各种宫廷祷祀连缀在一起，甚至还把它作为解释或试图改变旱、雨等自然现象的政务看待，所谓“旱者，政教不施之应也”，这种观念直接影响到汉代，如果雨泽稀少便用巫法雩祭祈雨。

而到了乾隆二十四年（1759），大雩祀昊天天帝于圜丘……司乐协律郎引舞童十有六人……舞童乃舞皇舞，按节而歌《云汉》诗八章。此时的他们或他们的扮演者，显得是那么的卑微。

《清会典》中的常雩，是以皇帝为首的农业社会为了兹年的谷实而向天神祈祷雨泽的一种祭典。乾隆七年（1742）以后设常雩为大祀，这一事件可以看作满洲人完成了农业文化转型的一个标志。然而在中国君主专制史上压根就不曾有过与国家政权相平行的神职领袖，只是存在过像《周礼·春官》中描述的“大宗伯”等代表国家政权管理宗教仪式事务的官员。

清朝祈雨的主祭人是皇帝本人，践行常雩礼的过程主要表达了“天人合一”的观念，具体反映的是天与天子——皇帝之间的关系，这种关系又集中体现为敬

---

①［法］马塞尔·莫斯、昂利·于贝尔著，杨渝东等译：《巫术的一般理论献祭的性质与功能》，广西师范大学出版社 2007 年版，第 20 页。

天、天人感应、天谴等意识。这一切无外乎是在向荒谬的迷信顶礼膜拜。

按规定，常雩后如果下了雨，还要报祀，即“谢雨”；如果久雨不停，“伐鼓祀少牢”，雨再不止，停分祷神祇、社稷、宗庙，“停僧官建坛讽经”[①]以祈晴。天晴后，仍要报祀，称为“谢晴”。

一般来说，朝廷需要对自己同天神进行交流的特殊权力予以特别的保护，同时也下决心对别人与神鬼世界发生交流的行为进行限制。但是在亢旱的日子里，作为一方之父母官的也会在无奈时做出非常之举。

凌濛初的《初刻拍案惊奇》卷三十九就有“乔势天师禳旱魃，秉诚县令召甘霖”。话说，天灾流行，也是晋阳一个地方晦气，虽有这等好官在上，天道一时亢旱起来，自春至夏，四五个月内并无半点雨泽。但见：“田中纹坼，井底尘生。滚滚烟飞，尽是晴光浮动；微微风撼，元来暖气薰蒸；辘轳不绝声，止得泥浆半杓；车戽无虚刻，何来活水一泓？供养着五湖四海行雨的龙王，急迫煞八口一家喝风狗命。止有一轮红日炎炎照，那见四野阴云兴？”

旱得那晋阳数百里之地，土燥山焦，港枯泉涸，草木不生，禾苗尽槁。急得那狄县令摒去侍从仪卫，在城隍庙中跣足步祷，不见一些微应。减膳羞，禁屠宰，日日行香，夜夜露祷。凡是那救旱之政，没一件没做过。

就在晋阳大旱、无计可施之际，狄县令出告示道：“不拘官吏军民人等，如有能兴云致雨，本县不惜重礼酬谢。”告示既出，有县里一班父老率领着若干百姓，来禀县令道：“本州郭天师符术高妙，名满京都……”此人却是本州的一个无赖邪民，姓郭名赛璞，自幼好习符咒，投着一个并州来的女巫，结为伙伴。名称师兄师妹，其实暗地里做夫妻，两个一正一副，花嘴骗舌，哄骗乡民不消说。亦且男人外边招摇，女人内边蛊惑。连那官室大户人家也有要祷除灾祸的，也有要祛除疾病的，也有夫妻不睦要他魇样和好的，也有妻妾相妒要他各使魇魅的，种种不一，弄得太原州界内是七颠八倒的。

话说次日，县令到祠请祈雨。受请的郭天师传命：就于祠前设立小坛停当。天师同女巫在城隍神前，口里胡言乱语地说了好些鬼话，一同上坛来。天师登

①《清史稿》第83卷，中华书局1997年版，第2512页。

位，敲动令牌；女巫将九块单皮鼓打的厮琅琅价响，烧了好些道符。天师站在高处，四下一望，看见东北方微微有些云气，思量道："夏雨北风生，莫不是数日内有雨？落得先说破了，做个人情。"下坛来对县令道："我为你飞符上界请雨，已奉上帝命下了，只要你们至诚，三日后雨当霑足。"这句话传开去，万民无不踊跃欢喜。四郊士庶多来团集，只等下雨。悬悬望到三日期满，只见天气越晴得正路……

那天师又说道："亢旱必有旱魃，我今为你一面祈求雨泽，一面搜寻旱魃，保你七日之期自然有雨。"县令道："旱魃之说，《诗》《书》有之，只是如何搜寻？"天师道："此不过在民间，你不要管我。"县令道："果然搜寻得出，致得雨来，但凭天师行事。"

天师就令女巫到民间各处寻旱魃，但见民间有怀胎十月将足者，便道是旱魃在腹内，要用药堕下他来。民间多慌了，她又自恃是女人，没一家内室不能进去。有妊娠的多瞒不过她。富家恐怕出丑，只得用钱财买赎她，所得贿赂无算。只把一两家贫妇带到官府来，说是旱魃之母，用水浇她。县令明知无干系，敢怒而不敢言，只是尽意奉承她。到了第七日，天色仍复如旧，又是毫无效验。

一般说来，巫术仪式的失败也不会削弱人们对术师的信任，反而会赋予他更大的权威，这是因为有些头脑迟钝的人没有采取正确措施就放出某些力量，而巫师的职责对于抵消这些力量所致的恶果恰恰是不可或缺的。无奈这一演绎的巫术信仰成了半强制性的，与宗教信仰争起风头来，到头来引来杀身之祸。

次日一早，县门未开，县令改容大喝道："大胆的奸徒！你左道女巫，妖惑日久，撞在我手，当须死在今日。还敢说归去吗？"喝一声："左右，拿下！"官长吩咐，众人怎敢不从？一伙公人暴雷也似答应一声，提了铁链，如鹰拿燕雀，把两人扣丞颈锁了，扭将下来。县令先告城隍道："龌龊妖徒，哄骗愚民，诬妄神道，今日请为神明除之。"喝令将其按倒在城隍面前并道："我今与你二人饯行。"各鞭背二十，打得皮开肉绽，血溅庭阶。鞭罢，捆缚起来，投在祠前漂水之内。可笑郭赛璞与并州女巫做了一世邪人，今日死于非命。

杀了巫师巫婆，县令来到祠后高岗上，要在烈日中自行曝晒，以祈上天降雨。其实也是一种巫术。可煞怪异！真是来意至诚，无不感应。说是巫能够贯通神人，焚巫可为了让巫上天告知天帝人间的旱情，天帝怕下雨危及巫的身体，故不降雨，现在曝巫，让其干渴难忍，意在感动天帝降雨解除其难。曝巫成为求雨的一种主要巫术。

那县令初步到岗上之时，炎威正炽，砂石流铁，待县令站得脚定了，忽然一片黑云推将起来，大如车盖，恰恰把县令所立之处遮得无一点日光，四周日色尽晒他不着。自此一片起来，四下里慢慢黑云团圈接着，与起初这覆顶的混作一块，生成了雷震数声，甘雨大注。事情传到京城，一时狄县令政声大著，尽皆钦服其人品。不一日，诏书下来褒异。当下赐钱五十万，以赏其功。从此，狄县令遂为当朝名臣，后来升任去后，本县百姓感他，建造生祠，香火不绝。祈晴祷雨，无不应验。书上说，这叫“邪不能胜正”。

《初刻拍案惊奇》中的这段故事或并非正史，却未必不是以当时社会生活为本。大概是吸取了上朝的教训，《大清律例》特别规定禁止术士居于“大小文武官员之家”并从事预卜活动，在其中的第一六二号案例中，应以禁止的“师巫”及“邪术”包括：一、“假借邪神”；二、“书符咒水”；三、“扶鸾祝圣”；四、“妄称弥勒佛、白莲社、明尊教、白云宗等会，一应左道旁门之术”；五、“隐藏图象，烧香聚众，夜聚晓散，佯修善事，蛊惑人民”。①

常雩大典

与那些民间巫师的做法几乎没有什么两样，国家通过许多途径建立起与神灵世界的沟通。有着自己的天地崇拜，并在为自然神灵归类的同时，也为那些已被融入自身宗教体系的民间神灵归类。国家一直通过宫廷星象家从事着有关天象的祭祀活动。因此，国家很难全盘否定人与神灵之间存在着联系的现实。诸如“烈日中自行曝晒，祈祷上天”的事皇帝也做得，只是做得更加精细罢了。《礼志一·吉礼一·神位祭器祭品玉帛牲牢之数条》云：

---

①《大清律例会通新纂》第 15 卷，第 12 页。此法规条款在明朝法规中已经订立，又在雍正五年做了修订。

初沿明旧，坛庙祭品遵古制，惟器用瓷。雍正时，改范铜。乾隆十三年（1748），诏祭品宜法古，命廷臣集议，始定制笾编竹，丝绢里，髹漆。郊坛纯漆，太庙采画。其豆、登、簠、簋，郊坛纯漆，太庙采画。其豆、登、簠、簋，郊坛用陶，太庙惟登用之；其他用木，髹漆，饰金玉。铏范铜饰金。尊则郊坛用陶。太庙春牺尊、夏象尊、秋著尊、冬壶尊、祫祭山尊，均范铜，祀天地爵用匏，太庙玉，两庑陶。社稷正位，玉一陶二。配位纯陶。又豆、登、簠、簋、铏、尊皆陶……凡陶必辨色，圜丘、祈谷、常雩青；方泽、社稷、先农黄；日坛赤；月坛白。太庙陶登，黄质采饰，余俱白。盛帛用竹篚，髹色如其器。载牲用木俎，髹以丹漆。毛血盘用陶，色亦如其器……

乾隆七年（1742）乾隆帝御制《常雩九章》，用《中和韶乐》，黄钟宫立宫，倍夷则下羽主调。云：

迎神《霭平》 粒我烝民兮，神降嘉生。雨旸时若兮，百谷用成。龙见而雩兮，先民有程。臣膺天祚兮，敢不承。念我农兮，心靡宁。肃明禋兮，殚精诚。灵皇皇兮，穆以清。金支五色兮，翟霱蜺旌。

奠玉帛《云平》 玉帛载陈兮，磬管锵锵。为民请命兮，惕弗敢康。令清和兮，遂百昌。麦秀歧兮，禾茀稂。日照九兮，时雨滂。俾万宝兮，千斯仓。

进俎《需平》 越十雨兮，越五风。三光昭明兮，嘉气蒙。天所与兮，眇躬。予小子兮，懔降丰。纷总总兮，赖皇穹。牸牡鬺享兮，达臣衷。

初献《霖平》 酌彼兮，罍洗；飶芬兮，椒香。愧明德兮，维馨。假黍稷兮，诚将。原大父兮，念兹众子；穆将愉兮，绥以丰穰。

亚献《露平》 再酌兮，酾清。仰在上兮，明明。庶来格兮，鉴诚。曷敢必兮，屏营。合万国兮，形神精。承神至尊兮，思成。

终献《霑平》 三酌兮，成纯。备物致志兮，敬陈。多士兮，骏奔。

灵承无斁兮，明禋。维蕃釐兮，煴神。雨留甘兮，良苗怀新。

彻馔《灵平》 礼将成兮，舞已终。彻弗迟兮，畏神恫。愿留福兮，惠吾农。神之贶兮，协气融。遂及私兮，越我公。五者来备兮，锡用丰。

送神《霆平》 祥风瑞霭兮，弥灵坛。上帝居歆兮，风肃然。左苍龙兮，右白虎，般裔裔兮，纠缦缦。仰九阊兮，返御；介祉釐兮，康年。

望燎《霈平》 碧寥寥兮，不可度思。九奏终兮，爟火晢而。神光四烛兮，休气夥颐。安匪舒兮，抑抑威仪。帝求民莫兮，日鉴在兹。锡福繁祉兮，庶徵曰时。[①]

此乃讲官话的神道真“信伏”也。此九章之名每每带有“雨”字符，祈雨之义昭然明灿；同时，用“平”来祈安定，太平，平一之愿。这是一篇以皇帝为中心的宗教祭文乐章，且字义隽永，文辞华丽，非朝廷翰林不能为。

乾隆十八年（1753）定《社稷坛祈雨、报祀》神歌，用《中和韶乐》，仲吕清角立宫，大吕清宫主调（初祈用夹钟清商立宫，报南吕清徵立宫，旋改随月用律宫谱，举四月为例。祈晴、报祀同）。云：

迎神《延丰》 九土博厚兮，阜嘉生。方坛五色兮，祀孔明。畎力穑兮，服耕。仰甘膏兮，百谷用成，熙云路兮，瞻翠旌。般闿泽兮，展精诚。

奠玉帛、初献《介丰》 神来格兮，宜我黍稷。两主有邸兮，馨明德。罍尊湛湛兮，干羽饬。油云澍雨兮，溥下国。

亚献《滋丰》 奏奮明兮，申载觞。龙出泉兮，灵安翔。周寰宇兮，滂洋。载神庥兮，悦康。

终献《霈丰》 帗容与兮，奋皇舞。声远姚兮，震灵鼓。爵三奏兮，缩桂醑。号屏来御兮，德施普。

彻馔《绥丰》 协笙磬兮，告吉蠲。神迪尝兮，礼莫愆。心斋肃兮，增惕乾。咨田畯兮，其乐有年。

送神《贻丰》 抚怀心兮，神聿归。盖郅偈兮，骖虬騑。洪厘渥兮，

①《清史稿》卷96，《志》71，《乐》3，中华书局1997年版，第2812—2813页。

雨祁祁。公私霑足兮，孰知所为。

望瘗《溥丰》 宣祝嘏兮，列瘗缯。贶允答兮，时钦承。高原下隰兮，以莫不兴，歌率育兮，庆三登。①

此七章之名皆以“丰”字为核心，处处体现了乾隆帝“重农务农劝农”的思想。全篇章法严谨，颇具文采。

乾隆五十年（1785），河南省通省大旱，民情骚动，旱灾诱发的案件不断上奏到朝廷。皇帝连发加急上谕，令巡抚毕沅“各处访求延请异人、术士，设法祈禳”，随后不忘提醒：“但不可用‘月孛’‘翻坛’等过甚之术，转致激怒神祇！”毕沅接旨，立即复奏：三个多月来，自己率领僚属，竭诚祈祷，“豫省境内，凡有郊坛山泽以及神祠佛寺之处，都已前往虔诚吁请”，几乎达到了“靡神不举”的程度。

嘉庆元年（1796），作为太上皇，筵宴之上，乾隆享用《庆隆舞乐》九章，颂圣之声不绝于耳，其中第一章，云：

维圣握符，祇严昭事。肃肃泰坛，惇称殷礼。兆南就位，有举必躬。祈辛卜稼，祭雩占龙。陟降灵祇，精禋肸蠁。四序钧调，百神歆享。雨旸寒燠，曰风曰时。八徵敬念，九寓醇熙。寿增上耋，弗懈益虔。茂膺多祜，翕应蕃骈。②

歌颂他60年来，典学勤政，宵衣旰食，神训则之，由此感召天和，为庶民造就了祥风习习、甘雨祁祈的升平之世。可谓圣明四照，福绥绵绵。

皇帝的祭神大典乃是以纯粹的审美形式体现政治权力的威严，礼典之上盛礼既陈，玉磬金钟，备物致志，抑抑威仪……虽然没有什么现实价值，只是“维馨”，但是其内在东西已经注入了难以言传的魅力，并产生了“百神歆享”的效果。圜丘大典所表达的“肃肃泰坛，惇称殷礼”之神圣而宏大的排场，根本上区

①《清史稿》卷96，《志》71，《乐》3，中华书局1997年版，第2812—2813页。
②《清史稿》卷99，《志》74，《乐》6，中华书局1997年版，第2917页。

别于“诬妄奸徒，身行秽事，口出诬言，玷污神德”的巫觋鬼把戏，为此，臣民们心悦诚服、顶礼膜拜。

朝廷的礼乐，其审美效应是建立在规模效应之上的。依据礼法，一切服装质地、色彩，房屋的朝向、规模、建筑方式，车马的形制、旗帜，与各种器皿、珍贵物品的形式及数量等方面都有着严格具体的规范，并皆从美学上来把权力体系切入人们的感觉经验体系之中。舞雩娱神的“八佾”之舞，则以宏大的场面成为国家层面的重要礼仪的组成部分。

祭神、神授……这样的祭礼在审美心态中有意无意积淀的种种惯例和惯性，都折射出政治权力的深刻影响。之所以祈雨能够被人们所自觉自愿地执行，也正因为有着如此一系列看似纯粹的祭神形式。即使是上天未能及时“为霖泽滂”，“兴锄利甿”的亿万斯年大计也植入了臣民们的心中。这岂不就是“维民有天，匪食则那”的效果吗？

国家祈雨与巫术祈雨的差别，似乎仅在于朝廷为民请命的发愿，皇帝岂有一念至诚不蒙鉴察之理？乾隆帝提出以诚感天，他每日都在焦烦地盼望着雨情奏报，然而，成效却是不尽如人意。无怪沈名荪的《悯旱》感叹道：“咒龙禁螟法未得，焚尪斩魃方徒传。”如此看来，在这个有形世界之上果真存在有“形而上”世界，它也不应该脱离理念或“道”、规律。

25

《大云轮请雨经》

佛教甘于在皇帝祈雨大典上的边缘化角色的定位要追溯到唐代，那时佛教经历了空前的繁荣，寺院经济的急剧膨胀使佛教与国家利益发生了直接冲突。这种冲突对于政治和社会秩序都构成了威胁，于是乎，爆发了唐武宗没收寺院财产，勒令 26 万僧尼还俗的“法难”。结局是受挫的佛教顺乎大势，主动地融合到儒家文化的主流中，充当配角，由此佛教弱化其主体意识，渗入到以儒教为中心的“三教合流”之中，已势不可逆。

到了北宋，佛教的入世倾向变得更加深切，竟然公开承认治国平天下是儒家的责任，而佛教的社会存在则必须依靠儒家在治平事业上的成就[①]，同时，还应当看到，由于孔子没有提出诸如来世与报应之类的主题，因此佛教的天堂地狱说自出现之日起，便在中土大受欢迎。从因果律来看，天堂地狱，虽非能之，而心向往焉。

佛教传入中土之初，为了寻求立足，其活动便吸取了大量的中国民间习见的巫术形式，诸如用咒语役使龙王降雨。《太平广记》引晋人葛洪《抱朴子》载：“案使者甘宗《全晋文》一百十七宗《作祟》。所奏西域事云：外国方士能神祝者，临渊禹步吹气，龙即浮出，其初出乃长十数丈……须臾而云雨四集矣。”[②]有人认为，此处所说的西域“外国方士”，当指古印度等地的佛教徒，当时人们既称其为“方

① 参阅余英时：《朱熹的历史世界》，生活 · 读书 · 新知三联书店 2004 年版，第 75 页。
②《抱朴子 · 内篇佚文》。

士”，足见是把僧侣与巫觋等同了起来。再看西域僧人玩弄的这套养龙至雨的幻术，连动作（禹步）都与中原巫师的巫术类同。 25

后赵国君石勒曾命西域僧人佛图澄祈雨，俄有白龙降于祈所，其日澍雨。据传，前秦君王苻坚曾派西域僧人僧涉咒龙请雨，应请“咒愿数百言”，时天大旱，坚命师祈雨，咒龙钵中，其雨沛然。唐玄宗也曾命术士罗公远以及梵僧不空、僧一行祈雨。后唐庄宗信任佛僧诚惠，京师大旱，庄宗亲自拜迎至京城，但因其祈雨无验，众大臣将加焚燎，诚惠惧而遁去。元世祖、英宗多次让“西僧”祷雨。清朝皇帝亦多在觉生寺祈雨。

《大云轮请雨经》

灾害频发时，皇帝往往会把宗教功利化，企求宗教神灵的助佑，派遣僧人作坛祈雨。僧人介入官府主持的祈雨仪式，一方面提高了佛教信仰的影响力，使民俗传统的祈神求福心理在佛教活动中得以延续；同时，佛陀的“冥感祇灵”与皇帝参与的祈雨的结合，更能引发民众对朝廷德政的颂扬。

皇宫里的佛教

中国统治者对佛教似乎有一种错觉，说佛祖对政治不感兴趣，是教人出世的，是不会造反的。正因为基于这样的想法，他们给予佛教以政治上、经济上各种特别的优待和鼓励。这样一来，佛教哪有不兴盛的呢？即使皇帝做了许多昧心的事，佛教应许他们买福消灾，所以至今故宫里充满了大大小小的佛堂，直至溥仪被逐出宫禁，爱新觉罗氏与其眷属拜佛的香火也没有断过。

“密宗”一词，本义为“续”，正式应称为“金刚乘”或“咒乘”。大乘金刚乘，俗称“密宗”。佛法是在汉代经天山南路传进中国，达摩祖师是在梁武帝时代从锡兰由海道东来，密宗便在唐代开元年间传入中土。

清朝皇帝最初接触到的佛教，是中国西藏地区所传的喇嘛教。其教中高僧大德关怀时事并不亚于汉族士大夫。17 世纪初起，已有喇嘛到关外传教，曾受到清太祖努尔哈赤的礼遇。太宗皇太极时（1627—1643），盛京方面已开始和当时西藏的达赖喇嘛五世（1617—1682）建立关系。顺治九年（1652）五世达赖应请入京，受清朝册封。世祖又好参禅，先召京师海会寺憨璞性聪（1610—1666）说法。又召浙江玉林通琇（1614—1675）、木陈道忞（1596—1674）等入京说法。通琇弟子溪行森和道忞的弟子旅庵本月、山晓本皙相随入京，也各助传教。通琇后又入京，世祖命选僧1500人从他受戒，尊为玉林国师，以表示他对汉地佛教的推崇①。

祈雨礼仪中的佛教角色

其实，在中国历史上通过佛来求雨的皇家祭祀就没有间断过。隋炀帝因求佛祖降雨不果而下令砍光天下佛像之头，闹得沸沸扬扬。以北宋为例，每逢干旱，皇帝即亲至寺庙做法事求天降雨。如“开宝三年（970）夏四月丁亥，幸建隆观，相国、开宝寺祈雨”。到了乾隆年，皇上先后在八年（1743）、十一年（1746）、十二年（1747）和二十九年（1764），多次到觉生寺。在北京西面还有多所皇家寺院，也是乾隆帝祈雨的去处，有诗为证。乾隆八年（1743）御制《四月望日诣圣化寺祷雨》诗，云②：

南郊有事祈甘泽，细点如膏未起枯。
西竺无方觅法润，终风且暴渺愁予。
自咎不学无定见，兼哂五蕴难全除。
靡神不宗闻自古，诚犹未格将何如？
兀然独坐默然戚，青箱羞启当年书。

这首诗中显示，乾隆帝并未对此次佛寺祈雨抱有太大的热忱，只是遵循“靡神不宗”的思维惯性，而且对于被认作家学（青箱）的佛教只是所知了了，仅仅将它当作一种祛除忧伤的慰藉而已。而随着时间的推移，乾隆帝愈来愈热衷于佛

①《普济玉林国师语录年谱》卷下。
② 乾隆帝:《御制诗集·初集》卷21。

事祈雨。从清代的档案资料来看，京师觉生寺的日常事务，除了每天必做的佛教 25
功课外，最重要的功能就是祈雨了。二十九年（1764），已经深谙佛学的乾隆帝留有祈雨诗并镌刻在石碑上：“侵晨奠静安，返跸礼栴檀。结习镇如此，觉生良已难。聊因甘雨足，稍为怅怀宽。调御无忧喜，金刚四句观。”[①]可见觉生寺已经成为皇家的祈雨场所。

《大云轮请雨经》

由于祈雨活动往往要持续十数天，皇上不可能天天守在那里，便由亲王贵戚轮流拈香守护。从清史档案中每次为在觉生寺祈雨做准备的一份份料估单上，就可知皇家对此事的重视程度，如：“旨觉生寺祈雨应行预备之处，急速前往预备：地平一座、凉棚檩柱一分、支杆十二根、播杆二十八根、踏跺五个、净水屏四座、曲尺播架四座、桌子一张、净水瓶架四个、板凳四条、杌子二张、风灯十九个。”可以想象当年祈雨之时，觉生寺里龙旗招展，钟鼓齐鸣，崇理杲鉴住持率众僧人迎送皇帝的盛大场面。为此，寺内的永乐大钟除逢年过节外，也有了“非祈雨不鸣”之专用。

另外还有，藏密活佛仓央嘉措的心传弟子阿旺多尔济尊师傅遗愿，做了十年准备后于乾隆二十一年（1756）开工修建广宗寺弘法。次年建成后将仓央嘉措的法体搬至寺内供奉，迎请仓央嘉措的传世灵童坐床，举行盛大开光仪式。二十五年（1760）清廷赐藏、满、蒙、汉四种文字的乾隆御笔金匾。历史上这里的寺庙建筑规模之大、僧侣人数之多、经典制度之完善、宗教级别之高足以和青海塔尔寺相提并论。这里后来也成为皇家祈雨的重要场所。

贡唐（gung · thang）活佛系统的称谓，是以贡唐寺的名称命名的。第一世贡唐活佛的晚年是在西藏贡唐寺度过的，并在该寺开始成为转世活佛，所以贡唐活佛与贡唐寺有着密不可分的因缘关系；从第二世贡唐活佛开始迎请到拉卜楞寺驻锡，历代贡唐活佛的驻锡地便皆在拉卜楞寺，而不是贡唐寺。第二世贡唐仓 · 丹贝坚赞于雍正五年（1727）出生在西藏达孜县，9 岁时从西藏移居拉卜楞寺，12 岁时先后拜二世嘉木样等许多高僧为师获得了广博的学问，后回拉卜楞寺，任拉卜楞寺第五、八届总法台，乾隆二十四年（1759）33 岁时应章嘉呼图克图之举荐，

① 此碑现藏于北京石刻艺术博物馆。另见〔清〕于敏中等编纂：《郊坰》，出自《钦定日下旧闻考》卷 99，北京古籍出版社 1981 年版，第 1647 页。

受清朝政府诏请进京，荣任乾隆帝的国师，成为拉卜楞寺第一位驻京呼图克图，也是拉卜楞寺第一个与清廷建立关系的赛赤。

据史料记载，在贡唐活佛未进京一年之余的时间内，北京一直持续干旱，朝廷虽做了多种求雨之法事活动，但始终未降下滴雨，无济于事，对此，乾隆帝甚感不安。凑巧的是，当贡唐活佛步入京城之际，京城内外、方圆四周普降大雨，官员百姓喜笑颜开，乾隆帝对此喜兆颇为欣慰，于是，下诏于六月十九日召见了贡唐二世・丹贝坚赞，接取贡唐所献的哈达并亲手回赐哈达、缎料，俩人愉快地交谈，如鱼得水，情投意合。会见结束后，在众大臣面前，乾隆帝让一皇子搀扶贡唐活佛离开大殿，这一举动暗示对贡唐活佛的重用和宠信。贡唐活佛给皇帝举行祈福禳灾法事活动时，乾隆帝将自己御用的狐皮裘衣、锦缎长袍和彩缎等封赐给了贡唐活佛，特许贡唐活佛在给皇上举行宗教活动时用黄色坐垫(原只有皇上身边的大活佛才可享用)，并赐给黄色坐垫和靠背。

《大云轮请雨经》

这是一部相当古老的佛家经卷。《大云轮请雨经》二卷，始译于开皇五年(585)正月，沙门慧献笔受。在中国人实证性格的背景下，对于这种模棱两可、完全唯心论的虚无主义的佛教，应该是不会接受的。但事实上不但接受，而且还曾让它参与了中国社会各层的祈雨。

现存的《大云轮请雨经》原著应出自古印度，由唐代的不空和尚[①]奉旨翻译，这部经传入中土的时间大约是在8世纪中叶。唐天宝五年(746)不空和尚从印度返回京师，为唐玄宗灌顶，因在祈雨中遇灵验，而获赐号智藏，并受赐紫袈裟。晚近于新疆吐鲁番所发掘的回鹘文字土耳古语佛典中的Tis ǎ stvustik，其内容与之颇为类似。《大云轮请雨经》今收于《大正藏》第十九册，进一步说明此经不是伪品。

① 不空和尚(705—774)是密教付法第六祖。所译经卷甚为浩繁，因之与鸠摩罗什、真谛、玄奘并称四大译经家。

《乾隆大藏经》《续高僧传 · 释明净》载："贞观三年，从去冬至来夏，六月回 25
然无雨，天子下诏释李两门岳渎诸庙，爰及淫祀普令雩祭，于时万里赫然全无有应。朝野相顾惨怆无赖。有潘侍郎者，曾任密州，知净能感，以状奏闻，敕召至京令往祈雨。"此佛僧参与朝廷祈雨的一例。

《大云轮请雨经》

又据清朝官书记载，乾隆四十八年（1783）内府清字经馆刻本刊刻《御译大云轮请雨经》二卷。其扉画，堪称宫廷佛教版画代表之作。乾隆五十六年（1791），内蒙古苏尼特二旗连年发生旱灾，牲畜多有死亡。乾隆帝为了解除旱情，竟从京城发出《大云轮请雨经》，让有道行的喇嘛"将此经喀诵，祈祷应时甘澍，以弭旱灾"。这部经书的真谛究竟如何？罕见于清史文献。

经文上说：请雨时所受持者是陀罗尼。经中列出十种受供养的云海，降雨之利益及 54 种佛名，举示大陀罗尼。经文还说，佛曾于难陀邬波难陀龙王大云道场宝楼阁中对大比丘、诸菩萨、百八十余龙王等宣说此经。

还是求龙王

《大云轮请雨经》上说："如是我闻。一时佛住难陀邬波难陀龙王宫。吉祥摩尼宝藏大云道场宝楼阁中。与大苾刍及诸菩萨。摩诃萨众。"说的是有一次，佛祖来到优婆难陀龙王宫内，住在大威德摩尼藏大云轮殿宝楼阁中。当时有无量诸龙王众，以无量香花、幢幡缯盖、珍珠璎珞供养如来。

与中国的龙具有至高无上的地位相比，佛陀的龙则是一般的神灵，如佛经中的天龙八部之"龙"，不过是普通的护法神而已，没有至高无上的地位。在印度的动物崇拜中，金翅鸟受到最高的崇拜，而龙经常是金翅鸟的猎物。在佛典中，龙的"三患"之一便是金翅鸟。传说金翅鸟每天以龙为食，一天需要一条大龙王，500 条小龙。这说明龙的神格远在金翅鸟之下。

中国原始的龙，具有较多的蛇形象和属性，古印度的龙也一样，与蛇有着密切的关系。在佛教的绘画雕刻艺术中，龙王的头部后面一般都有一个展开的有三五个或七个头状物的眼镜蛇冠子。另外，佛经还常有“毒龙形状如蛇”的说法，也说明印度龙具有蛇的属性。古印度本来没有龙的观念，梵文中没有“龙”的专用词，“龙”是和“象”合用一个词来表示的。在古印度神话中，雷电是骑白象的大神因陀罗手持雷凿造成的。中国龙传入印度之后，龙神很快取代了因陀罗，成为风雨雷电的主宰神。

《大云轮请雨经》上说，复有诸大龙王一起咏诵出184个龙王[①]来，如唐卡画面的幻化神灵充斥在祈雨的神坛。在佛经中，有一个名叫“那迦”的神兽，这种神兽长身无足，在水中称王。实际上，那迦的原型是南亚热带雨林中的蟒蛇。那迦在佛教中是佛的护卫者。《过去现在因果经》也说：“难陀龙王、优难陀龙王于虚空中，吐清净水，一温一凉，灌太子身……天龙八部亦于空中作天伎乐，歌呗赞颂，烧众名香，散诸妙花，又雨天衣及以璎珞，缤纷乱坠，不可称数。”

这一佛传故事在中国又演变为九龙吐香水浴佛。由此可见，自悉达多太子一降生，佛教中的龙就在为佛服务。中国文物中多有以“浴佛”为主题的图像，早期者如北魏三年石造像背光背面的佛传浮雕，画面分上下两层，上层为太子于摩耶夫人右胁降生情景；下层右侧为太子指天地做狮子吼情景，左侧为九龙浴佛情景。《法华经·序品》云，龙中有八大龙王，每位龙王都有百千眷属。

那迦的数目在佛经中说法不一。那迦可兴云布雨、决江开渎、致福却灾，居于海川沼渊之中，显然，佛教中的那迦与中国传统文化中的龙有许多相似之处，因此，在佛经转译为中文时，那迦顺理成章地被译为龙，而中国的百姓原本就以龙为神灵，对佛教中的龙也就慨然接受，并以中国文化中的龙来理解佛教中的龙了。

其实，佛教中的龙是佛法的护卫者。而“天龙八部”是佛教中护法神鬼的总称，因其分为天众、龙众、夜叉、乾达婆、阿修罗、迦楼罗、紧那罗、摩呼罗迦八部而得名。龙在八部众中位置仅次于“天”，具有相当大的神通，它们居于大

---

① 由于翻译上的原因，大致有梵文音译，诸如：娑伽罗龙王、阿那婆达多龙王、摩那斯龙王等；汉文意译，诸如：吉祥龙王、大轮龙王、大蟒蛇龙王等；及梵音汉义合译，诸如：焰摩龙王、妙弥龙王、僧伽吒龙王等，形成了三种佛经上龙的译名。

海、池沼和空中，能兴云布雨、降福消灾。 25

由于龙王在佛教中的地位较低，中国诸多佛教寺庙中，很少有供奉龙王的。在中国早期的佛教艺术中，龙仅处于装饰陪衬地位，而其形象也都与本土的龙相同。北魏是佛教石窟艺术的兴盛时期，以石窟中佛龛的装饰为例，北魏初期的佛龛装饰以火焰、唐草、飞天、供养者、佛像等形象为主，不见有龙纹出现。至孝文帝迁都洛阳后，石窟艺术进一步汉化，龙纹才逐渐多了一些。后来，龙升至护法八部神祇中的第二位，神通广大，被称为“龙王”。

《大云轮请雨经》

如是一切供养云海

这里的天似八幅金轮、地如八瓣莲花，呈现出吉祥之兆。《大云轮请雨经》上说：

> 所有一切诸色影像微尘数海，已过无量不可思议不可宣说阿僧只数诸身等海，于一身化作无量阿僧只诸手云海，遍满十方又于一一微尘分中化出无量供养云海，遍满十方……

“如是一切供养云海”包括：

> 持大云雨疾得之者如云者，着云衣者生云中者，能作云者云雷响者，住云者，云庄严者乘大云者，云中隐者云中藏者，被云发者耀云光者，云围绕者处大云者，云璎珞者能夺五谷精气者，住在深山丛林者，尊者龙母名分陀罗大云威德言乐尊大龙王。

佛陀告诉无边的庄严云海，为向旱地降注甘雨而聚合金刚界一切云者，普作佛事，灭一切苦，得受安乐。

施一切乐陀罗尼句

龙的职业是布云降雨。可是有五种情形不能降雨：一是火大增盛；再者，风吹云散；三是阿修罗收云入海；四是雨师放逸；最后是众生孽重。佛陀的大悲愿，即是救度一切有情生命脱离贪嗔痴慢与烦恼痛苦世界的大悲愿，是使有情生命自其贪嗔痴慢之污染中得清净，自无明中得见大光明、起大智慧的悲愿，也是由对有情生命之烦恼苦痛、有真实之同情共感而产生慈悲心的大悲愿。佛陀这般以自觉觉他救度世间有情生命脱离世间之道，大不同于崇拜造物者之全能大主宰的上帝之道。《大云轮请雨经》上说：

> 龙王汝成就一法，令一切诸龙除灭诸苦，具足安乐，何者一法所谓行慈……
>
> 以慈身业，以慈语业，以慈意业，应当修行复次龙王，有陀罗尼名施一切众生安乐，汝诸龙等常须读诵继念受持，能灭一切诸龙苦恼与其安乐，彼诸龙等既得乐已，于赡部洲即能依时降注甘雨，使令一切树木丛林药草苗稼皆得增长，尔时龙王复白佛言，何者名为施一切乐陀罗尼句。
>
> ……

哀雅与清越一样，是佛教之声与中土之声的共通之处。在佛经九分教或十二分教中，涉及经文文体的有修多罗（Sutra）、祇夜（Geya）、伽他（Gatha），其中修多罗亦即长行，祇夜、伽他则属偈颂。密教东传日本，行法之中亦用音乐。

诵咒合乐，唐波罗颇蜜译《宝星陀罗尼经》说：“尔时，长老富楼那于歌声中，为魔童子说如此偈及陀罗尼句。”①

①《中华大藏经》第11册，中华书局1984年版，第843页。

25

……有如是等无量苦恼，以佛威神加持皆得除灭。唯愿世尊以大慈悲愍诸众生，为说陀罗尼句。警觉诸龙悉令受持。能使诸天欢喜踊跃。能摧一切诸魔遮止众生灾害逼恼，能作息灾吉祥之事，能除妖星变怪。如来所说五种雨障亦皆消灭，即令此赡部洲雨泽以时。

《大云轮请雨经》

其中有一位龙王名无边庄严海云威德轮盖，已证得不退转位，为了要与诸龙众共同听受正法故，即向佛请教说：“世尊！要怎样才能使诸龙王等，灭一切苦，得受安乐，并能令此世界内，时降甘雨，生长树木、丛林药草苗稼，皆生滋味，使诸人民等，都能过着平安而快乐的生活？”佛对大龙王说：“你今为了使诸众生获大利益，所以才这样问。我现在告诉你一种法门，你等如能依法行持，便可以令一切龙除灭诸苦，具足安乐。这个法门其实也很简单，就是实行大慈。无论天上人间，如有行大慈者，火不能烧，水不能溺，毒不能害，刀不能伤，内外怨贼不能侵略，无论是醒是睡，皆得安隐。能行大慈的人，有大威德，诸天世人不能扰乱于他；而且形貌端严，众所爱敬，诸苦灭除，心得欢喜。所以，龙王！对于一切众生，身口意业都应实行大慈，这是你所应记取的。”

五谷成熟尔时娑婆三千大千世界之主

唯愿如来为我等说，经文如是说：

尔时世尊说是诸佛如来名已，告于无边庄严海云威德轮盖龙王作如是言：汝大龙王，此诸佛名汝等一切诸龙眷属，若能诵持称彼佛名及礼拜者，一切诸龙所有苦厄，皆悉解脱普获安乐。得安乐已即能于此阎浮提中，风雨随时令诸药草树木丛林，悉皆生长五谷成熟尔时娑婆三千大千世界之主，无边庄严海云威德轮盖龙王。复白佛言，世尊我今启请诸佛所说陀罗尼句。令于未来末世之时，阎浮提内若有亢旱不降雨处，诵此神咒即当降雨；饥馑恶世多饶疾疫，非法乱行人民恐怖，妖星变怪灾厉相续，有如是等无量苦恼，以佛力故悉得灭除……利益一切诸众生故怜愍与乐，于未来世若炎旱时能令降雨……

慈心悲心喜心以及舍心

佛家本于悲悯以种种法门救助一切众生超拔烦恼痛苦，期待能普度一切众生而成佛。从理论看来，一切烦恼虽未断而莫不可断，一切有情虽未度而莫不可度。一切众生的法性即佛性，无不可一时顿了。当下成佛，即所谓解行顿成及当下普度。然而，从实践看来，尤其是求雨的烦恼，有情众生毕竟有得度与未得度的分别，因此仍不免有待一番无尽期的事业，唯赖四弘誓"烦恼无尽誓愿断，众生无边誓愿度"的大悲愿。而阻止降澍大雨的障碍就存在于人的内心，这是一个无尽的悖论。祈雨之人的耐心几乎殆尽，佛陀制胜的就是密宗咒法了。

起大慈心，为菩提本而说咒曰：那啰那啰（一）尼梨尼梨（二）奴漏奴漏（三）莎呵。咄咄龙等种种异形。千头可畏赤眼大力大蛇身者。我今敕汝。应当忆念最上慈悲威神功德灭烦恼者。一切诸佛如来名字。

……降澍大雨而说咒曰：舍啰舍啰（一）尸利尸利（二）输（入声）嚧输嚧莎呵。

然而，对于专讲实际的中国人来说，绝大部分的人只是接受佛教的形式部分，就是拜佛求福。而依照释迦自己的说法，学佛者的祸福乃是依其自身因缘造业所生，与佛无关。祈佛求福，不仅无益，更且有害。质言之，中国一般所谓的佛教，根本就是非佛所教。因此人们要的只是降雨的结果，如此的烦恼是在降雨之前无法去除的。

25

《大云轮请雨经》

降澍大雨莎呵

原始佛教所谓“无明烦恼”，这些罪恶的根本都是深藏在我们生命或下意识的底层，所以无法被我们现实生活中的自然力量与理性自觉或一般肤浅的道德反省所得透入，而一般世俗迁善改过的道德教训，面对这深层的罪恶根源，也都束手无策。因此，必须经历一番大忏悔大谦卑，重新从内心翻腾出一个要从罪恶中绝对解脱而出的超越意志。

这个超越意志一方面忏悔悲悯自身的罪恶，一方面使自身结合（或本身即具现出）超越罪恶的宇宙意志，此即“神的意志”或一个“超越的精神力量”。由于这个“神的意志”或“超越的精神力量”的呈现，才能真正地拔除我们自身的罪恶，而化为带有宗教热诚之道德文化的实践动力。

《大云轮请雨经》说：

> 令诸龙王于阎浮提请雨国内降澍大雨莎呵。辟支佛实行力故。令诸龙王于阎浮提请雨国内降澍大雨莎呵。菩萨实行力故。令诸龙王于阎浮提请雨国内降澍大雨莎呵。诸佛实行力故……
>
> 弥勒菩萨告敕令除一切雨障莎呵又说咒曰：……三世诸佛真实力故大慈心故。正行精进心故。敕召一切诸大龙王莎呵。我敕无边海。庄严威德轮盖龙王。

于是乎，诸龙神提请雨国内降澍大雨来。

> 我今召集此会一切诸龙王等……若一七日若二七日。远至三七日必降甘雨。除不专念无慈心人及秽浊者，佛告龙王。海水潮来尚可盈缩。此言真实决定不虚。时诸龙王蒙佛教已。欢喜踊跃顶礼奉行。

如此一通冗长而喋喋不休的祝词咒语，至诚至信，我佛大慈大悲，也隐匿着溺佛的无知、败坏、愚昧、软弱、自私、欺诈、浪费……和尚们念完经，又许下愿“若一七日若二七（十四）日，远至三七（二十一）日必降甘雨”。那雨是该下了，话都给他说尽了。

从经文的表面来看，“诸龙王”“供养云海”“乐陀罗尼句”“婆娑三千大千世界之主”及“慈心悲心喜心以及舍心”五大要素中，诸龙王是降雨的主体，如没有诸龙王参与，降雨就无从启动；供养云海是雨水的基本来源，诸龙王可以调动云海降雨；读经者用乐陀罗尼句的说咒，激活有功用的诸龙王，其发愿所生功德回向诸龙王，使诸龙王为一切有情降注甘雨；乐陀罗尼句的宗教背景是婆娑三千大千世界之主；而慈心、悲心、喜心以及舍心，发无上菩提心，是祈雨发愿者的精神根据。

另有不空和尚的《大云经祈雨坛法》译文，当与《大云轮请雨经》配套之坛法仪轨。阅《大云轮请雨经》，其中也载此坛法，文字基本相同，可知《大云经祈雨坛法》盖即从《大云轮请雨经》析出而单独成篇者。文中比丘求雨时所念《大云经》当指斯经也：

> 若天亢旱时，欲祈请雨者，于露地作坛，除去瓦砾及诸秽物，张设青幕，悬青幡，香泥涂拭作一方坛。于坛中画七宝水池。池中画海龙王宫，于龙宫中有释迦牟尼如来经说法相……亢旱之时，如是依法读此《大云经》。或经一日二日乃至七日，定降注甘雨。若灾重不雨，更作必降甘雨。假使大海或有过限越潮，依此经作法转读，无不应效。应发愿读经所生功德回向诸龙。愿皆离诸苦难。发无上菩提心。为一切有情降注甘雨。

可以说，巫术在后期佛教中占据了相当多的部分，一些低俗的迷信与虚幻的精神抚慰掺杂在一起，无法分离。释氏祈雨之坛四方形，坛中则画水池置四净水瓶，画龙王宫，中央画大龙王一，坛之四面所画龙王头数也随方而异。坛以香泥涂拭，周亦有幡旗飘扬。唯所请雨龙王皆用“瞿摩夷汁”画成，兹“瞿摩夷汁”

何物？《坛法》未明言，但《大云轮请雨经》则明言之，所谓“瞿摩夷汁”，其实不过牛粪汤耳，因字面不雅而直用梵文译音。然则祈雨之龙何以必须用稀牛粪涂抹？牛粪臭气熏天，岂非冒犯了龙王，亵渎了菩萨？

经文未言用牛粪画龙之用意，但唐代和尚释道世编纂的佛学类书《法苑珠林》却对此做出了明确的解释，谓彼书《祈雨篇》即全引《大云轮经》此文，并特意于“牛粪”下注云：“《耶舍法师传》云：西国土俗以牛能耕地出生万物，故以牛粪为净梵王，帝释及牛并立神庙以祠之，佛随俗情故同为净。”可能天竺果真有用牛粪画龙王的习俗，或求得甘霖踵至，但不知牛粪之臭气熏天，还有因不杀生的佛家戒律而充满的苍蝇，大有胁迫上天降雨之嫌乎？

然而在西方传教士的眼里，“每座庙不如说是像个大旅店……里面最无人过问的就是拜佛、念经、习佛法”[①]。

到了近代，所有佛教国家，在西风之前，如同摧枯拉朽，或有不解，然，至此不禁要感叹了，其事诚可信也。

乾隆后期，由皇家主持的入世神秘主义的儒教与出世神秘主义的佛教[②]的结合，在用《大云轮请雨经》求雨的记述中频繁出现。

乾隆五十二年（1787）五月间的祈雨，乾隆帝强调设坛请和尚念诵大云轮经祈雨，派皇子阿哥等行礼祭神祈雨。六月十二日寄谕留京王大臣等：

> 前览伊等所奏，谨遵朕旨，令回子呢咂尔布库尔等于静明园恭谨祈雨外，仍交付和尚达寿，念诵大云轮经，恭谨祈雨。等语。惟诵念大云轮经祈雨，似未设坛。既然京城祈雨，著交王大臣等，即于朕亲起程之前，照常祈雨设坛，恭谨祈雨。六阿哥、八阿哥因现在正有校对书稿之事，著其余小阿哥等前去祭神行礼。[③]

乾隆五十五年（1790）二月初八至四月十五日，乾隆帝先是谒东陵、西陵，

---

①［法］裴化行著，管震湖译：《利玛窦神父传》，商务印书馆 1993 年版，第 166 页。

② 参阅苏国勋：《理性化及其限制》，上海人民出版社 1988 年版，第 66 页。

③ 摘引自常建华：《乾隆帝祈雨祈晴的多民族性》，《紫禁城》2011 年第 5 期。

然后巡幸山东，其间，乾隆帝寄谕留京办事王大臣等，京城少雨，著于黑龙潭等处诵经，派阿哥祈雨：

> 此间因山东省无雨，朕已派乾清门侍卫庆成，赴济南府龙东地方祈雨。此间京城亦少雨水，将此寄谕留京办事王大臣等，令仍于觉胜寺、黑龙潭两地方诵经祈雨，分派阿哥等前去，诚心祈祷。

乾隆五十六年（1791），蒙古族遇到大旱，乾隆帝谕令用喇嘛教诵《大云轮请雨经》祈雨消灾。七月初二，寄谕察哈尔八旗都统乌尔图纳逊，著令苏尼特受灾各旗诵经祈雨。谕中说：

> 苏尼特两旗地方接连两年遭遇旱灾，各蒙古牲畜倒毙甚多，本年虽经特派大臣等前去视查实情，加恩赏给银米赈济，今值夏季，诚可乞雨消灾。蒙古等素奉黄教，苏尼特地方必有大喇嘛，亦必有乞雨之大云轮经，大喇嘛等俱通晓，何不召集喇嘛等诵念此经？京城现令去取此之蒙古、唐古特文之太云轮经，俟送到后，再交该部转送盟长等。将此先寄谕乌尔图纳逊，著伊接旨后，即移咨车凌衮布等，令各旗召集会诵大云轮经之喇嘛等，仰副朕眷念众蒙古生计之至意，预先公同祈祷，乞雨消灾。

看来乾隆帝对于《大云轮请雨经》的祈雨效果，颇具信心①。

诵念《大云轮请雨经》祈雨应是经常性的事例，这次乾隆帝还要求设坛进行。派阿哥等行礼祭神祈雨，也非偶见。然而，你若选择了宗教，就意味着牺牲理智；若信仰宗教，则意味着回到了神秘主义怀抱②。

---

① 摘引自常建华：《乾隆帝祈雨祈晴的多民族性》，《紫禁城》2011 年第 5 期。

② 参阅唐爱军：《马克斯 · 韦伯论宗教理性化——兼与马克思的比较》，《贵州师范大学学报（社会科学版）》2017 年第 3 期。

26

社神与祈雨的民间禁忌

社神与社仓

从社神的源流来看，它的最初形态是具有祖神要素的土地神，伴随着农业社会的成熟演变成为一个地域的保护神。“社”由此成为同地缘的人们意愿的总和；“社”作为具有地缘文化倾向的神祇，它的确立应被看作一个地域内多种利益关系的精神认同和覆盖，祈雨现象则进一步强化了对社神的奉祭。尽管地域神祇不断被重新定义，奉祭社神满足了共同祈雨的人们的归属感和地域认同感，其内涵是承载相同地域的自然、人文元素的混合体。

西周分封，“社”已具有象征的政治意义。一般来说，一个诸侯国政权立一社神。春秋之时，“社”的数量有所增加，《礼记·祭法》郑注曰“百家以上则共立一社”，《左传》闵公二年上说，“奉冢祀社稷之粢盛”。但也有微妙的区别。同篇文献记：“帅师者，受命于庙，受脤于社。”

《周礼·秋官·大行人》说脤为祭社之肉，盛于蜃器。《周礼·地官·掌蜃》曰：“祭祀，共蜃器之蜃。”郑玄注：“蜃之器，以蜃饰，因名焉。”可以说蜃算不上是什么重器。即使在社祭增加的情况下，人们似乎也没有将宗教热情重新地投入作为一定方域的守护神的身上，由于社神与人们没有血缘伦理关系，远不及祖先神亲切，因此于“社”的祭祀很可能并不那么辉煌。

然而可知，一个社会内部一定存在着某种“祭祀结构”，围绕着某个庙宇或某种香火因缘，这些结构使人们获得了个人隶属于某个空间的意识，即祈佑不仅是某一个体的，还是祭拜团体与居住地的叠合，其中存在着某种地域利益的意识，其前提是邻近距离和共同祭祀。

社神乃是基于地缘政治体制的出现而形成的，它与邑制国家相关的领域观念的发展背景相一致。因而，从“社”的神职范围来分析，社神的权限被看作辖区内的这块土地及附着其上的自然界的“隐性力量”[①]。

要说社神最原始最重要的功用当属汉时的祈雨。史书记载，行祈雨礼时，可不再经过宗族组织这个中间环节。祈雨者首先要把祭祀土神的“社”与闾外的沟挖通，使雨泽的祈愿与某一个地域发生直接关系，然后，用五只蛤蟆放在“社”中央方八尺、深一尺的池内，注以水。然后再准备清酒肉脯，斋戒三日，穿上黑衣向神祝祷。用三岁的公鸡与雄猪，将其作为祭神用的炙肉，在四通神的供室中炙烤。同时，谕令百姓关闭南门，门外放置盛水的容器，开北门，村内放一口雄猪，北门之外的集市里也放置一口雄猪，听到鼓声响起后就炙烤猪尾。如有未掩埋的骸骨要埋于地下，沟峪有草木壅塞的，用火将柴草烧掉，如河沟已被桥道堵塞，要疏通。求得雨后，向社神祭献一口猪及酒、盐、黍等物。

皇家的土地庙是“社稷坛”。在清代也保留有遇旱潦祭社稷坛的遗轨，宗人府里设有土地祠，旱潦之际，土地神会接受宗人府所属的膜拜。

社神并不独用于祈雨，自宋代民间就有社仓，这是一定方域内以“社”为精神中心的民间的灾荒自救方式，其非血缘性的互助反映了地缘社会公益意识的萌芽。然而，由于族人聚居的社会惯性，直至清末社仓的形式在民间仍然具有宗族的特色。朱熹曾不遗余力地倡导社仓，“民穷日甚，借贷无门，一有灾荒，坐以待毙。昔朱文公社仓一法最为尽善，然时诎举赢，实为难事，宜师其意而力行之。为积义谷法：每坊造一木柜，置本坊神庙。每月朔望，谒庙者各持义谷少许，或一角，或半升，或一升，至小斗而止，勿得过多”[②]。

明代张朝瑞《图书编・社仓议》提出，“各乡旧有土神庙，即有社祭之礼，但俗尚奢侈，因而迎神赛会花费不赀，不特亵渎神明，幽有鬼责，致怠事端，且明有人非。从今相约举行，一切禁止，或有情愿施舍，冀神佑助，即宜准做香钱，

---

① 沙畹曾对上古的社做过较为详尽的考辨。引自余欣：《神祇的“碎化”：唐宋敦煌社祭变迁研究》，《历史研究》2006年第3期。

② 汤念平：《〈劝积义谷〉序》，引自〔清〕《荒政丛书》之魏禧《救荒策》，宣统三年文盛书局。

自家告诸神明，登记乡约簿，积为义谷，以济人贫难，不且神人两得之乎？每岁春秋祈报，买办猪羊、酒果、香烛等项，即于义谷内支用。祭毕举行社饮，申明约法，和睦乡里”①。再者，“官赈不过一二所，社仓则逐里各有建置，积之多方，备之无穷，而输散不出境”②，其好处自不待言。同时，“社仓既立，其有仁孝节烈孤寡无依者，里中时行周给，不待凶年”③，因之被奉为“千古良法”。

土厚水深，政治权力的秩序内化为情感的秩序、爱的秩序，在中国传统的礼乐文化中有着深厚绵远的根源。郭店楚简《性自命出》曰“道始于情”，把“形而上”者归根于情，其实是为了将文化中的一切构成都以情感的秩序来进行。而人类最为自然的情感首先源自血缘关系，按血缘来定亲疏。政治文化的发端也就大都从民族、胞族或部落社会向其他社会形态过渡。中国古代社会中对血缘关系的重视还被扩大到整个政治制度的设计上，要求把血亲关系的情感由“家”扩展到“国”，从而在各级统治者身上都看到父母的身影，唤起敬爱与畏惧的情感。由此，权力就被情感化，带上了天然的伦理合法性，同时也生成了情感上的深层根基。

华北农村县乡通常在平时积谷备荒，所谓“社仓”“义仓”，全为乡里百姓借粮种和赈灾之用。其谷本来自州县士绅、富户的捐献，纯属自愿和慈善行为。借粮，一般要在收获后加息偿还，如此才能保证地方粮食储备的良性循环。入谷义仓的形式多种多样，或“凡生日，或子为父母庆寿，其尊人好静，不喜饮酒请客，则为子孙者随力随意，入谷义仓，以祈神祝寿。此实福也”，或“凡求嗣许愿者，即于福神前拜谒，倘得生子，即入谷若干于义仓，留为赈济，以谢神佑”，再“于是神前焚一疏文，以酬愿信可也。即亲朋以谷当贺仪，亦有裨于实用”，或“凡有病祈祷者，即于神前发愿，拜许病痊之后，入谷若干于义仓，留为赈济，以谢神佑。及病愈身安，即于神前焚疏入谷，以酬愿信。只随心量力，不拘多少。此实实功德，较之建醮演戏，功德不啻十倍”。④

乾隆帝正是通过把朝廷对受灾黎民的赈济蠲免与社会价值评价合并到一个功

①〔明〕张朝瑞《社仓议》，引自〔清〕俞森:《荒政丛书》之《社仓考》，宣统三年文盛书局。
② 沈鲤:《社仓条议》，引自〔清〕俞森:《荒政丛书》之《社仓考》，宣统三年文盛书局。
③〔清〕俞森:《社仓考》，引自《荒政丛书》，宣统三年文盛书局。
④〔清〕俞森:《社仓考》，引自《中国荒政全书》第2辑，第1卷，北京古籍出版社2004年版，第134页。

能中，表明道德如何在治理灾荒的政治方略中发挥作用，并最终促使传统的社会救灾机制确立。如山东潍县，“自雍正十二年（1734）至乾隆二十年（1755）节年劝捐并递年春借秋还加息，现在各社捐谷并加息五千八百八十三石八斗”①。直隶行唐县，“国家经制，州县各设常平社义诸仓，岁储米谷，并听所在官民捐输借用，每岁出陈易新，载在会典，犁然备举。定例以十分之三借民籽种，遇谷价腾贵，春夏出粜。社仓定便，借民口粮，视年之上下加息，旧例社仓捐谷每石收息二斗，小歉减半，大歉全免，止收本谷”②。当人们在旱灾来临时体会到设仓于社的政策如此这般的实惠，便会由衷地感叹汉儒贾谊所说的那句“积贮者，天下之大命也”的千古箴言。

“老母猪过河”

民间素有“老母猪过河”之谚，流传甚广。说是若云气连缀着，出现了渡“河”者，即为天雨之兆。《述异记》说得更明白，曰：“夜半天汉中有黑气相连，似涉波之豕，俗谓之黑猪渡河，雨候也。”古人居然认为神猪能够赐雨，传说唐末天复四年（904）蜀城大旱，守宰到“母猪龙湫”求雨而如愿，该处常“见牝豕出入”③。《淮南子 · 本经训》：“封豨……为民害。尧乃使羿禽封豨于桑林。”有人认为封豨是水神，象征着暴戾疯狂的自然力，羿禽封豨即杀淫雨之神……那都是呼风唤雨的神话④。

谁又想得到，老母猪会成为祭天祈雨中沟通水帝与人世的最为密切的媒介。古人认为“彘为太阴之物”，老辈儿人传下来的话，就是不能不听，“江猪过河，大雨滂沱”。问他们是什么意思，说是，江猪指雨层云下的碎雨云，出现这种云，表明雨层云中水汽很充足，大雨即将来临。有时碎雨云被大风吹到晴天无云的地

① 乾隆时《潍县志》卷 3《田赋志》。
② 乾隆时《行唐县新志》卷 5《惠政志》。
③〔宋〕孙光宪：《北梦琐言》，中华书局 1960 年版，第 179 页。
④ 丁山：《中国古代宗教与神话考》，龙门联合书局 1963 年，第 268、269 页。

方，夜间便看到有像江猪的云飘过“银河”，也是有雨的先兆。传说中所包含的神性，似乎还幽禁在一个令人鄙视的躯壳之中，并通过猪的品性与凡俗世界保持着最后的联系，而一旦大雨滂沱，化作带来天下丰穰的它，其精灵的圣化将不可逆转。

求雨禁忌

求雨的行动在上层社会和下层民众中几乎是无所例外地进行，然而宫廷与民间的祈雨既有共通之处亦有相当之区别。民间的祭神活动即社祭之礼，旧有土神庙，或有迎神赛会等，譬如：

湖北、河南、四川等地在祭神祈晴雨时都有忌屠宰的习俗。参加祭祀时还必须斋戒，忌吃荤腥。若是祈雨，还必须将当地南门锁闭。南门属丙丁火，闭了南门，才好下雨。彝族参加祈雨时，男的忌戴帽子，女的忌打包头。浙江一带祈雨忌带雨伞，大概是怕天神、雨师、雷公、龙王等掌管下雨之神灵误会，以为人们是防雨，不想要下雨呢。

谷雨节气时禁蝎，这是汉族民间流行的禁忌。山东一带有以朱砂书符禁蝎的迷信活动。此外，谷雨不雨，亦为荒年之兆。

河南、贵州、云南等地俗认为立夏日无雨，主旱。俗谚云“立夏不下，犁耙高挂”“立夏不下，高田不耙”。意思是天将大旱，干了也白干。又说“立夏无雨，碓头无米”等。

在朝廷看来，民众的祈雨活动并不是绝对依照一贯动机行事并做价值评断的统一体，在实际中常常存在着相互冲突的动机且充满着矛盾。

由于祈雨动员全郡县百姓参与，即所谓的家人“祠户”“祠灶”“祠中溜”“祠门”“祠井”，因此也包含祭祀等民俗文化意义；另外，即使是官吏的祈祷，也不排除部分其他祭仪的存在，如社祭、四方祭、门祭、市祭、山泉祭、桥道祭和报祭等。

连江县拱屿村就流传着“孝子祈雨”的故事。话说，乾隆庚午年（1750）夏，连江大旱，田土干裂，稻禾枯萎，老百姓拥着县太爷胡爕臣到处祈求老天爷发慈悲，降雨普救众生，什么高僧、老道、师公、术士都请尽了，也没有一滴雨。一天夜里，这位县老爷听得水门城隍爷托梦说：“欲祈雨，请孝子。弟喊哥健扛竹篙过江南，不隔盲(过夜)。”第二天，胡知县立即派了好几个公差在江南桥等待，遇见有人扛竹篙过桥，后面有人喊他哥哥的，就把他请进衙门。公差从早上等到下午，不见县老爷交代的人影，直到太阳快落西的时分，确有位叫倪必健的扛着竹篙急急忙忙过桥，弟弟跟在后面喊道：“哥呀，日迟了，要赶快过岭，不能在此隔盲(过夜)。”公差误把知县吩咐的“请”听成“擒”，因此一听兄弟二人对话，不问三七二十一，立即上前用铁链锁拿他们，拉往县衙，胡知县一见二位便喝退了衙役，忙向倪氏兄弟赔罪道歉，并说明原因，礼请他们两人登坛祈求三尺甘霖，普济万民。

本来要等第二天清早登坛，可是，倪家兄弟怕老母在家不放心，就对胡知县说：“祈雨急事不能等，我们今夜也要赶回家，请即许登坛焚香求雨。”倪家兄弟登坛烧了三炷灵香，祷告一番，当晚果然下了一场倾盆大雨，全县禾苗得救了。连江知县胡爕臣特为此事备文，上报督抚衙门转奏朝廷，后来胡知县以荐贤举孝之功，得到皇上恩加三级，县里的两位学官也因赞助有力升了一级，他们为了表彰孝子祈雨的功绩，特地颁赐一块“孝感天心”金字横牌匾，由胡知县亲自送来拱屿村孝子家，至今这块牌匾仍然高挂在倪家院的厅堂上。

这就是农耕时代，人要靠天吃饭，旱涝丰歉全看老天爷的脸色。求雨礼奉龙王，人们要将迫切的祈求，陈列于家家户户的门前，以示敬天。

清光绪年间《顺天府志》所载求雨习俗，与明崇祯年间《帝京景物略》所记相同：谓阴雨为“酒色天”。几岁时不雨，贴龙王神马于门，磁（瓷）瓶插柳枝挂门之旁[①]，小儿塑泥龙，张纸旗，击鼓金，焚香各龙王庙。不仅要上香龙王庙，住家门扇上还要贴龙王神马，门前塑龙。1937年河南《封丘县续志》：“遇旱，知县

① 柳枝致雨，是影响很广的风俗符号。1933年《南皮县志》记祈雨，“人戴柳帽，且执柳洒水作雨状”，同时“家家门插柳枝”，文章似乎全做在柳枝上。柳枝的这一符号意义，由多种因素聚合而成。柳，在水边可以生长得很好的植物。天上二十八星宿有柳宿。

令淘翟母井，或亲诣城隍、关帝庙焚香祈祷。……闭南门，令各家门首设水缸，插柳枝，悬‘沛然下雨’等吉语，以求甘霖之下降。”门插柳枝，再加上水坛、水缸，表示着“沛然下雨”的企盼。

27 旱地傩戏《斩旱魃》与《雨经》

乾隆帝的祈雨，即使得应，也实属偶然。在没有更好、更有效的求雨办法之前，偶然的巧合，会鼓励人们付出不懈的努力。巴望着天降雨滋的干旱地区百姓早已将傩戏《斩旱魃》与巫术《雨经》演绎得如火如荼。这是宗教世俗化的一个变种，如墨子描述战国时代的祭神："今洁为酒醴粢盛以敬慎祭祀……虽使鬼神请（诚）亡（无），此犹可以合驩（欢）聚众，取亲于乡里。"①那种肃穆气氛的宗教典仪在这里不见了，一种生存危机的恐惧一变而成了乡间的乐感游戏。这大概是中国千百年来乡里祭神的实际状况吧。

旱魃代表着非理性，一种巨大的破坏力，一种制造混乱的力量。将旱魃斩首，就是要在一个地区里恢复理性与常态。这种在虚拟中以斩杀某一幽灵的形式来弭灾的故事在世界的其他民族中也并不少见，诸如：

> 在古巴比伦那部著名的关于创世纪的史诗《在天堂》[When on High(Enuma Elish)] 里，也可以看到类似的内容。根据这部史诗，阿努的儿子杀死了阿斯浦（Aspu）——代表大地之下的大海的神，从而成为代表丰产之水的神。接着，人类受到了代表环绕大地的海的神提亚马特（Tiamat）的威胁。为了拯救人类，埃阿的儿子马尔都克（Marduk）出发了，他杀掉了提亚马特，把天空和大地分开。这部史诗出现的时间是约

①《墨子·明鬼》。

> 公元前2000年中叶，但显然和更早时的一部苏美尔史诗相似。在苏美尔史诗里，恩利尔的儿子尼努尔塔（Ninurta）杀死了魔怪，然后建筑大坝，把从魔怪的家乡汹涌而来、给人类带来巨大破坏的水拦住，从而给大地带来了丰产。在这里，我们似乎可以看到原始闪米特神话的影子。①

傩戏《斩旱魃》也采用了斩杀魔怪的形式，而且，就这一个地区而言，旱魃是非杀不可的魔怪。因此，傩戏虽然不过是一种民间戏剧，实际上是一种上应天运而动的精神力量。其举行与否？何时举行？几乎不受国家法定权威的支配和影响，也不授命于地方官，而它在地方社会却有着至高无上的声威。

傩戏与《斩旱魃》

驱傩仪式在中国古代典籍中屡见记载，在现代民间社会中仍有广泛的流传。古代文献中它又被称为傩、蜡、磔除、禳除、祓禊、驱除、大搜等。它是在岁时节日或发生天灾人祸时举行的一种旨在禳除邪祟不祥、祈求幸福吉祥的活动。

孔子说过："乡人傩，朝服而立于阼阶。"② 是说他本人并不认可"傩"的正统地位，但却像对待祭祀一样穿着正装出席"傩"的仪式。似乎可以认为，儒家思想里的"敬鬼神而远之"并未真正斩断通往巫术、迷信的通道。看来儒家思想并未试图完成自我救赎之祛魅，对文化与信仰里的所有感官——情感要素也没有尝试否定，更没有对一切感官文化彻底摒弃，这些还有很长的路要走。

儒家思想的折中意识还体现在傩戏"舜放四凶"的情节中，在许多方面都体现出其与驱傩仪式之间的渊源关系。驱傩仪式的目的是要求驱傩者必须搜遍城乡中的每一个角落，为此，驱傩仪式必须在城乡中的四方举行，这就是所谓的"四门磔禳"。仪式中，巫师头戴面具，身披兽皮，扮出一副凶神恶煞的模样，挥动神器，手舞足蹈，耀武扬威……

---

① 引自［英］朱利安·鲍尔迪著，谢世坚译：《黑色上帝》，广西师范大学出版社2004年版，第67页。
②《论语·乡党》。

最后将象征邪祟的东西（可能是一个人、一头羊、一只鸡或一枚鸡蛋）逐出城乡，象征着邪恶已被驱除或慑服，并从四面八方把魑魅魍魉、妖魔鬼怪驱赶出去，只留下一片安宁和平、幸福吉祥的王道乐土，由此人间重新恢复了固有的安宁和秩序。这就像“有一个‘溢出’的观念，它离开身体，是四处游荡的巫术形象，也是联系巫师及其行动领域的纽带，是绳索和链条。连巫师的灵魂都要离开他的身体，去完成它要实现的效应。在《巫术之锤》（Malleus Maleficarum）中记录了一个女巫，她唤雨的时候把她的扫帚沉入水塘，然后再腾越到半空去找它”[①]。

《礼记·月令》“季春”“命国难，九门磔攘，以毕春气”，郑玄注：“此难阴气也。阴寒所以及人者，阴气右行，此月之中，日行历昴，昴有大陵积尸之气，气佚则厉鬼随而出行，命方相氏帅百隶索室殴疫以逐之，又磔牲以攘四方之神，所以毕止其灾也。”为了让四面八方妖氛澄清、普天之下升平。汉代驱傩亦遍及四方，张衡《东京赋》云：“尔乃卒岁大傩，殴除群厉。方相秉钺，巫觋操。……煌火驰而星流，逐赤疫于四裔。”

唐代民间驱傩亦于四门禳除。敦煌有一类题为《儿郎伟》的唐代写本，就是当时敦煌岁暮驱傩的歌辞[②]，明言驱傩分别在四方进行：

> 圣人福禄重，万古难俦匹。剪孽贼不残，驱傩鬼无一。东方有一鬼，不许春时出；南方有一鬼，两眼赤如日；西方有一鬼，便使秋天卒；北方有一鬼，浑身黑如漆。四门皆有鬼，擒之不遗一。今有定中殃（央），责罚功已毕。自从人定亥，直到黄昏戌。何用打桃符，不须求药术。弓刀左右趁，把火纵横。从头使厥傩，个个交屈律。[③]

相对于驱傩仪式而言，所谓“四裔”，或许仅仅是举行仪式的“神圣兆域”之外的地方。因此，所谓“流四凶族，……以御螭魅”，大概也就是把“替罪羊”赶出城门，“投诸四裔”无非是“宾于四门”。后世的傩仪，也是把邪祟的

---

① [法] 马塞尔·莫斯、昂利·于贝尔著，杨渝东等译:《巫术的一般理论献祭的性质与功能》，广西师范大学出版社 2007 年版，第 89 页。

② 敦煌文书，P.2569 写卷，背面载《儿郎伟》辞。

③ 黄征、吴伟编校:《敦煌愿文集》，岳麓书社 1995 年版，第 946 页。

象征物逐于城门而已，《续汉书·礼仪志》记汉宫傩仪“欢呼，周遍前后省三过，持炬火，送疫出端门。门外驺骑传炬出宫司马阙门门外，五营骑士传火弃雒水中”。

《新唐书·礼仪志》记唐代宫中傩仪“周呼讫，前后鼓噪而出，诸队各趋顺天门以出，分诣诸城门，出郭而止”。城郭之内是安宁和平的人间世，城郭之外则是鬼蜮横行的鬼世界，人间与鬼界，界限分明，每年一度的傩仪，要宣告旱魃等妖孽必须斩首，正是为了重新确认、划定这条界限，使人鬼各安其居，互不相扰，如此才有“四门穆穆”。来自最高权力的在救赎追求上采取调和主义的措施，最终促成了巫术与朝堂的结合。

《斩旱魃》的“替罪羊”

《墨子》讲到禹征有苗之事。曰：

> 昔者三苗大乱，天命殛之。日妖宵出，雨血三朝，龙生于庙，犬哭于市，夏冰，地坼及泉，五谷变化，民乃大振。高阳乃命玄宫，禹亲把天之瑞令，以征有苗。四电诱祇。有神人面鸟身，若瑾以侍，搤矢有苗之祥，苗师大乱，后乃遂几。禹既已克有三苗焉，磨为山川，别物上下，卿制大极，而神明不违，天下乃静，则此禹之所以征有苗也。①

这里所叙述的故事更具神话色彩，因此也揭示了“舜（或禹）征有苗”这一“史实”的巫术底蕴。据《墨子》所述，有苗之祸，非仅人祸，更兼天灾，表明“禹征有苗”原本是一场祛除水旱之灾的傩仪，三苗只是象征旱灾的“替罪羊”。

借追打替罪羊的形式禳天灾的傩戏，在山西尚有流传，如雁北“社赛杂戏”中的《斩旱魃》②中出场的有“王”和两位娘娘以及鸡毛猴，后者面部画成丑角形

①《墨子·非攻下》。
② 顾朴光等编:《中国傩戏调查报告》，贵州人民出版社 1992 年版，第 9 页。

象，头巾插雉翎，手持鸡毛竿，腰系大车轱辘，在村民的嬉闹追打下跑遍大街小巷、各家各户，为人们消灾去祸。鸡毛猴若被追上，就会被当场“处死”。

《斩旱魃》中先有“旱魃”登台跑场，随后追出手执铡刀的四位天王。旱魃在逃跑时把一只活鸡拧下脑袋，淋血满脸。仪式中的血腥味，使得献祭起源的飨神有了一种惩罚的特征，并将它们转变成赎罪的献祭。旱魃跑遍全村后，被押回台上“处斩”。村民们与舜一样，相信经过这一番“执干戚舞”，人祸、邪祟和天灾都会被彻底地征服，从此以后就会风调雨顺、五谷丰登，于是乎欢呼雀跃、欢天喜地。

张衡《东京赋》所述东汉“卒岁大傩”演的应是流放共工于幽州自驱逐旱魃回朔漠的神话。傩戏形成的原因实际上很简单。岁末年终，是大自然万象更始之时，也是人间除旧布新之际，颁历授时是为了与天地更始。新历的颁行意味着旧岁的终结、新元的开始，当此之际，自应把旧岁的一切天灾人祸、邪祟妖氛都清除干净，把一个安宁祥和的世界带入新的一年。

晋北的赛赛戏有出剧叫作《斩旱魃》，过去天旱祈雨敬神要演它，从台上演到台下，装扮旱魃的演员光膀子，头戴羊肚巾，可以在食品摊上随便抓东西吃。摊贩们不以为嫌，反倒认为可以“利市”。最后戏再演回台上，表示斩了旱魃以后可以风调雨顺了。

用演戏来酬神祈雨御旱的做法在北方地区的乡下相当普遍。豫西的嵩县“山乡尤甚演剧酬神，犹春秋祈报之意，然贺雨贺晴又叠举无节至”①。直隶的怀安县，“春秋祈报，长者敛资，少者趋事，备牲醴礼神，优人作戏，互邀亲戚聚观，祀毕坐飨神享，鼓吹喧嗔，醉饱歌舞而散。俗尚龙神，凡村堡城市，多建庙祀，秋熟醵钱演戏赛神，岁有旱，各戴柳枝具幢幡，钟鼓迎像，置坊敬祷，得雨乃止”②。山西武乡县，“秋趋各村乡醵钱祀里社五谷之神，行报赛礼，亦有行有三四月者，谓之春祈，纳稼后雨”③……不一而足。

---

① 乾隆年间《嵩县志》卷 9《风俗志》。
② 光绪年间《怀安县志》卷 3《食货志》。
③ 乾隆年间《武乡县志》卷 2《风俗志》。

"魃"是黄帝的女儿

传说时代的黄帝将炎帝族中的桀骜部落驱逐出黄河流域，流放到边远地区。这些部落分居于中原的东南西北各边区，总称为夷，也分别被称为东夷、西戎、南蛮、北狄。后来山东的郲、莱、莒，山西的潞氏、赤狄、白狄，陕西的姜戎、陆浑，江汉的三苗诸蛮等，均为其后裔。

炎帝族信神习巫，跳神祭神都源于炎帝族。八卦、易经、历算及本草等医书最早也都溯源于炎帝。天文中的十二分星之说和二十八宿之名也起源炎帝。在天有十二分星，在地为十二域，每一星主一域，叫作分野。如鲁在十二分星中为降娄，在二十八宿中为娄和奎，卫的分星为娵訾，燕的分星为析木，本是炎族旧居，因此其上所对应的星宿也以炎帝族名命名。炎帝族的风俗是被发（披发）、左衽，或用黑巾裹头，周秦时称平民为黎民、黔首即来源于此。

中国古代农业发明的传说有两支，一支为炎帝族的神农，一支为黄帝族的后稷。炎帝族发明农业自然较黄帝族为早，族人中除神农外又有炎帝柱，为烈山氏之子，曾周历名山，辟田垦土，兴于谷帛，化于市鄽，应是刀耕火种生产方式的发明者；而黄帝族在继承了炎帝族的农业传统的同时，又推举出自己的族人后稷，称他为农业的发明者，在名位上与炎帝族相齐。

后稷封于邰，从其炎帝族的母家学会农艺，因此在虞舜时，典司农事，发明了耜耕农业，故有"后稷"的称号。黄帝族为了泯灭炎黄的界线，一再推崇后稷，最初则有炎帝神农为先啬、黄帝后稷为司啬的腊祭。

关于"涿鹿大战"中的另一人物蚩尤，根据有关的文献，其形象是暴君和乱贼，相当丑恶。《尚书・吕刑》的记载为此类观点的代表：说蚩尤作乱，以酷刑杀戮统治苗民。不过，根据《龙鱼河图》的记载，蚩尤是一个有着怪异神力的神的形象。"制五兵之器，变化云雾"，非常厉害。

《述异记》也说：蚩尤"铜头铁额""八肱八趾""人身牛蹄，四目六手""食沙石子”等。所以黄帝也打不过他，只好去祈求上天神灵的帮助，求女神帮助取得胜利。从此次战争的记载可以看到蚩尤的神的形象，他可以“请风伯雨师纵大风雨”，还可以“作大雾，弥三日”，使黄帝令风后做指南车与他大战。

不管怎么样，这一仗毕竟是黄帝被打败了，这口气怎么能咽下去？于是，黄帝调出应龙来参战。这“应龙”神话记载得不多，不知道它有什么神通，但它反正是条很厉害的龙。应龙洋洋得意地飞到空中，正准备大显神威，不料蚩尤又搞出了一场大风。那风才叫个大，磨盘大的石头被吹得满天飞，大树被连根拔起，一时间天昏地暗。应龙在天上被吹得摇摇晃晃，东倒西歪，不战而败。于是，黄帝又叫来他的女儿“魃”前来助战。

说起这“魃”，她就是干旱之神，虽然是黄帝的千金小姐，但长得奇丑无比，且性格上放荡不羁。光秃秃的头上没有一根头发，想必是被烧光了。这个“魃”虽丑，但本领却不小，据说她身体内奇热无比，能把石头都熔化了。如《诗经·大雅·云汉》云“旱魃为虐”。果然，她一走上战场，一发出体内强大的热量，立即将蚩尤搞出来的大风、骤雨消解得无影无踪，还杀死了许多蚩尤的士兵。可惜的是，她发出热量后就再也不能回到天上了，只好住在赤水一带。

每当她跑出来游玩时，必定会带来大干旱。所以后人把她叫作“旱魃”，一有旱灾，人们就敲锣打鼓举行赶“魃”的仪式，好在“魃”还算自爱，一听到人们敲锣打鼓，就知她给人带来了灾难，人们不喜欢她，于是就会羞愧地回到赤水老家去。这真是个天大的悖论，“黄帝以云纪、云师而云名”[①]，怎么也是润济天下的祖先神，女儿如何落得个旱魃？呜呼，人神之命途亦多舛矣。

请出了风伯雨师

在人们未能超越自身特殊的感觉和经验，从而建立一个理解世界的更加普遍的知识框架之前，人们对于世界的理解往往是被局限在一个那样的特定的地理的、

①《左传》昭公十七年。

文化的地域中。按《延长县志》讲，“师巫在三代已有而沿习既久”，照例，巫师实施的行动就是仪式。

据安德明调查报告的描述，甘肃天水地区的求雨仪式是村庄全体参加的“区雨”，同时也包括由部分少年男子参加的烧“倒处”[①]活动。作为群体仪式的取雨活动，通常都是以存货方为单位组织和举行。活动主要围绕着方神——可以称之为“求雨主神”——来进行祈求。尽管各村或各方所敬方神各有乡村特色，但求雨仪式的过程却是大体一致的。

每当旱情变得严重，其实也就当人们感觉到旱灾临近时，原本温和的天气似乎一下子变得肆虐起来，处于正常生活中的人，也由于眼见庄稼即将枯死却无计可施而忧心如焚，心态和生活的秩序都逐渐进入一种焦虑状态。于是村中的长者便会聚集在村长家中商议求雨，他们代表了所有村民的愿望。一旦议定，即晓谕全村或全方，邀请法师，开始求雨仪式。

由于无论春旱或伏旱，都发生在当地农闲时期，为旱灾所折磨着的人们很容易就被发动起来。男子们主动集中到求雨主神的庙宇中来，女子们则自觉遵守“回避”的禁忌。整个村庄的人都开始从平时的世俗生活进入神圣的状态，在行动上从“常”转向“非常”。

整个仪式由一系列复杂的环节构成。它们由法师来具体主持。会长尽管是仪式的组织领导者，但仪式具体的行动过程，却都须听从法师的安排。法师也就是通常说到的巫师，巫师通常被认为机敏灵巧、才识过人。“如果简化巫术的理论，就可以只关注巫师的智力和他们实现的奇迹，然后把他们的职业解释成是创造与欺骗之间的一个完美结合。不过，这些一直都是根据假设赋予巫师的具体特征，只构成了其整个传统的一部分，其他还有很多特征在支撑着他们的声望。”[②]

---

① 安德明:《天人之际的非常对话——甘肃天水地区的农事禳灾研究》(中国社会科学博士论文文库)描述，“倒处”是一种比较简单的求雨仪式。同村的一些少年男子，随机组织在一起，于夜间进行活动，参加者把四处捡来的各种破烂衣物、木柴、动物的尸骨等等，堆在村外的河滩或田野，然后点燃。焦腥的浓烟，伴着火光，在无风而干燥的天空形成烟柱。参与活动的人守在一旁，一直等到所焚之物全部烧光，仪式即结束。中国社会科学出版社2003年版，第81、82页。

②[法]马塞尔·莫斯、昂利·于贝尔著，杨渝东等译:《巫术的一般理论、献祭的性质与功能》，广西师范大学出版社2007年版，第42—43页。

第一个环节被称作“肃坛”。首先要由会长安排人员，在神庙、街市或村中广场上悬挂“过街吊子”，即用红、绿、黄、白、黑五色纸裁成的小旗，数个一组，以细绳穿为一串。纸旗上面用墨笔或黄笔书写两句或三句口号式四字话语，分别为以下一些内容：

上施行云，下救黎民
布云施雨，泽润生民
旱既太甚，不行心忧
急救万民，急速解旱
天旱流行，抗旱急矣
行云布雨，滋润万物
一灵百敬，万物回生
……

同时，贴出告示，要求全村之人斋戒，禁止杀生。在有集市的村庄，还要晓谕人们，禁止买卖葱、韭、蒜、肉等各种荤腥之物，称作“清街”。从肃坛开始，整个过程中，一律严禁人们在公共场所戴草帽，即使是过往行人也必须遵守这一禁忌，否则将遭到斥责或鞭打。不过，所有的人都可以戴柳条帽，这不仅是允许的，而且还被当作求雨的必要手段和重要标志。

然后，由会长率领村中男子在方神庙中设置香案，案上安设各重要神祇的牌位。神牌通常以黄纸书就，粘在竹签上，每神一个，均插在一个木制大香炉中。所设诸神及其次序如下[①]：

天京金阙玉皇上帝陛下位居中
当今皇帝万岁万万岁位居前中
天地三界十方行雨龙王位居左

①《雨经·祈雨坛立神位式》。

天地水府三元三品三官大帝位居右

南无法雨观世音菩萨位居次左

……

设好香案，众人即于庙中日夜供奉香火，并由会长向方神许愿。所许之物，或为鸡，或为羊，或为猪，因求雨村庄财力的大小而定。有时，在干旱持续的形势下，随着求雨仪式的不断进行，所许之物的价值也会由低向高逐渐增加，例如由最初的鸡变为猪，或由最初的羊变为唱一台大戏。

然后，阴阳先生念诵《灵宝忏》《救苦经》等经文。同时，依神牌次序请众神，高呼神名并每呼一拜。如果是师公主持活动，则由师公唱诵《请神经》并跳神（以后诸环节中，其活动大体相同）。从此往后各环节中，参加的众人都必须严守斋戒规定，并禁止妇女参与或围观。

有的村子在肃坛时要请出神像，去帽脱靴并戴枷，晒在当院，再在其前设香案供香火。这种较严厉的做法，据说是为了让神到天上感动玉帝，而不是为了处罚他。但这种做法并不多见。

肃坛期间，以及以后的各个环节中，要由法师主持，不断进行“考卦”或“要卦”活动，以求“了解”神灵的意愿。“卦”有阴阳卦和八卦两种。阴阳卦为劈成两半的牛角，或者是以木头旋成的两半牛角形状。其凸起的一面，代表阳，凹下的一面，代表阴。

在使用时，将它抛起，落下之后，如果两半皆为阳，即是阳卦，象征顺利、吉祥；两半皆为阴，是阴卦，象征不顺利，所求之事不能成功；一阴一阳，则是“格卦”，象征有某种干扰，使得超自然存在的神圣性受到了亵渎，并使人所求之事难以成功。这种干扰，来自某种恶的超自然力，例如经期的妇女有意无意地“冲撞”了神灵，等等。八卦为一木制八面棱柱，长约四寸，每面均刻有一句四字谶语，依次为“下下中平”“上上大吉”“所求遂意”“不合神道”“远行大吉”“有愿不还”“三日雨足”“五男二女”。

使用时，由法师将卦放在香盘中（或师公圆鼓的鼓面上），左右倾斜香盘（或倾斜圆鼓的鼓身，用鼓槌连续轻震鼓面，使卦滚落在旁边一人托着的香盘中），待八卦静止后，其朝上一面的内容，即代表神的意旨。平时“卦”揣在神像胸前衣内，每逢祈雨等集体活动时才取出使用。

肃坛共三天，如果三天内下了雨，则结束活动并酬神。但如无雨，则要进入下一步骤“安湫”。

湫，水泉之意。怎么也看不出，它与下雨之间的必然联系。但天水地区的人们，都以之特指求雨时需要祈得的少量“神水”，即神灵赐给雨水的信息物，读音作 jiū。所谓感应巫术中的感应规则包括：相似生成相似；部分代表整体；相对作用于相对等。在巫术仪式中，这样的规则被抽析后成为祈雨的基本要素。

仅仅是读音上的附会，“湫”经过了感应巫术的加工，表征为人们求雨的意志。由于特定的传统，它需在湫泉或湫洞去求得。每一位求雨的主神都有自己的湫泉或湫洞，一般距神庙四五里至四五十里不等，是该神所固有的圣地，也是求雨仪式中人们通常必须要前往的地方。

湫泉是一汪泉水，在川谷地区是常有的自然现象。湫洞是一个比较潮湿的山洞，洞顶石上可以渗出水来，多在山区里。其所在地点都比较偏僻隐秘，有的还格外险要。安湫时，先派人从湫泉或湫洞用干净容器舀取或接取一些湫水，献在神案上。再在案前设缸，缸中盛水、插柳。

阴阳先生的《雨经》

此后，阴阳先生念诵《雨经》[①]。这是求雨活动中最为主要的经文，包括《太上洞渊召诸天龙王微妙经上品》《太上原始天尊说祈雨龙王妙经中品》和《灵宝天尊护国祈雨消魔大功德经下品》三部分。同其他各种经一样，这些经也均为散韵结合的形式。其韵文部分，主要为七言句，但也有一些是三言、七言混合或五言的。念经之时，阴阳先生以一种抑扬顿挫的声调吟唱，通常还要专门安排人在一旁敲

---

①《雨经》系民间阴阳先生的读本。据安德明《天水求雨非常事件的象征处理》载，天水北道区东良乡王家沟沱村李阴阳所藏《雨经》，包括《请雨天龙王经》《大雨龙王经》《祈雨消魔经》三部分。摘引自王铭铭、潘忠党编:《象征于社会：中国民间文化的探讨》，天津人民出版社 1997 年版。

钹击鼓伴奏。经文云：

尔时天尊乘五色祥云，来临国土，作大神通，变见光明。与诸天龙王、仙童玉女七千二百余人，宣扬正法，普救众生。大澍洪流，百动千生，终无日出。若能勤心持授，诵读是经，功德深远，人民无灾，个个延寿长年，无有终伤。其国如有兵戈竟起，人民相食，天地震动，日月弗明。但于福德之方，宫苑之内，或有泉地之处，置九龙之位，立五圣之形，转念此经，朝礼玉皇上帝镇国天龙王。当时妖氛自灭，兵戈不兴，君臣有道，龙德相符，天下太平，恒居禄位。是时诸仙等众，闻是演说，悉皆利益，普润含灵，俱起作礼，各愿受持。

其后在上、中两品经文里，都要邀请众多的龙王，两品经中所请龙王（包括一些重复的），加起来共约130余位（次）……

接下来经文曰："诸天龙王闻是称善，即现通感。兴云腾雨，遍洒人间。救彼焦枯，悉得生发，免其时害。"巫术的最终体现还是力量，一种神秘的力量。这种神秘的力量，依附在某一物体之上，乃至于它可以被呼出或者升腾入天，合成为带来时雨的乌云。

按照规矩，在念诵过程中，每念到一位龙王，阴阳先生即需下拜一次。但在实际的活动中，许多阴阳先生都是每呼请三位或五位龙王时才下拜一次。这样做是为了避免过于劳累，同时也不失恭敬。

诸多司水的龙王在阴阳先生高声呼请下的"会聚"，显然是起着强化仪式神圣氛围的作用，求雨者的心灵也必然会因此而得到莫大的抚慰。

阴阳先生念完每品经文，还要诵一则"神咒"，分别为《太乙三山祈雨大木郎神咒》《太乙三山祈祷霖雨小木郎神咒》《四溟大神行雨神咒》和《太乙三山混沌木郎祈雨神咒》。其词有云："我今奉命召雨神，速如木郎第一君。速降速降急速降，早降甘霖救万民。木郎神咒，鬼愁神惊。天龙八部尽来临。啸风鞭雷霆。灭魃除氛，催雨救苍生。"

《雨经》念诵完毕，再诵《风伯雨师雷公电母雨偈》，其词还是一些诸如愿

“早降甘霖救万民”之类的话。

其后，阴阳先生双手持一份黄纸墨书的“牒文”，在神案前高声念诵，其文《抗旱祭风保雨消灾事》，念诵如下：

> 言念众等，叨生宇宙，恒翼清平。托天地好生之德，蒙神圣负护之恩，支援一方。近月来旱象严重，农民惶恐，投告无门。旱既太甚，生灵涂炭，禾苗日就枯槁，不殄心忧，生民难存。因而众等商议安坛上湫祈雨救灾之法。恳祈上圣默佑，怜念愚民，大发慈悲之心，广开宏恩之路，救当今之旱象，救万民之苦灾。制止恶暴之风不再发生，速使雨霖即降，滋润苍生，起死回生，万感灵应。风调雨顺，物阜民康，田苗兴旺，人物盛昌。一方众等永感德不忘神圣之恩义。

兹后把“牒文”焚化。在整个求雨过程中，阴阳先生要在神前焚烧数道以黄纸所书的“发文”，其内容格式大体一致，只据不同神名、地名略加更改即可。人们祈求雨泽的愿望仿佛随着焚烧的烟气上达了天神。

会长及其他参加者，在阴阳先生念诵经文期间，都要跪在香案前，直到经文念毕，称作“跪香”。安湫共三天。如果仍不见下雨，则由会长主持，在神前抽签，选择两位童男为“抱湫瓶人”，轮流携带和保护盛湫的小瓷瓶。再由强壮男子组成20余人的队伍，抬神像（或木神牌），持旗帜及威武牌，阴阳先生相随，敲锣打鼓，前往湫泉或湫洞“取湫”。庙中则有人留守并供香火。

求湫要比安湫时的舀或接取艰难许多。人们到达湫所在地之后，安放好神像（神牌），焚香祷告，并以一种特殊的方式安置湫瓶：如在湫洞，则把红布蒙口的湫瓶放在正对洞顶潮湿石块的地上，让湫从上降入，称作“降湫”。倘在湫泉，则以红头绳倒悬湫瓶于泉水之上，以黄纸为捻，连接泉水与瓶底，再在瓶上篷柳条，上覆红布，等湫从下升入瓶中，称作“升湫”。然后，阴阳先生念《三官水忏》经，并发文书，众人跪于一旁。又有二人或三人交替起伏不断，持香以拜。随即开始漫长的等待。

这期间，旁跪者中有专人负责，每隔一段时间便以香头插入湫瓶底检验。如发现马蹄状的香头已湿，即证明瓶底有了湫，这叫作神给了“一马蹄的雨”。这时才可返回。得湫有时需一昼夜，有时则需几天几夜，据说关键在于求湫者是否心诚，以致神灵是否高兴。

取湫返回之时，湫瓶要以红布裹紧，由“抱湫瓶人”用另一条红布带拴在身上，揣在怀里，妥加保护。归途经过较大山口，还要进行祭风，由阴阳先生念《雷声经》或《动雷经》，并发一道文书，众人跪拜。其目的是为了请雷神、风神开恩，既助雨势，又不要有过大的恶风暴雨。路途较近而又不经过山口的，则是在回庙后祭风。其辞云“香烟渺渺祭东方……人人望这太平年”等语。

回庙后，安置好神像（神牌），把湫瓶供奉在香案上，焚香烛，阴阳先生念《玉皇经》，众人跪拜。然后，仍使香火不断，开始等待降雨。据说湫刚刚获得时只在瓶底上有一点，但在返回的途中或到庙里之后，湫瓶却会溢满，这叫作“湫发了”，说明雨即在眼前。下雨之后，便要还湫并还愿。

但，如果回庙三天后仍无雨，则需择定吉日举行“游湫”。首先，在庙中派人留守，供香火不断，并看护湫瓶。大多数男子则跟随会长与阴阳先生，手持炷香，抬神像（神牌），先在庙前、村中广场、主要街道等处结队来回穿行，[1] 再沿附近各神庙游走。并要在各神庙停留，阴阳先生念经，众人则跪拜其旁。最后到天爷庙，由阴阳先生念诵《真武经》，众人在一旁跪香。《真武经》念毕，通常还要再诵《玉皇偈》，其辞曰“……游行三界并女风”“飞步云程上天庭”等语。

念诵之后，直接向“天爷”发文要雨。然后返回。

游湫也是求雨活动中最为艰苦的一个环节。由于到了这一环节，旱象持续时间已经较长，灾情更加严重，因此，参加游湫的人数比取湫时更多，跋涉路程更远，人人遭受酷热折磨的时间也就越久。这时，会长及神像还往往要戴上以细竹棍儿做成的“枷”。人们认为，不下雨是“天意”，求雨则违背了天意。因此，人和神都要戴上“枷”，意思是“戴罪”求雨。

---

① 据光绪丙子年（1876）仲秋重刻《纪慎斋先生求雨经》（板存陕西藩署）云，求雨有设置八卦坛，使二单来回穿行之法，曰取“疏导”之意。“游‘湫’”的做法或与此同。

有的村庄举行游湫，往往要跋涉很远的路程。例如，甘肃清水县东山乡东山村，每次游湫，都要到雾山村的天爷庙。途中需行走两天，经过数个村庄。而游湫以及前述取湫环节中的队伍，如果途中经过某个村庄，都会受到热情的接待，以水果、饮食招待参加求雨的众人。这既是对求雨者的感谢，又是为了让队伍多在村中盘桓一会儿，以盼自己的村庄也能受到“神雨”的润泽。

据说游湫之后一定会降雨。但如果始终不见下雨，则神庙中的香火就一直不能断绝，而且要不断举行游湫，直到雨水降下为止。下雨之后，则需“还湫”，即把湫瓶中的水送还湫泉或湫雨。对湫决不可随意泼洒，否则会遭到神的惩罚。

最后的一道程序是“结坛”，即择吉日由阴阳先生念《玉皇忏》，感谢神灵并请众神回宫，众男子跪拜。同时杀牲献祭，向神还愿。献祭之时，牵牺牲至神案前，先上香祷告，感谢神灵并请它“销去愿心”。如果牺牲是羊或猪，要在其背上洒冷水。羊或猪因受到刺激突然打一个冷战，即被认为是神“领了”牺牲，便可以在庙外宰杀了。羊或猪宰剥之后，要整只放在神像前的桌案上供一段时间。其后，在神庙院中搭设锅灶，把祭品加工成熟食，由会长主持向各户分发，称作“分会”。较大的村庄，这时往往要请戏班唱戏。最后，焚烧诸神神牌，撤去神前香火。阴阳先生及师公一般会得到一定数量的酬金。活动中的一切费用，由各户按人头分担。①

念诵《雨经》的仪式一半是巫术性的，一半是宗教性的。不容否认，求雨仪式在一定程度上缓解了该地区在严重缺水时普遍存在的焦虑情绪。

① 参阅安德明:《天人之际的非常对话——甘肃天水地区的农事禳灾研究》，中国社会科学出版社 2003 年版。第 81—97 页。

28

黑风黑雨的预言

乾隆十四年（1749）十二月十五日云贵总督爱必达的奏折呈报御前，说的是有一伙不法之徒，在将亢旱现实中的苦难演绎出来，并放大成为另一场更大劫数的预言。文后附录了照抄的“人犯”黎调元等人预言的一场非常之大劫数的谣帖，上面说人们将面临：“一遭风劫，二遭火劫，三遭水劫，四遭刀兵劫，五遭伤痨劫，六遭雷火劫，七遭蛇咬劫，八遭难产劫，九遭饥饿劫，十遭人民绝灭劫。”[①] 更具危害的是，愚民们一闻祸福之说，信以为真，因而辗转传闻，随声附和。如此流言越是骇人听闻就越是不胫而走。

灾民的恐惧心理

一个古老的预言复活了……

随着旱情的蔓延，在苦难中煎熬的人们开始向恐惧的“黑洞”聚集，不满的情绪呈几何级数增长，民间宗教的“经卷”中一再出现那些有关劫难灾祸的预言性描述，不停地告诉人们，世界面临着末日审判。这一预言正好符合了物质匮乏和生活极端不稳定的灾荒社会的心理特征，生存恐惧逼迫灾民寻找超自然的力量

① 中国第一历史档案馆藏:《军机处录副奏折》农民运动类106卷13号，乾隆十四年十二月十五日云贵总督爱必达折并附照抄黎调元等谣帖。

并向其移情，饥荒成了生存恐惧的现实基础。

更加糟糕的是，那些因落榜而置身于体制外的士子们假借儒家理念与预言相结合来宣泄不满，将天谴的意识赋予了亢旱天候的因果关系，并将无雨与王朝的腐败无能联系在一起。灾荒恐惧在经验世界最终表现为对一切存在的绝望。

在清代平均一年多便发生一次旱灾的情形之下，人们的心理习惯性地为死亡恐惧所笼罩，即使在常平之年，恐惧仍然笼罩在人们的心头。这种恐惧是数次灾荒之后形成的灾民一贯性的心理状态。

灾民迷信正是在这样的恐惧基础上产生的。“夫人一日不再食则饥”，亢长的天旱之灾的切肤之痛深深地留存在人们的记忆中，“自罹灾荒以来，糠秕已尽，树皮无存，百家之市，顿成丘虚，千家之村，杳绝烟火”，故饥民聚族而谋曰：“等死耳，与其坐而待亡，不若揭竿而起，劫掠升斗，犹可以活旦夕之命。”[①] 饥饿的灾民造反运动在绝对生存恐惧的支配下，对“乾隆盛世”之神奉祭了“黑风黑雨”的诅咒。

人们通过对大义名分和救世主以及“替天行道”之类的召唤的移情，构成了对新的此岸世界的偶像崇拜，形成了一种“否定的宗教”。这不，已经有人在以祈雨打旱魃为名，行扰乱官府之实。到头来，强窃蔓延，愍不畏法，动皆千百成群，啸聚为奸。

以旱魃为题散布不满情绪的情况很快引起了官府的注意，这其中尤为甚者就是以新丧为旱魃，动摇民心的流言。见于河南黄县县令李蕃晓的布告，曰：

> 嗟尔民旱甚矣，非魃不至此。我急欲诛之，以纾尔忧。然以新丧当之则不可。《诗》曰旱魃为虐，经无明注。及考他书，兆天下之旱者二，旱一国者亦二，而兆一邑之旱者四，新丧不与焉。其状如狐而有翼，音如鸿而名獙。獙者，姑逢山中有之。石膏水中似鳣而一目，音如鸥者，女巫山中有之。见则天下旱者也。其旱一国者，若南方之似人而目生顶上、行如飞者，一首两身，似蛇而名肥遗，生于浑夕山者是也。其

①〔明〕毕自严撰：《灾祲窾议》，万历清福堂刻本。

> 状如鸮，而赤足直喙，音如鹄，而黄文白首，人面龙身者，在钟山之东也……有一于此，任尔率比闾族党往诛之，无赦。其或仍谓新丧为魃者，是乱民也。予将执国法以诛之，亦无赦。①

如此以巫攻巫的心理战术在民间的作用几乎是以油泼火，不仅无法抗拒长期旱灾带来的心理煎熬，反而令灾民置身于软弱与焦躁的人性循环中。官府欲以禁止那些个别的迷信活动，而为更大范围的迷信活动“正名”，其结果非但未能阻止谣言的流行，事实上反而将流言与打着巫术旗号以“比闾族党”为单位所进行的违法活动纳入官方允许的范围，故而对不满情绪起到了推波助澜的作用。

劫数的预言——黑风黑雨扰乱世界

恐慌预言在旱灾现实中，在别有用心的蓄意煽动下愈演愈烈。圆顿教《龙华经》“末劫众生品第十八”说，当下时运为“下元甲子灾劫，到了辛巳年，饥荒旱涝，又不收成，山东人吃人，人人扶墙而死，夫妻不顾，父子分离，来在北直，又遇饥馑而死”，“壬午年好，复能好过，又遇灾劫，痨病年成，山摇地动，黄河水潮，淹死人民。蝗虫荒乱，阴雨连绵，房倒屋塌，无处安身”，“若到癸未年间，又遇瘟疾流行”。该经“地水火风品第二十二”又云：

> 火熬世界化灰尘，斗星乱滚森罗坏，日月混沌少光明。天收了五谷民遭难，树木园林作柴薪，前劫家家都好过，末劫人人尽遭瘟，男女老少遭涂炭，刀兵饥馑饿死人，百般苦楚都来到，三灾八难一时侵。万物毁坏时年至，旱涝蝗虫疫病行。

又如无为教《叹世无为卷》“慈悲水忏品第三”的描述：“将来到了下元甲子，

①〔清〕汪志伊辑：《荒政辑要》卷1《禳弭》，嘉庆十一年刻本。

百姓要遭水火风三灾。”长生教《众喜宝卷》卷二“劝敬日月三十”也讲：“大三灾，火烧水淹风刮；小三灾，刀兵疫痢饥馑。”

再如其中以“言说末劫年，指明卜路”为主旨的龙天教之《家谱宝卷》，对下元甲子之劫、流年之灾更是极尽渲染之能事：

> 下甲子，辽阳先劫一次，河南又动，山西在动，山东两直隶都动。……旱涝不收，人民造起涂炭，死去七分，小米子上百钱一斤，盐升上吊钱一斤。……下甲子以后，人死大半。

预言要人们提防着庚午、辛未、壬申、癸酉这些年份里将“刀兵乱起”，而在甲戌、乙亥、丙子、丁丑、戊寅、己卯、庚辰、辛巳的年份里会“天下招慌”，又在壬午、癸未、甲申、乙酉这四个年份里出现“苦痛伤情，睁睁子母不顾，你东我西，夫妇不能相顾。壬午年，粮米短缺，斗米万千”的惨景。在戊辰年、己巳之岁将“流寇作反，天下人，胡谈论，添上乡兵”。

庚午至辛未的两年间，“人民遭难。壬申年，癸酉岁，人去三分”。甲戌年，乙亥春，是“河南大乱，潼关路，阻隔住，不通北京”。丙子年，丁丑岁，“达子作反”。预言中还说：“你不信，看戊寅，都是胡兵。”庚辰年，至辛巳，“人民难过。人吃人，黄粮贵，斗米千文”①。几乎在被认定为是“下元甲子”的60年间有近一半的年份不是好光景。

在另一部流传较广的经卷《末劫真经》中，对末劫灾难也有骇人的描述：

> 但看申酉戌亥年，有饭无人吃，有衣无人穿，有路无人走，有屋无人住，有田无人耕。至五六月间，恶蛇满地。八九月恶人死尽，尸堆满地。有人改恶从善者，不愁十劫之数耳。

还有“米价大涨，白银一两，买米五升。……壬戌瘟疫起，癸亥止”。并声

① 马西沙、韩秉方：《中国民间宗教史》，上海人民出版社1992年版，第763—705页。

称厄运还远没有结束，人们将在天灾人祸的愁苦中艰难度日，“一愁水火劫，二愁烟火绝灭，三愁昏迷死，四愁夫妻拆散，五愁恶蛇咬人，六愁尸堆满地，七愁刀兵动杀，八愁昼夜作寒，九愁有家送与别人，十愁不见太平年”，终将遭遇“路上死人无数，一万之中死九千。恶劫到了，天下五谷少收成。恶风暴雨，恶龙横行，众生有灾”。

如此这般的恐怖描述还可见诸《天台山五佛菩萨尊经》《十王宝卷》《定劫宝卷》《弥勒出西宝卷》《鼠疫宝卷》等经文，其中《鼠疫宝卷》卷首尚有“广东鼠疫惨状图”“东三省鼠疫惨状图”等插图若干幅，惨不忍睹。此外，流传于民间的歌谣或歌单中也有许多反映天灾人祸的内容，如：

> 盖世荒盖世荒，我佛哭的泪汪汪。五谷又不收，百病从天降。好个时光好个时光，错过一年落空忙。修一寸落在旱地上，早早找早早找。看看南方祸起了，北方癸水动，中央土星闹，闹闹炒炒水火三灾都来到。叫男女快快逃，死到眼前不知道。

这些预言描绘了一幅恐怖惨烈的人间灾难图，从这幅图景中可以看出经卷中天灾人祸的基本规律及其特点。它和一切生命体一样，不过是一种特定的生存状态下的展现及复制而已。首先，灾祸发生的根本原因在于流年大势处于下元甲子劫数，此天数之使然，因而从根本上否定了“乾隆盛世”说；并认定，这些灾难的来源是由于人间自身的十恶不赦、业愆积聚、累劫尘牢而招致的天谴报应。

诚如《龙华经》所讲“原来是自作自受”，《众喜宝卷》也说“此皆人自所作，非天之故也”，这实际上是将矛头指向了统治者与社会制度。其次，就天灾即自然灾害而言，致灾因素主要为旱、水、火、风、地震等，由此形成干旱、水涝、地震、大风、蝗虫等几种类型的灾害，其中尤以干旱、水涝、蝗虫等灾害最为严重，而且从“三年五载”“水火三灾都来到”“三灾八难一时侵”“十三省州城府县”等表述来看，这些自然灾害发生的频率高、持续期长、成灾强度大、受灾范围广，其中以山东、河南、直隶等北方各省受灾最为严重。

这些描述基本上符合我国自然灾害的基本规律及其特点。更为重要的是，

“预言”指出一种重大天灾必将引发严重的社会危机。这不仅表现为自然灾害之间的并发现象，还表现为随自然灾害而出现的其他社会灾难，最终导致“人祸”，如旱灾伴生蝗灾或火灾，蝗灾导致饥馑，饥馑诱发瘟疫，随之而来的是农民破产，背井离乡，流离失所，典妻卖子，人口锐减，米价飞涨，盗贼横行，人性沦丧，刀兵动乱，甚至演变成为“九死一生”“人吃人肉”的人类悲剧。可以说，任何一种灾害都不再是孤立的，所谓祸不单行，其所导致的劫数预言很可能赢得信众。

无疑，宗教的苦难是现实苦难的一面镜子，经卷中所描述的人间劫难，即所谓的末劫之灾，可以说是现实生活中天灾人祸在民间宗教领域的曲折反映。事实与预言是那么地接近，可以想见，在赈灾体系极不完备的乡土社会中，每发生一次重大灾祸，都会伴随着不同形式、不同规模、不同程度的求神拜佛行为，如打醮念经、游神赛会等，人们试图借助这种方式消弭灾难，而民间宗教正是在此基础上，将现实的灾难抽象并转化为宗教的劫变或劫灾说，它清楚地表现出底层社会的动荡不安与民众的危机感，如《家谱宝卷》第七品、第八品中有关劫难与流年之灾的罗列，其真实程度足可以补充正史之缺失。因为历朝历代所发生的任何天灾人祸，都逃脱不出经卷中对人类劫灾的那种概括，更何况在选择心理的作用下，人们也很容易将现实中所发生的天灾人祸与经卷中的有关内容联系起来，从而进一步强化了人们对于劫难预言的迷信以及对于经卷的盲目崇信心理。

如果说天灾人祸是劫灾说的现实来源，经卷是劫灾说的神圣依据的话，那么民间宗教的布教者就是将劫灾说推向社会，使之广为流布的行为主体。在关于劫难灾祸的种种传言中，往往以“谣帖”歌单最为常见。这种方式的最大特点就是方便、有效，它通常并不为自己设定特定的传播对象，而是面向整个社会，所以流布广泛，而且较少受到时空条件的限制。加之由于“谣帖”多不标注日期，不署名，因而具有较强的隐蔽性和安全性，往往令官方难以追查其来龙去脉。而谣帖的内容却多有雷同之处，均借助张天师的所谓预言，散布“十愁”劫难，劝告人们只要传抄虔信即可免得灾难，由此可预知谣帖的流布范围之广。

民间宗教的立教之本在于救世度人，而救世度人的前提在于人间的劫难灾祸，因此宣扬或散布劫难就成了民间宗教吸引信徒或信众的惯常方式。老实讲，谣帖这种借助于文字形式的散布方式，对于绝大多数文盲或近乎文盲的乡民而言，未必真能看得懂，但通过能看懂或大概能看懂的人的诠释与解说，特别是由此引发的人们的想象、猜测与传闻，往往很容易酿成一种神秘而恐慌的社会氛围。谣帖对人们的心理产生一种强大而持久的影响力，这种力量不仅不会随时间的推移而有所衰减，相反会借助于传闻而愈加持久。

清中期发生的五省白莲教事件中，传闻，特别是关于真主李犬儿及"一日一夜黑风起，吹死人民无数，白骨堆山，血流成海"四句经文的传闻起到了相当重要的作用。在闽北一带至今流传的所谓"刘伯温的谶语"也同样使人联想到"谣帖"歌中的有关内容。其谶语为：

一牛生两尾，铁轿抬尼姑。铁虎满山跑，蟒蛇过大街。有路无人走，有饭无人食。千里不见烟，铁线蛇满路牵。树尾弹琴唱曲，蛤蟆仔满路跳。

显然，从这些"谣帖"歌单的风格来看，都是针对乡村普通百姓的状况而编造的，具有朴实、简短、易传抄、易记忆，贴近民众生活的特点，也就是官方所说的粗俗鄙俚、荒诞不经。然而，也唯有此才能真正打动普通百姓的心①。

干旱频仍是一个基本事实，官府救助又不及时，在这样的背景之下，恐慌在所难免。如果说"谣帖"歌单主要是作为一种间接的手段，即作为媒介物通过传闻来散播劫难灾祸的话，那么布教者假借经卷散布劫难，或捏造末日灾祸就是一种直接的方式了。

据乾隆年间查获的一起弥勒教案，贵州思南府地方民人杨胜佑与朱维上，因"查看风轮经内有子丑动刀兵，寅前卯后黑风黑雨扰乱世界，将符顶在头上可免灾难之语，随商同画符煽惑骗钱"。"又捏称子、丑年动刀兵，寅、卯年火烧一城，水淹二城，风卷三城，天下人死尽。教主游瑶系罗院菩萨转世，扶助朱维上救度十万八千人，可以为帝等语诱令众人买领符绫，得免灾难。众皆被惑，各向朱维

① 参阅梁景之：《清代民间宗教研究》第四章"民间宗教与乡土社会"，中国社会科学院研究生院 2002 年博士学位论文，第 92—99 页。

上磕头买领符绫而散”[①]。另据以巫师为业的罗朝富交代：“乾隆七年（1742）内有广西算命人王祖先到家，说能画符退鬼挖窖取银子。拿一本抄的小书给小的看，说子丑年天降灾殃，有黑风黑雨冰雹，人马都要死尽，还有老虎狮子出来吃死尸，直待李树开花出来才得太平。若把这本书供奉，照式画符，又做青布旗，写了罗平号，便可消灾。”

乾隆四十五年（1780），雷得本因《皇极经》内有无影山可避灾难等句，随即煽惑倡立“悄悄会”，行教收徒，并抄写经卷，以念经避难为词，招徕百姓，先后入其会者竟有三百余人。[②]

乾隆五十九年（1794），据湖广总督毕沅等拿获的“邪教人犯”萧贵供称，因从妻弟处听说同县人宋之清传习西天大乘教，说“将来有五魔下降，水火瘟疫诸劫，必须尊奉弥勒佛，烧香念经，方能躲劫”，于是听信了，并传习经卷，且授徒[③]。同年，湖广总督福宁奏称，收元教王应琥以偈经中有“七日七夜黑风黑雨等语”，遂起意“兴教骗钱”，“妄称弥勒佛转生河南无影山张家，扶助牛八即朱姓起事，百姓要遭水火风三灾，念经可免，向人哄诱”[④]。

应该说，在一个多灾多难、动荡不安的时代，这些传言的震撼效应是不容低估的。也正因如此，官方在“辟邪教说”及“晓谕邪教改过告示”等文告中，针对“邪教”的劫灾说大加抨击：

> 谓入教可以造福逃劫。谓某年有瘟疫灾难，须诵某咒帖某符便可消灾避疫……邪教为此者，止有二意，一曰敛钱，一曰纵淫。

饥饿让人们看到万物都毫无目标地摇来摆去，感到眩晕和绝望。按照官府的说法，听得邪教首犯哄人入教，说是躲劫，到了急难时就有无生老母、观音老母、八大金刚、哪吒揭谛神来搭救，这都是捏造出来的谎话。

在中国，当自然灾害问题异常严重、人的生存环境极度恶化、争夺生存资源

---

① 中国第一历史档案馆编：《清代档案史料丛编》第 9 辑，中华书局 1983 年版，第 182 页。

②《清代档案史料丛编》第 9 辑，第 208 页。

③ 中国第一历史档案馆藏：《军机处录副奏折》农民运动类 106 卷 12 号，乾隆二十年罗朝富供词。

④ 俞蛟：《临清寇略》，见《昭代丛书》辛集别编卷 10。

导致社会动乱频繁之时，人性之恶就在生存层面上被充分动员起来，并获得了坚固的韧性——生存的危机锁定了精神的自由，弥漫在人们心头的疑云最终演变成危及朝廷的“黑见黑雨”。

乾隆年间，人们造就了一个巨大的经济——或者说是财富的实体，但是，这个巨大的财富（经济）体的结构是混乱的，甚至是倒错的。其中最严重的问题就是悬殊的贫富差异，大多数人由于社会的原因丧失了生产资料，并且没有政治权利，官与民的界限从来没有像这一时期所显现出来的那般分明，巨额的国帑并未使老百姓感受到社会财富与自身利益的联系，农民只有交纳田赋的义务，却得不到因纳赋而获取到应有的权利。

利益分配上的悬殊使国民失去了共有的社会目标，人们的精神恍惚，在物化世界的面前，人们反而迷失了前行的方向。正如龚自珍所说：“自乾隆末年以来，官吏士民，狼艰狈蹷。不士、不农、不工、不商之人，十将五六；又或殆烟草，习邪教，取诛戮或冻馁以死，终不肯治一寸之丝，一粒之饭以益人。”[①]这就足以使得国家的政治基础不稳，而且使国家的机体变得愈加虚弱，预言中的劫数正是人们在这一经济过程中的实际感受。

在“黑风黑雨”的冲击下，这座帝国的大厦终于开始摇摆，颤动了。闯江湖的游民们把虚幻的黑风黑雨演绎得活灵活现，并把这场暴风一直刮到了清末，直至闹起了义和团，造反的终于借关公的嘴喊出了“天降灾殃杀不仁，不仁人杀不仁人；不仁人杀何时了，自有仁人杀不仁”[②]的口号。

---

① 龚自珍：《西域置行省议》，《龚自珍全集》第一辑，中华书局 1975 年版，第 106 页。

②《关帝圣君乩语》，引自孙敬：《义和团揭贴》，《近代史资料》第 1 期，第 16 页。

29

粮市与粮价

"乾隆十四年（1749）大饥，斗粟钱一千七百，饿殍载道，卖子女无算"。上古传说，"汤七年旱，禹五年水，民之无粮有卖子者。汤以庄山之金铸币，而赎民之无粮卖子者，禹以历山之金铸币，而赎民之无粮卖子者"[①]。这里似乎说明一个道理，私有制产生之后，人或人的劳动力也就成为商品交换的对象，货币一经出现，便确立了交易"神圣不可侵犯"的游戏规则，即使是圣明的君王都不能改变、干预交易规则。

乾隆后期与初期相比，米价可谓扶摇直上。乾嘉时人钱泳说到苏南地区的情形时说："乾隆初，米价每升十余文。二十年虫荒，四府相同，长至三十五文，饿死者无算。后连岁丰稔，价渐复旧，然每升亦只十四五文为常价也。至五十年大旱，则每升至五十六七文。自此以后，不论荒熟，总在二十七八至三十四五文之间为常价矣。"[②]

乾隆五十年（1785）后，米每升二十七八文至三十四五文为"常价"，与清初相比，米价上涨了好几倍，人们推论，这是由于人口迅速增加、粮食供不应求、货币逐渐贬值而造成的。与钱泳同时代的洪亮吉也说，乾隆末，米价上涨"昔之以升计者，钱又须三四十矣；昔之以丈计者，钱又须一二百矣"。照洪亮吉的说法，50年内米价上涨六七倍，从前"一人食力，即可以养十人。数十倍于前"[③]。

①《管子 · 山权数》。
② 钱泳：《履园丛话》卷1《旧闻 · 米价》。
③ 洪亮吉：《卷施阁文甲集》卷1《意言 · 治平》《意言 · 生计》。

在这种情况下，劳动人民生计维艰，常有挨冻受饿的威胁，社会也日趋动荡不安。即所谓“终岁勤动，毕生皇皇，而自好者居然有沟壑之忧，不肖者遂至生攘夺之患矣”。

若遇严重旱灾，粮价涌贵，贫苦百姓更加饥寒交迫，苦难备尝。譬如，河南虞城县在乾隆四年大旱无雨，次年春“民乏食，米价涌贵。市鬻者，日高其价以邀利，民益困”①。乾隆三十三年，曹州府钜野县发生灾荒，“富户多囤积居奇”，引起“米价腾踊，贫者不堪”，几乎发生暴动②。“乾隆四十七年（1782），夏旱螟，秋大涝，民饥。四十八年春大饥，斗秫钱一千四百，斗麦钱二千三百”。乾隆五十年（1785），邹平县“大旱，岁歉，夏大热”。次年春，米粮奇缺，商家囤积贩运，高价以图利，因此“米价涌贵，米一斗值制钱二千二百五十”③。乾隆“五十一年（1786）春大饥，麦一斗钱三千六百，豆一斗钱三千二百”④。面对如此高涨的粮价，普通农民根本买不起粮。每当遭遇此类情况，中国历代的统治者们无一不在重演着“重农抑商”的传统剧，其中常平之法，专为凶荒赈粜。“官为立仓，以平谷价”⑤。谷贱，则增价而籴，使不伤农，谷贵则减价而粜，使不病民。一眼看过来就知道，这是逆市场经济而动的行为。

平籴平粜

乾隆八年（1743）农历六月二十一日奉上谕⑥：

河间、天津地方，今年雨泽愆期，米价昂贵，不得不速筹接济。上年通仓存贮，有口外采买备用之粟米，著先拨十万石运送天津。其何以

①《光绪虞城县志》卷6《人物》。
②《道光钜野县志》卷13《义举》。
③《道光邹平县志》卷18《灾祥》。
④ 同治《黄县志》卷5《祥异志》。
⑤〔明〕钟化民:《赈豫纪略》，引自《中国荒政全书》第一辑，北京古籍出版社2003年版，第283页。
⑥ 乾隆八年六月二十一日上谕，引自方观承辑:《赈纪》第1卷，乾隆十九年刻本。

分贮平粜赈恤，听总督高斌酌量办理。钦此。

即使业已蒙恩赈恤，河间、天津等地次第歉收之后，米价尚属昂贵。为此，直隶总督高斌于十月间再次奏称：闻奉天米谷丰收，请驰海禁，俾商民贩运，米谷流通，接济天津等处民食。乾隆帝对此予以高度赞成，上谕曰：

奉天一省，今年朕亲临幸，目睹收成丰稔，米价平贱，以之接济直隶，洵属裒多益寡。著照高斌所请，准其前往贩运。自奉旨之日，至次年秋收为止，令该地方官给与商人印票，听奉天将军府尹查验。收买之后，给以回照，仍行文知会直隶总督，并令沿海官弁时加稽查，毋令私出外洋，庶需谷者得以糊口，而粜贩者又借以获利，于奉天、直隶二省均有裨益。该部即行文给总督、将军、府尹等知之。钦此。[①]

这样，直隶总督高斌派遣官员在奉天买得米谷 8 万石。即使如此，对于河间、天津的粮市与粮价，乾隆帝仍放心不下，想到了明年春季山东、河南漕运经由直隶地方，可截留漕米 10 万石，即令高斌会同仓场总督逐一详悉，视州县大小，酌量分派存贮，以敷粜借之用，于民食自有裨益。

同时，乾隆帝还谕令高斌酌买八沟米石以做备用，为此高斌奏称：目前米价昂贵，应暂停缓，俟十二月内各处米粮齐集，价格自平。若价格较前平减，再行籴买。而乾隆帝的想法却有不同，他认为，关外的米粮，每至春初价格最为平减，何况近日社会上流有停买的传言，奸商必然不再囤积。若此时得买，不拘多少，总属有益。至于前年粮食上的平减价格，原本不可以作为一种常态，即使眼前稍稍感觉粮价浮多，及至需用之时，仍得其济，因此不必拘拘较量锱铢也。[②]

从后来发生的事势来看，乾隆帝的设想是正确的。自乾隆八年（1743）的雨泽愆期直至九年（1744）的五月才有甘霖沾渥。直隶所属重灾的就有 26 州县。真正到了商贩罕至、粮价高到庶民难以承受、民食艰难的地步，官仓出粜，

① 乾隆八年十月十六日上谕，引自方观承辑：《赈纪》第 1 卷，乾隆十九年刻本。
② 参阅乾隆九年正月十五日上谕，引自方观承辑：《赈纪》第 1 卷，乾隆十九年刻本。

官府以备用米粮即行散给，出借口粮，以资接济，确实在一定程度上缓和了灾民的疾苦。

乾隆帝所说的“分贮平粜”，或称常平之法，是千年救荒之政中的“不易之常法”。常平仓之意义在于“民有余则轻之，故人君敛之以轻；不足则重之，故人君散之以重。凡轻重敛散之一以时，即准平，使万家之邑必有万钟之藏，藏镪千万，千家之邑必有千钟之藏，藏镪百万，春以奉耕，耒耜器械种饷粮食必取赡焉。故大家蓄家不得豪夺吾民矣”[①]。然而，常平之法的缺陷也是明显的，有研究者早有论说，其“弊在乎内米价贱而外米不至，外米不至则籴者日益多，籴者日益多则后患将至于不继”[②]。可见此法在应付时日漫长的旱灾时就显得特别地吃劲。就算是乾隆帝大沛恩膏，先后从通仓拨米粮50万石，又购得奉天米粮8万石，或做平粜赈恤之用，而来应对直隶42州县持续660天的旱灾，不用说，只是杯水车薪。

粮食作为人类最基本的生活资料，念兹稼穑兮，唯民天，原民天唯食兮，农事先。粮食价格的变动可说是社会经济变化的晴雨表。早在康熙年间，丰年粮食价格仍然偏高，引起清朝统治者的警惕，康熙五十二年(1713)，康熙帝曾说：“即如京师近地，民舍市廛日以增多，略无空隙，今岁不特田禾大收，即芝麻棉花，皆得收获。如此丰年而米粟尚贵，皆由人多地少故耳。”

在封建社会里，粮食短缺确为人口过剩的一个标志。据有的学者考证，康熙中叶以来，特别是雍正年间，从总体上看，中国粮价相当平稳，而且数度出现谷贱伤农的现象，而到了乾隆年间，则开始上涨，并呈现出长期上升的趋势。乾隆二年(1737)，虽各省关税减收百余万两，但“京师货物价值，日见腾贵，而外省亦复不减于前”。乾隆三年(1738)发现，“近日粮价转昂”。

粮价的连年告警，使官府紧张不安，终于在乾隆十二年(1747)底，引发了一场著名的对粮政和粮食问题的大讨论。造成乾隆年间粮价持高不下的原因固然很多，而人口增加是一个不容忽视的重要因素，同时，粮价增高也使破产农民及破产的手工业者、商人队伍扩大，后果只能是更加刺激人口向口外迁移。

---

①〔清〕俞森:《常平仓考》，出自《荒政丛书》，宣统三年文盛书局。
②〔清〕陈瑚:《棣香斋丛书·救荒定义》，道光十三年刻本。

乾隆八年（1743）六月二十一日的《院奏拨通仓粟米平粜折》说："天津郡城为畿南水陆要冲，商民辐辏，烟户殷繁，岁需食米，向赖奉天通商贩运。乾隆六年，奉天将军奏请禁止，自此津郡缓急无藉。目下雨泽愆期，粟米每石一两六钱，高粮每石一两三钱。数日之内，市价骤增四分之一。"

乾隆帝批示："河间天津地方，今年雨泽愆期，米价昂贵，不得不速筹措接济。上年通仓存贮有口外采买备用之粟米，著先拨十万石运送天津。其何以分贮平粜赈恤，听总督高斌酌量办理。钦此。"①

九年（1744）正月二十一日的《院奏奉天续买高粮折》称，这一年天津等地"维是各属冬雪既稀，春雨未降，储积为民命所关，自宜广为筹贮"。也正是这时，"京城黑豆价昂，直属河津诸处需米正殷"，为此官府"委员在于古北喜峰各边口采买黑豆一万石，又动拨司库银十万两，委冀州知州范清旷前往奉天采买黑豆二万石，余银尽数收买粟米，俱用海船载回天津，将黑豆运交户部，粟米由天津分发州县，补实仓储，并备春夏平粜之用"。

乾隆帝朱批：好。知道了。钦此。②

粮食市场与"重本抑末"政策

然而，官府干预米价，动辄降减，博小民一时之欢心，却不知米价降减则富户不情愿粜米，而四方客米亦不来矣。这种干预市场的行为尤不适宜于时日漫长的旱灾。在荒年粮市上，官米一出，则市有二价；市有二价，则米铺必定关门；米铺关门，小民或有钱无米，或民穷日甚，借贷无门，一时无米已有所不忍，三日无米则生路绝矣，更何况雨泽愆期旷日持久。

再者，在官方看来，似乎"官米多，则可握市价之权固也"③。而旱灾的时日一

① 引自〔清〕方观承：《赈纪》卷6，乾隆十九年刻本。

② 引自〔清〕方观承辑：《赈纪》卷6，乾隆十九年刻本。

③ 陈龙正语，引自〔清〕俞森：《常平仓考》，载自《荒政丛书》，宣统三年文盛书局。

旦拖长，“于是贾人深藏而待其尽，尽则权归于贾人矣”[①]。粮价的权重顷刻间变化，真是道高一尺魔高一丈。商贾最终成为长时间博弈中的赢家。

在对待商业的态度上，汉初崇尚黄老哲学，放任无为，不抑兼并，结果，市场活动热烈，土地迅速集中到少数大地主手中，“富者田连阡陌，贫者无立锥之地”。

从西汉初期放任自由的经济政策，转到西汉中期的抑商政策，统治者懂得了，商人具有积聚社会财富的强大力量，必须“重农抑商”，才能平衡商人和农民的利益。从此，历届政府都将重农抑商作为基本国策。

这里必须做一些说明，实际上朝廷将大商人和大地主都看作商人，是“重农抑商”的对象。为什么呢？市场经济的前提是产权私有，存在分工和交换，而土地和劳动力则是最大宗的资产。当土地和劳动力都可以任意买卖时，说明市场交换的范围已经从生活资料深入生产资料和劳动力，形成了生产要素市场。能够购买、拥有和经营生产要素的，就是大商人。

在古代经济思想中，重农抑商等同于“重本抑末”。“本”是生产，以农为本；“末”是流通，以商为末。市场的积极作用在于能够促进生产的发展，保障生活资料的供给；在这一过程中，市场促使形成大型的交换组织，使拥有资本的“商人”做大，商品的流通由此更加规范。但同时则“强者愈强、弱者愈弱”，造成两极分化，进而发生社会动荡。怎样才能保留市场的积极作用，又抑制市场的两极分化特性呢？这就必须“重农抑商”。

有人认为，由于重农抑商政策的实施，资本积累速度将会放慢。但是，从中国社会发展的长期效果来看，则恰好相反。如果采用放任自由政策，则一个王朝将在三五十年内完成两极分化过程，引发农民起义，中断土地兼并和资本积累的过程。如果采用重农抑商政策，则王朝的寿命可能达长两三百年，相应地，资本积累周期将放长，积累规模将变得更加巨大。经济史料支持这种逻辑分析。谷“贱则伤农，贵亦伤农；贱则利末，贵亦利末”[②]，处于末位的商家反倒成了“重农抑商”政策的最终受益者，在市场上他们屡战屡胜，一往无前。

①〔清〕俞森:《常平仓考》，载自《荒政丛书》，宣统三年文盛书局。
②〔清〕俞森:《常平仓考》，载自《荒政丛书》，宣统三年文盛书局。

清朝时期，广东怡和行商的伍秉槛拥有资本达 2600 万两白银，约为清政府年财政收入的一半。当今欧美各国当然不会有哪一位大资本家能够拥有如此比例的巨额财产。伍秉槛的财富并非鹤立鸡群，同期的一位宁波商人拥有 2000 万两白银，晋商、徽商拥资千万两白银的亦不鲜见，至于拥有百万两白银者则更不计其数。“重农抑商”的本质是行政对市场的过度干涉，其所带来的直接后果是，官员与商人之间私下勾结。

在 19 世纪中叶，欧洲总人口仍远少于中国，又被各国疆界所分割，市场狭窄，即使有工业革命之助，可以掠夺世界范围的财富，也仍然不能与中国市场上的大商人相比。

据贡德 · 弗兰克的新著《白银资本》估计，从 1500 年到 1800 年，美洲和日本开采的白银一半都流入了中国，以购买中国的手工业品。而这并不等同于国外市场不如中国市场，更大可不必将这样的财富太当回事，这些在法律上归属不明的财富会在一夜之间化为乌有，中国商人对于财富的偏执最终在与忠君的国家意识与官本位的体制的冲突中，演绎成为“重农抑商”的官僚资本。

诸如：乾隆四十七年（1782），两淮盐商江广达等“公捐银二百万两，以充广东省工赈”。两淮盐商江春，在乾隆年间，“每遇灾赈、河工、军需，百万之费，指顾立办”……其他山西、河东各地商人也有捐输的，其量也不在少数。借馈赠行贿赂，以谋取商业利益，已经成为一种隐性的商业模式。

并没有必要在虚妄的经济数字面前沾沾自喜，相反这些财富是如何得到的，这些财富的内在机构如何，才是应当予以特别关注的。诚如布罗代尔所指出的：“不听任何人指挥的市场是整个经济的动力装置。欧洲的发展，甚至世界的发展，无非是市场经济发展，市场经济不断扩大自己的领域，把越来越多的人、越来越多的远近贸易纳入理性秩序，而所有这些贸易加在一起就趋向于创造一个有整体性的世界。”①

市场经济的本质，不仅是交易的场所，甚至不是交易行为本身，“市场的要素是秩序、可预测性、稳定性和可靠性”，市场经济的核心是“一个有序的关系

①〔法〕布罗代尔：《15 至 18 世纪的物质文明、经济和资本主义》第 2 卷，三联书店 1993 年版，第 227 页。

集”①。而这些或是中国古典市场上所缺失的。

下表所列几种不同的置于市场之外的官民储粮运作方式，在遇到灾荒之后有着各不相同的补救作用，对于当时的粮价，及粮市的变化也会有一定影响。

乾隆年诸官民储粮运作方式表

米粮仓名	所属	粜	粜	储备目的	设置地点，管理
常平仓	官府	贵粜	贱粜	准平谷价	因荒随时随地设置
公廪	官府	—	官赈	积贮备赈	各府州县设置
义仓	义仓本民物，寄之于官	积为义谷	济人贫难	凶荒水旱，直以还民，和睦乡里	转输州仓，立于州县。输散不出境。择里之贤有才者司出纳
社仓	里社居民	敛于乡绅	散于贫民	民间积贮，储以待凶荒	村落，立于乡都。私藏化为公用。乐善助仓

诸官民粮食运作方式都将市场视为粮食短缺时的恶魔，这正是如上救荒之政的一个相同之处。

①［美］丹尼尔・布罗姆利:《经济利益与经济制度》，上海三联书店 1997 年版，第 58 页。

30 灾民与流民、以工代赈

逃难的流民

乾隆八年（1743）农历六月二十五日的一份上谕上说：

> 据山东巡抚喀尔吉善奏称，东省雨泽愆期之州县，秋成渐至失望，民人多出外谋生，而邻省贫民亦有转入东省觅食者。

接下来，这份上谕就此次因旱情而导致流民事，向地方官们提出了两个问题，其一，夫地方雨旸不时，例应借给籽本，督令补种；设或得雨已迟，补种无及，亦应酌量抚恤，何至一时纷纷转徙？其二，即出逃亦所时有，然必俟果至秋成无望，或流他处觅食可耳，岂有尚在六月可望续种之时，即流移至此？

那么，形成这次大规模流民潮的原因究竟何在呢？在一份关于山东旱灾情形的奏文中，喀尔吉善称其原因是“在愚氓之意，不过希冀邻省收养，多沾恩泽”。并称“细察此辈，非习惯求乞，即游隋愚氓。如竟行留养，不惟为日尚早，难乎为继，且愈滋觊觎轻出之风。若任其过往，漫无稽查，又恐流离四散，不无为匪滋事。请即饬地方官劝令各回故土，以待本处自有之恩，并令遮留抚驭，毋致再有外出”等语。

喀尔吉善的见解得到了乾隆帝的肯定，上谕认定：“所见甚为得体。”同时，传谕告知[①]：

① 乾隆八年六月二十五日上谕，引自方观承辑:《赈纪》卷 1，乾隆十九年刻本。

> 各省督抚须当留心于平居务实之时，委曲开导，使之敦本务实，力田逢年。若轻弃其乡，则本业既荒，失所依倚。即国家收养资送，亦不得已之举，非可恃为长策也。平日既谆切劝谕，俾各知安土重迁。及至歉象已形，百姓有渐不能支之势，即设法安顿，使之各守乡里，不致越境四出。如此则先事绸缪，临期补救，于扶危济困之道斯为得宜，而闾阎实被其泽矣。若平时漫不经心，以致贫民遇歉转徙，留之不得，驱之不可，岂经国子民之善计乎？

清朝政府对受灾流民的安置，除发放银米外，还有煮粥赈济。煮赈以设厂为主，领粥给签，男女分别排队，逐一领取。当时京城每年从十月初一至次年三月二十日，都要照例开五城煮赈。地方省份亦有，是为那些流浪的灾民而准备的。上谕要求地方督抚、各州县为流浪的灾民赈给口粮和煮粥，并为过往灾民搭棚造舍。

《荒政琐言》上说，那些来到粥厂的难以控制的流动人群“日则就食，夜则匪窃”，因而尽可能建立更多的粥厂，以取“阳以恤其劳，而阴以散其势”[①]之成效。“政治”在灾荒社会本质上是以暴力垄断生存资源的最有“效率”的手段，而这种政治也使社会经济成了糊口型经济。

也就在这一年冬季，乾隆帝察觉，河间、天津等处来京就食之民日益众多，他认定“盖因愚民无知，见京师即设饭厂，又有资送盘费，是以本地虽有赈济，伊等仍轻去其乡而不顾，且有已去而复来者。不但抛荒本业，即京师饭厂聚人太多，春暖恐染时气，亦属未便”[②]。因此令大学士寄信直隶总督高斌，要他设法安插来京流民。

一般来说，开春之后，清政府会将安顿收养的流民遣送回籍，使之不误春耕。为保证流民的利益，地方官要按回乡路程的远近或返回天数，发给盘缠；途中患病者，则由地方官留养医治。不过，由于流民成分复杂，考虑这种做法容易刺激流民轻去其乡，有时还会发生“遇灾留一二人在家领赈，余又潜往邻境。俗谓在

①〔清〕万维翰:《荒政琐言》之《平粜》。清乾隆癸未年重刻本。

② 乾隆八年十一月十五日上谕，引自方观承辑:《赈纪》卷 1，乾隆十九年刻本。

家领赈为大粮，在外留养为小粮，沿途资送为行粮，至有一家领三粮者”[①]的事情，所以上面说到的这种办法在嘉庆中期以后，便不再施行。

清政府在某些地区、某些时间内，也曾有效地组织过大规模的移民。顺治十一年（1654），顺治帝下诏，“饥民有愿赴辽东就食耕种者，山海关章京不得拦阻，所在章京及府、州、县官，随民愿住处所，拨与田地，酌给种粮，安插抚养”[②]。对流民的管理，清政府在乾隆六年（1741）议定，愿在当地入籍的，“准其保结，给照编入”；不愿入籍，又不能马上回原籍者，“暂作另户编甲，陆续给照回籍”[③]。

清初湖北郧、襄一带聚集了很多因饥荒逃难的流民，时官任分守荆南道的俞森[④]根据赈济流民的亲身体会与文书，写就了《郧襄赈济事宜》一书，他真切地陈述道：

> 襄阳土瘠，居鲜富民，官于此者，俸悉除荒，以本道而计，每年止有俸三十两，而府县各官可知矣。此即尽捐之，何足以当流民数日之饘粥耶？再四思维，惟有两府属重农积粟等事米谷三千一百三十石零，及积贮天下本积等事案内米谷十万五百石零，积贮在仓，可以动给，但山僻远水穷地方不便动支外，惟襄阳府襄阳、枣阳、宜城、光化、谷城、均州并襄阳卫八处重农粟案内共谷一千七百八十石零九斗四升，积贮天下本计案内共米一千三百六十石、谷七万八千一百八十石，可以就近动支。然思此案之米谷，固为本地赈济之需者也。现奉宪文稽查有无亏折浥烂，又奉部文有加馑收贮之行者也。本道一思之以为可动矣，转思之而觉其不可也，再思之又以为可动矣，辗转思之而愈觉其不可也。正在踌躇，而饥民之号呼于各州县者累累矣。

在他看来，当地州道的有数仓储是不足以赈济源源不断的外来灾民的。这

①《清史稿·杨锡绂传》。

②《清世祖实录》卷84，顺治十一年六月庚辰。

③《清高宗实录》卷137，乾隆六年二月乙丑。

④ 俞森，号存斋，钱塘人。由贡生官至湖广布政司参议。《荒政丛书》成书于康熙庚午年（1690）。其官河南佥事时所撰也。作常平、义仓、社仓三《考》，溯其源，使知其法。

批流民为来自陕西的避荒之民，唯临潼地区为最甚，由于旱荒已甚，当地颗粒无收。面对饥无食、寒无衣的茕茕流民，俞森深为骇叹。一心决意赈济流民的他还算了一笔账："凡流民万人，每日应给谷六合，每万人每日需谷六十石，十日六百石。一月一千八百石，计自岁内赈发，至明年三月尽农功既兴，民可佣工、可觅食而止，约费谷七千二百石耳。即多至四万人，亦不过二万八千八百石。以谷二万八千八百石救流民四万人，颂皇仁而仰宪德，岂浅鲜哉？今若惜此谷石，则此辈流民必至死亡，是国家失民四万人矣。况此四万人中，有狡狯者，有剽悍者，不安于死亡，小之劫夺，大之啸聚，是又岂止失四万余人哉。故自其后观之，则费此二万八千八百石者，乃所以为朝廷爱惜钱粮万万、保护生民万万；而自今日观之，则惟见其费此二万八千八百石，干部议，罹处分而已矣，革职追赔而已矣。伏惟宪台念生民之危苦，审国家之大计，为先事之图，不贻后日之患，于本道详到，迅赐批行，迅赐咨题，准其动给仓贮谷石，以赡济民，则饥民幸甚！地方幸甚！国计幸甚！"①

荆南官府最终赈给了官谷，先赈一月。由于"此皆出自皇恩"，引来"万人感顶皇仁，欢声动地"②。

其实，流民问题的严重性何止于此，自八月流入襄境的饥民，早已不只是陕西临潼一方人氏，杂有山西、陕西、河南三省数万人之众，而入秋以来，三省籴贩不绝于路，买去当地粮食不可胜数，饥民就食又多，襄属粮食将尽，米价腾贵，时至隆冬岁暮，流民号呼遍地，惨不忍睹。这些从宗法网络中流离出来的游民在浪迹江湖、求得生存的过程中，很快会深感自己的软弱。他们往昔长期生活在封建宗法的共同体中，而在这个共同体中保护与控制并存，这样必然会造成人格的萎缩和怯懦、缺少个性和进取精神。当他们一旦脱离宗法网络，成为游民，就真正变成嗷嗷待哺的婴儿。

在后来的阶段，出于策略考虑，救灾者因"道德"理由成为灾民的监护者和专政者。但这种"道德"基本是非理性的，以此为基础的清政府则成了一种"恩人执政"，它的合法性建立在"救世主"神话基础之上。一方面，在朝的政治文

① 俞森：《郧襄赈济事宜》，选自《荒政丛书》，宣统三年文盛书局。
② 俞森：《郧襄赈济事宜》，选自《荒政丛书》，宣统三年文盛书局。

化是恩人作秀，如乾隆帝说："朕可与他人比耶，先人而忧，后人而乐，理固宜然。近因久旱无雨忧劳过甚，以至癯弱……此后雨泽霑足，朕庶解焦劳也。"他在暗示一种脆弱的政治合法性。另一方面，在野的政治文化则是"恩人移情"，如司马光所说："四民之中，惟农最苦……水旱、霜雹、蝗蜮间为之灾，幸而收成，则公私之债交争互夺。"这是"法儒合流"的精神本质，其现实基础是一场接着一场的灾荒。

后来俞森最终写就了《荒政丛书》十卷，另有陆曾禹写作了《救荒谱》。两人都是浙江杭县人。到了乾隆时期，倪国琏把《救荒谱》做了节本，再由群臣们订正，乾隆四年（1739），全国蝗灾，这部书进呈给了皇帝，乾隆帝赐名《康济录》，虽然不再有"救荒"字样，但实际上是典型的救荒手册。在这部书里，可以看到中国人民怎么苦于天灾；同时也可以看到，统治者怎样以"恩人执政"来作秀。

移民与屯垦

由灾荒而引发的大量移民的出现并非全然是坏事，其积极的作用在于，适量有序的移民，会缓解流出地百姓的人口压力，也为流入地提供了大量、充裕的劳动力。在正常情况下，流入地的田地剩余较多而人口相对缺乏，流民的进入，为开发这些地区的生产、提高当地的社会生活水平，创造了良好的条件。

清初，四川一带户口凋残，"孑遗者百无一二，耕种皆三江、湖广流寓之人"。雍正年以后，"因逃荒而至者益众"，"湖广填四川"的浪潮，最后使土著人口反被移民人口超出，四川就此逐渐成为全国人口最多最密集的省份。因人口的大量拥入，康雍时期，四川荒芜的土地已全部得到开垦；乾嘉以后，更是进入拓殖山丘、修筑梯田、变旱地为水田的阶段，"楚粤侨居之人善于开田，就山场斜势挖开一二丈三四丈，将挖出之土填补低处作畦，层垒而上，绿塍横于山腰，望之若带"[①]。通过他们的辛勤劳动，使得这些地方克服了山区塘堰灌溉能力不足的问题，适应了

① 严如熤：《三省边防备览》卷9《民食》，道光十年来鹿堂。

农业生产的需要，当地经济也得到较快发展。

又如陕西的秦巴山地，由于山区地势的原因，溪水易涸易涨，容易遭到干旱洪涝的侵袭。虽然地理条件并不理想，但流入此地的人不少。乾隆四十三年（1778），陕西巡抚毕沅上奏说，“两湖偶被灾侵，小民流徙，络绎前来……男妇不下十余万”①。流民们因地制宜，采用多种形式、修造多种设施来利用水资源，“用南方渠堰之法以收水利，稻田数万，军糈之资不劳外境”②，的确推动了当地农业经济的发展。

当然，清政府出于自身政治利益的考虑，对许多地方的流民采取了种种限制措施。这种对流民的限制，无非有两个目的：其一，是为了加强对流入地的行政管理，而这些地方通常又不易管理。其二，是为了不让流民现象在全国造成普遍之势，使百姓“轻去其乡”，毕竟流民现象的扩大终将有违于封建统治秩序。

清政府对于流民前往大西北则是招徕有加，特别是移民到新疆一地，尤为重视。乾隆帝认为，“招募民人前往新疆耕种一事，实为内地贫民久长生计”。为吸引流民，他主张“总须令其自知新疆一带有自然美利，到彼耕作，即可共享丰饶”。他还想到，招募如由官办，百姓必生疑虑，“此时筹办之始，止可询问贫民，有愿赴新疆垦种而力量不给者，官为资送，不露强迫情形；向后愿往者多，可不烦资助”③。同样，从内地流入此地的灾民，即使稍遇灾害，政府亦竭力抚恤，以增加对其他流民的吸引力。

清廷针对西部边疆开发曾提供资金，如对新疆地区的开发，乾隆二十六年（1761），清廷命陕甘总督杨应琚招募甘肃无业贫民前往乌鲁木齐垦种立业，就规定“酌量官为料理前往”。为使移民活动能够顺利进行，清廷对招募、转送、安置各个环节都做了妥善安排。实施优惠的迁移政策。如官费资送，凡举家出嘉峪关赴新疆者，官方发给途中盘费、车辆费、口食银及皮衣、铁锅等生活用品的购置费。

据记载，乾隆二十九至三十五年（1764—1770）六年中，为办盘费等项，共动用银两281700余两。平均每户用银约90两。在移入地，每户拨给土地30

① 毕沅：《陕西农田水利牧畜疏》，出自《清经世文编》卷36《户政十一》。

② 雍正朝《陕西通志稿》卷40《水利二》。

③《清高宗实录》卷1012，乾隆四十一年七月辛未。

亩，六年后起科，并代为建房和贷给牲畜、农具、籽种及当年口粮。使之“到屯即有房间栖止，又有口粮度日。得领地亩、农具、马匹、籽种，尽力田亩，不致周章”。另据《清高宗实录》记载，从乾隆二十六至四十五年（1761—1780）间，清廷共招募民户6500余。若按上述每户给银90两计算。清廷至少资助银两585000两。

灾后被迫背井离乡的流民流入的大多是干旱地带。贺兰山是中国为数不多的几个南北走向山脉之一，是中国半干旱气候与干旱气候的分界线。这里是最能集中体现额鲁特蒙古和硕特部传统文化的地方。康熙三十九年（1700），康熙帝将贺兰山以西、黄河以北、祁连山以东，也就是今阿拉善大部分地区划分给和硕特部首领和罗理，此后的200多年来，九位清朝格格远嫁阿拉善。因此，阿拉善和硕特蒙古文化中又融入了许多满族文化与北京文化。乾隆初期，虽与准噶尔部暂时规定地界，两不相扰，然而双方都在厉兵秣马，待机而发，所以清廷在北疆的军事准备活动一直在进行，口外屯田也一直没有停止，从政治、军事意义出发，清廷对口外汉族劳动力是不应排斥的。然而，乾隆十四年（1749），朝廷却发布了阿拉善地区的禁垦令。

清廷虽然三令五申禁止内地农民向蒙古地区迁移，但移民的潮流还是难以遏制，如清廷对山海关、古北口、喜峰口等地稽查严密，内地民人就从海上乘船北行。路上设卡盘查，他们就翻山越岭，辗转而行。康雍两朝，在对待向蒙古地区迁移人口问题上，较以后宽松，这主要是由于官府还能有效行使对移民的控制，即便如此，对民众私自出入关口的违反法令的现象，清廷仍保持高度的警惕性，时时发出谕令。随着移民的增多，其态度愈加谨慎小心，趋于保守。乾隆朝终于颁布了清入关以来最严厉的封禁令。这道上谕云：

> 蒙古旧俗，择水草地游牧，以孳牲畜。非若内地民人，倚赖种地也。康熙年间，喀喇沁札萨克等地方宽广，每招募民人，春令出口种地，冬则遣回，于是蒙古贪得租之利，容留外来民人，迄今多至数万，渐将地亩降价出典，因而游牧地窄，至失本业……著晓谕该札萨克等，严饬所属，嗣后将容留民人居住，增垦地亩者严行禁止。至翁牛特、巴林、克

> 什克腾、阿鲁科尔沁、敖汉等处，亦应严禁出典开垦，并晓示察哈尔八旗一体遵照。①

法令允许之外私自流入蒙古地区并定居下来的人口数已对朝廷构成了相当的压力，并产生了令其不安的后果——蒙古社会秩序受到了不安定因素的威胁。清代以前，农耕民族栖息的地域极其有限。照说“当其灌溉技术被推进到草原边缘时，其回报反见减少。可灌溉的河流愈趋狭小，灌溉技术终于被阻于草原，草原上河流的缺乏使之完全不能灌溉”②。而事实上，康熙朝以后，中原的汉族人口以前所未有的规模深入草原游牧地带，农田增加一分，牧地就要消失一分，这看起来是简单的土地之争，实际上是关系两个民族生存的大问题。

从乾隆三年(1738)以后，随着清军南撤，漠北屯田相继停止。漠北屯田主要有绿旗兵屯和犯屯两种形式：绿营兵主要调自陕西、甘肃等地，三年更换边戍一次，平时一般只从事屯种，无戍防任务。

与漠北屯田有所不同，归化城屯田的成果没有因对准噶尔战争的结束而废弃，这里的农业生产在以后继续得到了发展。随着移民大量拥向边疆地区，18世纪，在口外蒙古长城沿边一线及新疆天山以北建立起了比较稳定的农业区和半农业区，经济格局从延续了上千年的完全游牧经济过渡到农牧相兼或以农业为主，对后世产生了重大影响。这时的蒙古地区的农业区和半农业区主要分布在以卓索图盟为主的东部蒙古地区、归化城土默特地区、察哈尔地区及河套地区。

乾隆八年（1743）设榆林神木理事同知，“驻札县治，专管蒙古鄂尔多斯六旗伙盘租种事务，词讼有牵涉蒙古者悉由该厅审理，其近边各县蒙民交涉命盗案件，先由各县录供详报，于奉批后申请该厅会同审拟解勘，他如监放兵粮、协捕贼盗，亦有分责”③。乾隆时期，出口垦种的人更多，清廷为加强管理。当时，出口垦种的汉人编籍仍隶属内地邻近州县，不准在蒙古入籍定居。可见出口垦种仍被清廷视为一时的权宜之计。

---

①《清高宗实录》卷348，乾隆十四年九月丁未。

②［美］拉铁摩尔著，唐晓峰译:《中国的亚洲内陆边疆》，江苏人民出版社2005年版，第323页。

③〔清〕卢坤:《秦疆治略》“榆林神木理事厅”条，道光年刻本。

乾隆二十二年(1757)，清廷对准噶尔战争告捷后，卫拉特蒙古人非亡即散，损失殆尽，以致耕牧俱废，人烟稀少。清廷在“以武定功成，农政宜举”方针的指导下，大力组织各种形式的移民，从乾隆二十二年(1757)至嘉道时期，为新疆屯田的第二阶段。第二阶段进入新疆的农业人口主要来自五个方面：绿营屯兵、内地民户、南疆维吾尔族农民、内地遣犯、移驻北疆的部分八旗兵丁。与移入人口的身份相适应，屯垦活动亦有兵屯、产屯、回屯、遣屯、旗屯等不同形式。

据《西域图志》《乌鲁木齐事宜》《三州辑略》《西陲总统事略》《新疆识略》等书中记载，乾隆四十二年（1777）屯田达40余万亩，六十年（1795）达到了120余万亩。随着兵屯的收缩，民屯的面积在不断扩大。三十五至五十四年（1770—1789）的20年中，各屯区除有三四年遇灾减产，历年都“时和岁稔，水泉充足”，收成在十分上下，有的年份高达十五六分。兵屯每亩的平均产量由初期的约一石零七升上升到一石四升七斗。乌鲁木齐自开屯以来年成甚好，乾隆末年，乌鲁木齐、巴里坤产屯每年上交州县赋粮72410石，加上兵遣屯粮和就近从民间采买，一岁得粮195000石，供支官兵及州县公用外仍余粮3万余石。伊犁每年收绿营屯粮6l000余石，回屯纳粮10万石，户民及为民遣犯粮数千石，计16万余石。

清代以来，随着国家大一统局面的形成，长城不再是游牧民族和农业民族的天然分界线，这就为长城外的开发创造了客观条件。乾隆时，“至出口垦荒者，动辄以千万计”[①]，内地往长城外的大规模移民、塞外土地的开发以及农业和商业的发展，为长城沿线地区城镇的形成提供了物质基础。因此，伴随着长城外侧的开发，沿长城一线的许多城镇开始兴起并得到蓬勃发展。

乾隆中叶以后，生齿日繁，人多地少、无田可耕的矛盾日趋尖锐。在内地平原地区，人口密度高度集中，但“水陆可耕之地俱经垦辟无余”[②]，土地开发已达饱和点，现有土地已不足养活当地人口。官僚、地主、商人受粮价、田价腾涨的刺激，乘机疯狂兼并土地。早在乾隆年前期，“田之归于富户者大约十之六七，旧时有田之人，今俱为佃耕之户”[③]。大批丧失土地的农民，其中一部分成为地主的佃户

①《清仁宗实录》卷164，嘉庆十一年七月已未。
②《清高宗圣训》卷80《爱民》。
③ 杨锡绂:《陈明米贵之由疏》，出自《清经世文编》卷39。

和雇工，而绝大部分沦为“不士、不农、不工、不商”的无业游民。为了谋求生路，他们纷纷向外迁徙。一部分流入城市以乞讨为生或进入工场作工，一部分流往海外侨居谋生，而大部分拥向深山老林或海岛边疆垦荒。内地省际边区，如川陕楚交边山区、湘鄂西山区、湘南山区、皖南山区、湘赣边山区、闽浙赣交边山区，以及云贵、台湾、海南、蒙古、东北等地区，无不有流民垦殖的足迹。除了流向上述地区外，各地的帮会组织也吸收了大量的流民。各种帮会组织在乾、嘉以后迅猛发展，以致当时的中国社会“伏莽遍地”。最终导致了诸如乾隆末年的湘黔苗民起义。

以工代赈

工赈也是经常施行的赈济方式，是指在灾年由官府出资兴办工程，日给银米，以招募灾民。工赈所办工程，多与水利相关，具有积极的救济性质，且为将来的生产做准备，有人说它“盖以一时之补救，而开万世之乐利也”。通常，清政府会考虑百姓疾苦，尽量让工赈落到实处，比如规定，“向例每逢闲月，听贫民尽数到工执役；若农忙之时，即有紧要工程，大率三丁抽一，其余任其耕种”①。

工赈的观念在汉代一个时期以后就隐伏了。到了宋代，这种思想才又活跃起来。突出的例子是范仲淹，皇祐二年，吴中大饥，殍殣枕路。是时范仲淹主管浙西，发粟及募民存饷，为术甚备。因吴人好为佛事，而召诸佛寺主首谕之曰：“饥岁工价至贱，可以大兴土木之役。”于是诸寺工作鼎兴。又新敖仓吏舍，日役千夫。监司奏劾杭州不恤荒政，嬉游不节，及公私兴造，伤耗民力。范仲淹乃自条叙：所以宴游及兴造，皆欲以发有余之财，以惠贫者。贸易饮食、工夫服力之人仰食于公私者，日无虑数万人。荒政之施，莫此为大。是岁，两浙唯杭州晏然，民不流徙。皆范仲淹之惠也。

以上故事录自沈括(1031—1095)的《梦溪笔谈》。李约瑟博士(Joseph

---

①《清高宗实录》卷123，乾隆五年七月戊子。

Needham) 说：此法为组织有劳动能力的青壮年灾民，给以口粮和佣资，让其兴修河坝、道路、城垣等公共设施。这种办法一般在大面积水旱灾害后使用。它既可以使灾民得以存活，又兴修了水利等工程，对人民的生活和农业生产均有补益。同时，采用这种方法，还稳定了民心，对大灾之后社会秩序的安定有着积极作用。

乾隆年间以工代赈修筑了永定河坝，直隶总督陈宏谋特奏请，不能只给灾民饭食，应在口粮之外再给以工价，他认为，"若如直隶代赈之工止给饭食，其价止平时十分之三，是反于凶年而派民大差，殊非代赈之意"。应该"概照帑修一例给价"，灾民才能踊跃参加。乾隆五年春夏之交，直隶、山东雨泽愆期，二麦歉收，皇帝令巡抚法敏悉心计议，"如有开渠、筑堤、修葺城垣等事，酌量举行，使贫民佣工就食"[①]。

乾隆四年（1739），青海大饥，饥民四流。西宁兵备道佥事杨应据趁机议准饥民以工代赈建筑九城，仅化隆境内筑土城三座，许多饥民应招并自此定居化隆。巴燕戎格设厅后，杨应据又采取劝耕政策，招集和安置以汉族为主的民众垦荒造田，重点开发河群峡以上的谢家滩乡、加合乡、昂思多乡等大面积沟岔干旱地带。其后又有大量来自兰州、临夏、永登等地的流民以应招农垦定居化隆[②]。

乾隆十六年（1751）十二月，奉上谕：

> 大学士高斌等会商南北两运减河折内所称，修浚河堤桥坝各工，据各该道属河工成规约需银十二万一千余两。今请于停赈之时，照兴工代赈旧例[③]给价，共约估需银九万一千余两，俾小民得以力作糊口等语。四处减河在武清、宝坻、宁河、天津、青县、沧州诸境，今岁皆值偏灾，寓赈于工，自于小民有益。惟是以工代赈，向例较之河工成规给价转少，朕思地方既有偏灾，即不用其力，尚且多方抚恤，乃因寓赈于工，转致减价给发，于理未协。即该地方已经给赈，而赴工之人未必即系领赈之

①《军机处录副档》，乾隆六年正月兵科给事中钟衡奏折。

②《化隆县志》编委会编：《化隆县志》，陕西人民出版社 1994 年版。

③《工部则例》：直隶各省地方民堤民埝，遇偏灾歉收之年，该督抚查明应修工段，实在民力不敷者，照例具题。兴工代赈，照依修筑官河官堤土成工价，准给一半。引自〔清〕杨西明辑：《灾赈全书》卷 2《以工代赈》，道光三年刻本。

人，亦无从区别。盖所谓兴工代赈，在其工原属不必兴者，第为灾黎起见，既受赈之后，因以修举废坠，俾得藉以糊口，自应循照往例，若实系紧要工程，亟应修作，自又当照原价给与。此项减河修浚工程所有土方工价银两，著照河工成规，全行支给，以副朕子惠黎元至意。其嗣后各省以工代赈之处，俱令分别工程缓急，照此办理。该地方官务须督率稽察，俾工归实用，毋令浮冒滥销。该部遵谕速行。钦此。[①]

工赈只是“照依修筑官河官堤土成工价，准给一半”，但是，乾隆一朝，灾害频仍，河工繁多，需费银两的数目之巨也就惊人了。四十四年（1779），乾隆帝上谕：“前因豫省黄河漫口，节次拨给部饷及两淮盐课银三百六十万两以备工赈之用，现在不敷，著户部再拨银二百万两，迅速解往。”[②]此次堵口，历时两年，四十五年（1780）二月工程告竣，实际用银500余万两[③]。

颇具特色的是，这其中的银两有相当一部分是朝廷鼓动富商捐输的。尤其是乾隆年后期，清政府财政状况趋于恶化，开捐频率明显增加。本来就认定的“甚非政体”的财路，仅盐商的报效，乾隆朝就高达38665491两，嘉庆朝为26636000两[④]。乾嘉两朝的捐输量竟是康雍时期的56倍。据《清盐法志》所载，仅两淮盐商中就有商人江广达等，于乾隆四十七年（1782）六月，“公捐银二百万两，以充广东省工赈”。又于乾隆五十三年（1788）九月，“以荆州堤塍被水冲浸，公捐银一百万两，助工赈之需”。

①《户部则例》，引自〔清〕杨西明辑:《灾赈全书》卷2《以工代赈》，道光三年刻本。
②《清朝文献通考国用三》卷41。
③《清史稿 · 河渠一》卷126。
④ 参阅陈锋:《清代盐政与盐税》，中州古籍出版社1988年版，第220、228—233页。

31 南方亦有旱情

北旱南涝，说来是一条定律。而祈雨在全国则是普遍的，且是淳朴民风的一种体现。沈从文在小说中写道："一切事保持一种淳朴习惯，遵从古礼。春秋二季农事起始与结束时，照例有年老人向各处人家敛钱，为社稷神唱木傀儡戏。旱叹祈雨，便有小孩子各抬了活狗，带上柳条，或扎成草龙，各处走去。"①这地方就是靠南端的湘西。

南方的稻作农业是建立在灌溉基础上的。即使没有灌溉，这里只要雨量充足，雨泽平均，种植水稻就有可能获得丰年。然而，南方土壤的品质又偏偏难以经受哪怕是短暂的干旱，诚如美国学人费正清所言："就水的供应来讲说，华北在正常年份仅足以勉强维持，于是周期性的缺雨就易于产生旱灾饥馑。从水源上来说，华南占据优势。但就土壤而论，华南相形之下就差些，因为不断有水渗过它那温暖的土地，把那些对于植物生长至关重要的矿物养分溶化渗走了。"②

加之在南方的多个区域，丘陵地多，即使是在不缺雨水的情况下，也难以用于农田灌溉，且其生产规模小而零散，导致稍大一点的做蓄水用的水利设施都很缺乏，因此，虽说北方的粟和小麦比南方的稻类在生产潜力上要低，但北方的实际生产力和生产方式及社会组织的复杂性，在东部沿海商贸经济发展到一定高度以前都要比南方发展得高且成熟。因此，南方御旱的能力反倒更脆弱一些。如

---

① 沈从文：《凤子》五，一个被地图所遗忘的地方。这个地方就是湖南湘西。《沈从文全集》第 7 卷，北岳文艺出版社 2002 年版，第 107 页。

②［美］费正清著，张理京译：《美国与中国 · 中国景观》，世界知识出版社 1999 年版，第 7 页。

苏北一隅之地，黄河、淮河、运河、长江逼聚于此，境内湖泊密布，水道纵横，31
地势低下，很容易发生水旱灾荒。乾隆以后，水道年久失修，灾祸频仍。乾隆四十六年（1781）和五十年（1785），发生特大旱灾，“树木枯死，运河几涸”。

南方亦有旱情

也就在东部沿海商贸经济发展到一定高度的前夕，南方旱情频仍有些年了，令人无不困惑的是南方一旦闹起干旱来，祈神之声更是喧闹不已。乾隆朝以降，南方大部所遭遇的严重的干旱还在加剧。造成农业经济损失，出现禾苗干枯，还有大量人员饮水困难的现象。身为江南长州人的沈德潜在他的诗中这样描述当地旱情：

日出未出如血红，火云烧天蒸毒风，
下田亦作十字坼，上田禾苗等枯蓬。
去年荒旱苦乏食，县令喈血鞭耕农，
愚民可惩亦可悯，仁者终愿全哀鸿。
今年旱魃复为虐，天高难问真梦梦，
传闻金坛漂水间，蝗蝻过处田俱空，
义兴百里染沴气，老者憔悴连儿童。①

在我国南方华南和长江中下游地区常会发生大范围秋旱，两广与台湾等一旦出现旱情对农作物的危害就相当严重。乾隆年间的前后两头与中间段的年份里，广东、广西、海南、湖南、江苏、安徽六省区降水量如果偏少，幅度在常年的八成以上，农作物的歉收就要在五成。

乾隆五十年（1785），进入秋季，少雨程度最为严重的江苏铜山、长洲、上元等56州县，安徽亳州等51州县并凤阳等9个卫，湖南巴陵等10州县以及部分地区平均降水量仅有不足三寸，这是历史同期最小值。持续少雨导致南方秋旱快速发展，旱区已扩展至几乎整个长江中下游和华南地区，浙江、湖北等地达到重旱标准，其中江苏、安徽、湖南的局部地区达到特重旱灾。乾隆一朝的旱灾在南

① 沈德潜:《旱》，出自《清诗铎》卷15《旱灾》。沈德潜生于康熙十二年（1673），卒于乾隆三十四年，高寿97岁，当时被尊为诗坛“大老”。著有《归愚诗抄》《说诗晬语》，编著有《唐诗别裁》《国朝诗别裁集》等。

方就有十几次。这是从官书中找到的乾隆年间南方地区的旱灾情况：

乾隆年间中国南部旱灾一览表

时　间	旱　情
二年（1737）	安徽寿州、霍丘旱灾，广东三水旱灾。福建漳浦旱灾。
三年（1738）	江南下江旱，盐城一带赤地千里，安徽48州县夏秋亢旱。江苏华亭等六县卫旱灾，湖南石门县、应山旱灾。湖北孝感等六县旱灾，台湾旱灾。
四年（1739）	江苏淮北、安徽安庆旱。湖北钟祥、房县、汉阳等5县旱灾，四川忠州等3州县旱灾。
五年（1740）	安徽无为等4州县旱灾。
六年（1741）	福建旱；广东琼属旱。
七年（1742）	福建、广东旱。
八年（1743）	福建台湾等3县旱灾，安徽寿县等9州县卫旱灾，广东吴川县旱灾。
九年（1744）	浙江仁和等31州县旱灾。
十年（1745）	广东电白等2县旱灾，湖南湘阴等3县、湖北汉川等21州县卫旱灾，广西思恩等县旱灾。
十二年（1747）	江苏上元等15州县卫旱灾。
十三年（1748）	福建台湾等2县旱灾，福建漳泉秋旱。安徽阜阳等13州县卫旱灾。
十六年（1751）	安徽歙县等18州县旱灾，浙江海宁等65州县卫及大嵩等8场旱灾，江西上饶等7县旱灾，湖北天门旱灾。
十七年（1752）	湖北钟祥等25州县卫旱灾。
十八年（1753）	江西旱，浙江二十八厅县卫所旱。
二十五年（1760）	湖南常宁等12州县卫旱灾。
三十三年（1768）	湖南，湖北、贵州旱；江苏江浦等18州县卫旱。
三十九年（1774）	湖北汉阳等15州县、武昌等6卫1所旱灾。
四十年（1775）	江苏句容等46州县、镇江等5卫旱灾，安徽定远等39州县旱。
四十三年（1778）	湖北江夏等39州县卫旱灾，四川旱，湖南湘阴等15州县卫旱灾，江苏上元等36州县被旱成灾。
五十年（1785）	全国性干旱，南方有江苏铜山、长洲、上元等56州县卫旱灾，安徽亳州等51州县并凤阳等9卫旱灾，湖南巴陵等10州县旱灾，浙江旱，湖北旱。

如果南方的干旱只是一种偶然，那么当地绝不会唱起驱旱魃的大戏来，无论从戏剧的形式还是内容来看，这类戏都形成了自身独特的地域文化，作为一种历史现象也有相当长的时间了。

连台大戏——马壕戏

清代中叶以来，天府蜀都以目连戏为代表的社戏，也是一种干旱时祈雨的形式，其流行于四川成都附近及三台、内江、南充等广大地区，雅俗共赏，老少咸宜。《三台县志》记载："牛头山下马场，营卒牧马地，又邑人丛葬处也。前清每岁清明，必于此举祭孤之会，张罗演剧十余日而后散。云：不尔，鬼必为厉。"[①]马场一隅在城西今牛头山公园背侧洼地，原有壕沟，临牧马场，俗称马壕。其地有鬼王寒林之庙，塑土偶数尊。庙侧竖一米来高石柱，镌"寒林鬼众之香位"。祭祀之鸡血，淋漓不尽。就在庙对面的戏楼上演出连台《目连变文》，因地处马壕，民称之为"马壕戏"。

马壕戏为连台大戏，主演《目连传》，又叫"搬目连"；加演《精忠岳传》，又叫"搬东窗"。演戏是为了禳灾抑或祈福，遇天旱则搬东窗，捉旱魃。《目连传》以目连入地狱救母为纲，以佛家因果报应为纬，以南朝刘宋时期为历史背景，连缀成既像历史、实为神话的荒诞戏。

剧情第一幕为跳加官祈福祝岁，第二幕为搞灵官镇台。此后，由彼率领五猖、吴二爷（无常）、鸡脚神、牛头马面等，到乱葬岗或大街上捉拿旱魃和鬼王寒林。旱魃和寒林由袍哥自愿装扮，以扫秽祈祥。旱魃青面獠牙，恶鬼一个。剧情发展到高峰，演员和观众浩浩荡荡，用铁链锁住旱魃，游街示众。旱魃被捉游街之后，即带至戏台前，取下锁链，改拴在事先准备好的替身草人或木制牌位之上。

---

①《三台县志》，1931 年。

舞龙灯

长江流域地区的游艺性彩灯，数舞龙灯最为普及。舞龙灯习俗，可追溯到远古的图腾崇拜，并与农耕民族古老的生产生活习俗密切相关。在古代神话中，“龙”是主宰雷雨的神灵。每遇旱情，人们便装扮成应龙的形状来求雨，果然可以求得大雨。王充《论衡·乱龙篇》也谈到“设土龙以招雨”。

这一古老的习俗在四川巴县仍存在。过去，每逢干旱，当地人就要用黄荆条扎制黄荆龙求雨。舞黄荆龙的人，头上戴个黄荆条扎的圈圈，上身打光膀子，下身只穿条内裤，边走边舞；看的人也要一路泼水，还要有一人装扮成旱魃，受众人追打，这完全是古代应龙神话的再现。长江流域的舞龙，按制作材料和表演方式可大体分为龙灯、草龙、彩龙和板龙四类，龙灯中的草龙亦称“草把龙”“稻草龙”，一般用稻草或荆条、青藤、柳枝捆扎，节数不限，单数为佳。节与节之间以草绳相连，形制较为原始，是南方稻作文化的产物。宋《梦粱录》曰：“以草缚成龙，用青幕遮草上，密真灯烛万盏，望之蜿蜒如双龙飞走之状。”即指当时吴地的草龙。大约因草龙形制古朴、资历久远的缘故，民俗中有“草龙为大”的说法，大龙与彩龙遇见草龙都要回避。

一些地方舞草龙时，将水泼向舞龙人，示龙王降雨意，有似“浇旱魃”的古俗。三峡地区土家族祈雨时，也用柳枝（自古为祈雨灵物）扎成“泼水龙”舞之。草龙舞毕，通常要将其投入河水中，意为送龙回归龙宫。

台湾祭妈祖、贞节妈

说来也有几分不可思议，要说台湾该算是雨泽充沛之地，乾隆年间也闹过几次旱灾，受过朝廷的赈济。在岛上，成为大甲三神（妈祖、郑成功与贞节妈）的就有两尊与祈雨相关。

传说妈祖的父亲叫林愿，别名惟悫。曾任职都巡检，世居莆田县忠门乡港里村，告老还乡后隐居莆田县湄洲屿东螺村。母亲王氏，生下一男六女。妈祖诞生于宋太祖建隆元年（960）三月二十三日。出生到满月期间从不啼哭，因此取名“默娘”或称“默”。13岁时，默娘因乐于施舍，得到玄通道士传授“玄微秘法”。16岁得到井中神人授给的铜符，学到一些法术，并以符令驱邪救世，里民称之为“神女”。21岁时，莆田大旱，县尹求妈祖祷雨，济民成功。说是宋绍熙元年(1190)救旱大功，晋爵加封为“灵惠妃”的封号。元天历二年(1329)以护漕大功加封，并遣官致祭天下各庙。封号共22字“护国辅圣庇民显佑广济灵感助顺福惠徽烈明著天妃”。

台湾大甲镇澜宫所祭另一位与祈雨有关的贞节女子——贞节妈，生于清乾隆四十四年(1779)，叫林春娘，原是大安乡中庄人氏，小时候因为家贫送给大甲三脚街口余家当童养媳，12岁那年，丈夫余荣长（17岁）经商不幸溺毙，林春娘虽未成婚，却不再嫁并孝顺婆婆而名扬乡里。道光十三年（1833）林春娘年54岁，乡绅刘献廷转呈淡水厅同知报请旌表、建牌坊，然因家贫，无法筹措经费，迟至道光二十九年（1849）张纲任职大甲，得淡水同知黄开基、新竹林占梅率先捐银响应，才竣工。同治元年（1862）台中四张犁戴万生率众作乱，部将王和尚、林日成三次围攻大甲城，断城水，林春娘三次替当地士绅祈雨皆灵而击退民变解危。同治三年（1864）病殁，享年85岁。地方感念其贞节、孝顺与为大甲解围，建祠堂祭祀，后来因祠堂残破而神像暂祀镇澜宫。长生禄位暂祀外埔慈意堂，连横曰：“吾读东瀛纪事，在大甲林氏导雨之事，甚奇，吾以为藉作士气尔，继而思之，至诚之道可以格天，桑林之祷启虚与哉。”

长篇弹词《描金凤》

据传，当年苏州久旱成灾，官府出皇榜召人求雨，求得雨者重赏，无雨则用火烧死。以占卜为生的江湖术士钱志节，在看皇榜时不慎撕下皇榜一角，被强行拉至三清殿求雨。钱自知必死，索取酒肴醉饱三日，于玄都观登坛求雨，适逢天降大雨。钱愤慨之余，戏弄官府一番。此故事后编成长篇弹词《描金凤》，对钱志节玩世不恭的性格及濒临死亡的复杂心理，做了淋漓尽致的刻画。全书悲中有喜，笑中含泪，感人至深。

城隍神庙祈雨

如《宋史 · 诸神寺》记载："凡天下名在地志，宫观陵庙，名山大川，能行雨者，并加崇饰，增入祭典。"就是说，有名字在地方志中的人，死后"能行雨者"，可加以崇敬，装饰为神，建庙祭之。此外，《闽书 · 方外志》收录以宋代福建名僧为人格化的神有三坪祖师、清水祖师等，他们生前也都有名有姓。城隍神更如是。《宋史》："（苏）殉节于邕州，交州人称为苏城隍。"还有江西城隍名"灌婴"、杭州城隍名"周新"、广东城隍名"文毅"、雷州城隍名"陈冯实"等等，都是人格化的神，和在家供奉祖先的神祖牌，同样有姓有名。

《春秋》："郑，灾祈于四庸；宋，灾用马于四庸。"远在春秋时代已有遇旱灾而祈雨于城隍爷。祈雨供品较简单，得雨答谢隆重。旧俗祈雨时，常抬出城隍爷与龙王爷的偶像，平起平坐地到郊外祭奠。清朝福建尤溪知县孙大锟在祭城隍神文中说："若夫风雨不节，寒暑失时，民有妖扎之灾，物失咸苦之性，此则神当为民请命者。"后来，自然神衍化为社会神。

祈雨，泉州民间俗称"乞雨"，其崇拜的神灵对象甚多，包括龙神以及众多的地方神，仪式有民间和官方之分。就德化而言，是邑多山田，涝不为害，故少祈晴，多祈雨，凡遇旱，古代地方官员时常组织民众祈雨，设龙王神坛于城隍庙，牒告城隍，官民朝夕拜祷。泉州农村尚有祈雨之俗，祈雨规模大小不一，小者抬出铺境保护神"铺主"和"境主"，大者需抬出城隍爷、大慈大悲观世音菩萨、龙王爷等神像，届时设置香案，主持人多为当地耆老绅士，参与祈雨者，均需头扎白巾，身着素服，且不得撑伞戴斗笠，任凭炎日暴晒以示虔诚。

嗣后，主持人即率领参加祈雨的民众，由神轿带路，前往江海湖畔，或溪边潭墘，打水捞物以卜雨晴。一路上，祈雨民众跪拜叩头，呼天抢地，同时口中念念有词“久旱无雨，田园难播，颗粒无收，百姓艰苦，乞求皇天，早降甘露”或“乞雨乞雨，烂肠烂肚，皇天不顾，百姓无路，……”，其词各地大同小异，其内容均是向皇天哀诉民间苦旱惨状，祈求早降甘露。打水捞物时，如捞到小螃蟹或螺狮，只能卜小雨；只有捞到“水龟”（一种生活于水中的扁圆形小虫）才可卜大雨，说是“水龟”为龙属，龙可兴云布雨。而在晋江，若捞到小虾，则示为无雨之兆，务必反复祈求，以感动皇天，降恩赐雨。

陈靖姑的“临水宫”

相传，陈靖姑确有其人，生于唐代大历年间，福州下渡人，18 岁时嫁给古田明经贡士刘杞为妻。陈靖姑一生侠肝义胆、扶危济难。24 岁那年，福州古田一带均遭大旱，靖姑身怀六甲，却毅然前往古田大桥临水施法，祈雨抗旱，不幸殒身。当地百姓感其恩德，建殿修庙。唐末五代，闽王王审知赐予“三十六婆官”，竖碑纪念；南宋理宗皇帝追赐为“慈靖夫人”，赐额“顺懿”；清乾隆皇帝封赐其为“太后”。这些“加封”都被当成是为君亲民的善举。

临水宫坐落在大桥镇中村村北，始建于唐贞元八年（792），历史上曾称顺懿庙、龙源庙、龙川庙，奉祀“顺天圣母”陈靖姑，为海内外顺懿（临水宫）祖庙。

临水宫依山而建，红墙绿瓦，参差错落，是一座风格别致的唐代宫殿建筑，宫门顶上嵌挂着南宋朝理宗皇帝御赐“顺懿庙”匾额，全宫有前、后、左、右四个分殿。前殿临南墙设两重仪门，越数级台阶达大院。院内有古戏台、钟鼓楼、拜亭和正厅，以精雕细刻的廊柱斗拱、雕梁画栋形成大小藻井。正厅中间供奉着相传以陈靖姑真身塑造的神像，泥金彩塑，神采奕奕。身旁左右供奉着与古田毗邻的罗源县女神林九娘和连江县女神李三娘。相传三位异姓女神情同手足，共同斩妖除恶，造福百姓，深得民心。正殿神龛下，体态魁梧的文臣武将分列两旁，另有四尊类似金刚的守护神两两相对，神态威武。整个正殿气象仿若皇宫，又寓意和谐，无限沐浴在陈靖姑神像慈祥的目光中。

因为陈靖姑是在怀孕期间为民祈雨除妖而与胎儿共赴危难的，所以其仙逝后又逐渐衍化为妇女儿童的保护神。

32

农田灌溉与人口

乾隆五十七年（1792）全国人口已逾3亿，乾隆帝十分感慨地说："我国家承天眷佑，百余年太平天下，化泽涵濡，休养生息。承平日久，版籍益增，天下户口之数，视昔多至十余倍。""以一人耕种而供十数人之食，盖藏已不能如前充裕。且民户既日益繁多，则庐舍所占田土不啻倍蓰。生之者寡，食之者众，于闾阎生计，诚有关系。"最后他说："日食不继，益形拮据，朕甚忧之。"[①] 乾隆帝这一番话，虽也说到了当时社会问题的症结，但除了感叹一番外，实在提不出实际解决的办法来。

在黄河流域的中下游地区及黄土高原的河谷，客观上就存在一向少雨或多雨不调的气候，同时，这里又有河流，极易在短距离内引水到缺水的农田里，且土壤很容易以简单的工具耕种。待农田灌水后，或不必耕作施肥，便可出产谷物。

所谓灌溉农业即雨多时农田里可疏浚，可在干旱时向农田里灌水。最好是事先做好预防工作，叫作"未雨绸缪"。古时的所谓国家要政，最首要的就在于水利。朱熹说过："赈济无奇策，不如讲水利。"[②] 有清一代在土壤耕作、选种、施肥和灌溉等方面也有了一些进步。例如，北方土地干旱，要强调深耕，故山西寿阳一带犁田，"有特用深犁者"。在南方，由于稻麦两熟制的发展，整地排水技术不断改进。在北方，主要发展了井灌，南方兴修了一批沟渠、塘堰等。

---

①《清实录·乾隆朝》卷1441，乾隆五十八年十一月。

② 引自〔清〕陆曾禹:《钦定康济录》,《中国荒政全书》第2辑第1卷，北京古籍出版社2004年版，第266页。

乾隆四年（1739）的《钦定康济录》有曰：“水之为道，蓄泄由人则有益，旱涝任之则为灾。”随声附和的有臣工们奏文，如乾隆九年（1744）山西道监察御史柴潮生陈长文论说，讲赈灾之帑转至水利之必要，云：“甘霖一日不足，则赈费固不可已。臣窃以为徒费之于赈恤，不如大发帑金，遴遣大臣经理畿辅水利，俾以济饥民、消旱潦，且转贫乏之区为富饶。救时之急务，筹国之远谟，莫以易此……天灾国家代有，荒政未有百全，何如掷百万于水滨，而立收国富民安之效？纵有尧灾汤旱，亦可挹彼注兹，是谓无弊之赈恤。”①

乾隆帝接到了奏文，也认为此事很重要。《高宗本纪》载：“九年四月庚寅，雨。壬寅，大学士、九卿议覆御史柴潮生请修直隶水利，命协办大学士刘于义往保定会同高斌筹画。”到了二十八年（1763）春正月乙卯，又命侍郎裘曰修督办直隶水利。五月癸亥，命尚书阿桂往直隶霸州等处，会同侍郎裘曰修、总督方观承督办疏浚事。

养活1人至少需要3亩口粮田

实际上，中国古代并没有可靠的耕地统计。有明一朝保有中国自古以来最重要的农耕地区，满族入关使中国人口锐减的同时，极大地开拓和巩固了中国的北方、西北和西南疆域，特别是农耕条件良好的东北疆域，并巩固了对台湾的主权。到了1784年的清中期，耕地已近千万亩，远远超过明朝，而人均耕地（亩），在3.69亩左右，大大低于明朝。这种人地比例的变化使朝廷对加强耕地与口粮问题的重视有了实行的客观基础和内在动力。

按照清代关于人均年口粮的估算，即使是华北农民口粮消费的计量，也都来自江南食米的标准。一个人的口粮究竟多少？不少人反复地计算过。任启运（1670—1744）认为，“夫人食谷（每日）不过一升”，“以人口日一升计之，一人终岁食米三石六斗”②。洪亮吉说，“一人之身，岁得布五丈即可无寒，岁得米四石

① 引自《清史稿·列传九十三》。
②〔清〕任启运:《清芬楼遗稿》卷1。

即可无饥”[①]。张履祥（1611—1674）算出的长工口粮还要高一些，每年5.5石。上述估计都是以一夫即一个壮劳力作为对象的，数量相对较高。

至于一个家庭年均的平均口粮消费数量，也有人做过估计，如据强汝询（1824—1894）估算，“八口之家，人日廪米四合，率日食四升八合，一岁食米十七石二斗八升”[②]。依这样的标准，农民一家男女老幼每人年吃粮2.16石。如包世臣所说，“合女口小口牵算，每人岁食米三石”[③]。考虑清代华北农民的食品结构特点，把大小口拉平，每人3石左右的年均口粮标准还是差不多的[④]。

那么，这3石粮食需要多少土地才能够生产出来呢？在当时的生产条件下，人口多少本应受到口粮田多寡的制约，而只是要求吃的数量而不讲究其质量的行为惯性使大多数人始终生活在贫困线上。清代华北一般年成两收亩产在1石左右，这样养活1人至少需要3亩口粮田。如果没有复种，则需6亩土地。清代华北水利薄弱，土地多为中低产田，产量很低。各地气候、水利条件不同，因而养活1人大致需要3至6亩土地，华北农业生产水平也比江南低，因而尽管人均占有的耕地一般比江南略多，农家仍食不果腹，一般在正常年景仅能糊口，均鲜有藏，不少农户还要依靠举贷度日，因而应时收获对农家维持生计至关重要。

自然灾害有轻重，灾情不同，对粮食生产的危害程度也会存在差别。灾情较轻时，粮食会有不同程度的歉收；而大的灾害可导致庄稼绝收，形成灾荒年。自然灾害不仅造成农民生命财产的直接损失，而且由于缺粮、饥荒、时疫等继发因素的困扰，间接的人口耗损也是相当惊人的。所谓“饥年田亩必贱，民以田易命，安问贵贱。而有力殷户，往往以此大富。是小民之心头肉，为彼之饵鱼钩，事所必有”[⑤]。

河南也有类似的事情发生，乾隆五十一年（1786），巡抚毕沅奏称，“豫省年岁不登，凡有恒产之家，往往变卖糊口。近更有于青黄不接之时，将转瞬成熟麦地贱价准卖。山西等处富户，闻风赴豫，举放利债，借此准折地亩。贫民已经失

①〔清〕洪亮吉:《意言 · 生计篇》。

②〔清〕强汝询:《求益斋文集》卷4。

③〔清〕包世臣:《安吴四种》卷26。

④ 摘引自徐浩:《清代华北农民生活消费的考察》,《中国社会经济史研究》1999年第1期。

⑤〔清〕周天爵:《与刘次白书》，出自《周文愚公尺牍》卷上，道光年刊本。

业，虽遇丰稔之年，亦无凭借”[①]。土地之外，典卖儿女也成为农民无可奈何之下的选择，如河南凡民间偶因歉岁，将女儿、儿子、童养媳当入富户，以抵御眼前的饥馁。身价轻则年限少，身价重则年限多也。出卖土地甚至儿女已经成为在田荒粮贵形势下，农民维持最低生存极限的最后选择[②]。

水资源与农业灌溉的耗水量的矛盾越来越显著

马克思认为，东方社会公共水利灌溉工程的独特性对东方文化生成有重要意义，尽管他的分析对象可能仅仅是中亚干旱地区。《汉书 · 沟洫志》记汉武帝言："农，天下之本也，泉流灌浸，所以育五谷也。"古代水利工程的历史源远流长，正如元代王祯《农书 · 灌溉篇》所云："天下良田灌溉之利，大抵多古人之遗迹。"农田水利是名垂汗青的大事，顾炎武《日知录 · 水利》中就说："凡一渠之开，一堰之立，无不记之……可谓详而有体矣。"

如果抛开水利工程，仅就渠道灌溉而言，上游对下游占有优势。洪涝时，上游的水土流失得以通过河道淤积和决口泛滥的方式转移到下游；干旱时，上游可以通过水源的截留使下游村庄的旱情得不到缓解。国家权力机构在必要时可以为干涉跨地区的具体渠闸的使用制定管理规定。由于清初以来，朝廷就加强了水利管理的力度，水利纠纷相对容易解决，到后期多依赖地方官僚，水利纠纷多难以解决。加之明清"小冰期"的气候现象，这一时期多干旱少雨、河道干涸、水源不足。就区域性缺水问题而言，"集权"的必要性看上去是显而易见的。

同时，我国各地气候条件的区域差异大，气候因素、区域差异对水利工程的需求差异明显。诸如清代的关中地区，由于气候的变化，历史上曾经有过的大型水利灌溉工程日益衰微，取而代之的是小型水利工程的兴起和井灌技术的普遍发展。伴随水利工程规模缩小而带来的管理规模的缩小，社会对于"集权"的需求也就越发不那么迫切了。

---

①《东华录》卷103，第19页。
② 佚名：《心政录》卷51，第34页，乾隆五年。

华北地区典型的旱地渠道灌溉水利，与南方的圩田水利有很多区别。圩田系统包括圩田平原内的所有村庄，由于水资源丰富，水面广泛，圩田区的类型尽管有多种多样，但一个基本模式是，众多散落的村庄沿圩湖环形分布，因此，圩田区的耕地普遍能分享到灌溉之利，管理结构也比较松散。而在北方，一个闸口渠系所灌溉的土地往往是沿渠线性分布，尽管渠道流过许多村庄，但不能将沿途的各村庄的土地浇遍，只有部分耕地受惠。如河北南部的南和县的济民闸，在其渠系所覆盖的土地中，有的村庄受灌溉面积为60%，有的则只有30%①。因此，管理结构也相对紧张，且复杂化。造成这一现象的根本原因是华北地区水资源的不足。

华北的自然灾害与这里的生态环境有密切关系。这里降雨各季分布不均，春季多大风，初春和晚秋有寒流等经过，生态环境的上述特点使本区的自然灾害以旱灾为最多，危害也最大。故“凡用水而水不蓄，去水而水不流，岂特有害于农田人民，亦恐由此而丧命。此经济名贤以仁智自任者，未有不急急于此也”②。从灾害的种类看，应该说，由于水资源的季节性短缺，旱灾是导致华北灾荒年最主要的原因。而且，加之生态环境的破坏，有清一代旱灾的发生频率还有不断上升的趋势。

一般而言，“灌溉的进展必然促成生活群体及工作群体的不断增大。同时，生产规模的扩大也会导致更好的工作方法及更好的工具。就逻辑说，向平原发展可以造成更大规模的生产，但这首先要有改良的社会组织，平原不但需要灌溉，而且还要有排水及防御洪水的堤岸”③。

一些有识之士抛弃了祈雨术，强调以人力解除旱灾，兴修水利，未雨绸缪。《苦旱行》曰：“吾思备旱之策先导水，疏通沟洫江湖平。白湖溉田决为雨，苏堤卫水湖澄清。纵有灾沴不为害，天定每以人力争。”朱锦琮教庐江当地人打井取水，有效抗旱：“天时有亢旱，地脉无变迁。源泉用不竭，旱魃虐无权。”④

乾隆八年（1743）直隶地区发生严重旱灾。为了缓和旱情，乾隆帝还命令直隶总督高斌督促民间打井灌溉。至乾隆九年（1744）二月，保定府属已打成土井

① 参阅《中国农村惯行调查》刊行会编：《中国农村惯行调查》，岩波书店1981年版，第228—235页。
②〔清〕陆曾禹：《钦定康济录》，出自《中国荒政全书》第2辑第1卷，北京古籍出版社2004年版，第269页。
③〔美〕拉铁摩尔著，唐晓峰译：《中国的亚洲内陆边疆》，江苏人民出版社2005年版，第201页。
④ 摘引自王焕然：《〈清诗铎〉祈雨术初探》，《世界宗教研究》2012年第3期。

2200余口，当时正值农忙季节，“急需浇灌，民间俱各踊跃从事”。天津、河间两府也都依此办理。顺天府霸州也打井2000余口。

乾隆帝还比较注意培养和选拔水利人才。清代选官基本是通过科举，这使得工程技术人员奇缺，“通晓河务之大员，甚为难得”。乾隆帝听说河南布政使朱定元曾担任河南河厅员和浙江海防兵备道，对河防有一定研究，就传谕给朱定元，要他仍然“将疏浚保护之法，加意讲求，以备将来之任使”。浙江按察使完颜伟担任海防道员，熟悉浙江海塘事务，主持兴建尖山海塘有功，于是乾隆帝将其提升为江南河道总督。他还规定，担任过河官或者熟悉治水业务的地方官员，可以在履历中注明，优先提拔使用。

乾隆朝以来，人口压力再次升高时，世界的格局已经俨然形成，中国和欧洲先进国家的差距也已显著拉大。在这样的形势下，“中国社会偏重于灌溉，人口不集中就不能发展，人口中可以提供所需要的大量劳力，开展必要的重大工程”[①]，因此，农业灌溉的规模与人口的规模几乎是成正比的。

①［美］拉铁摩尔著，唐晓峰译：《中国的亚洲内陆边疆》，江苏人民出版社2005年版，第207页。

33

干旱与摇而不动的农本主义

农本主义的提出

中国传统的“农本”政策实在是在灾荒记忆和灾荒现实基础上为对抗饥荒而提出来的，并必然成为古代农业社会信奉的最高原则，即“以重农为务，惟土物爱”，至于乾隆帝更是“民本食天之念，拳拳无懈。不敢以一己之贵，而忽万姓之穷；不敢以四方之丰，而忘一隅之欠”[①]。中国的农业首先是生存必需，而不是社会经济发展的选择。另一方面，农业“靠天吃饭”的脆弱性也决定了它在连续的灾荒现实中又经常被摧毁。

乾隆帝认定祈雨的中心目的是农事。乾隆四十三年（1778）的一首御制诗云：“龙见引常雩，义惟寓重农，况当望雨时，意更殷虔恭。”[②]在农本主义和旱灾之间又存在一个互动的关系，即旱灾的经常性次第提升了“农本”在人们社会生活中的原本就很高的地位。

农本主义一直是儒教的主要道德训诫之一，也为历代帝王尊奉为“根本”，主要表现为奉行“八政以农为先”和“悯农”的政策，以及对仓储制度的高度重视。《尚书》的时代，《洪范》倡言农用八政，食货为先，重农足食，遂为历代施政之纲要。国用所资，私人所需，亦莫不取给于农。

农村社会的安定，系于农民经济之荣枯，农民经济之荣枯，则又系于农产物收获之丰歉，而农作物咸受自然界之支配，水旱无常，灾荒频仍，因此公私经济

① 乾隆帝：《春耦斋记》，出自《御制文初集》卷7。
② 乾隆帝：《西直门外》，出自《御制诗集 · 四集》卷50。

有岁歉则特感不安。因之，农本主义与其说是出于“国以民为本、民以食为天”的“善政”思想，不如说是来自历代对灾荒的经验，这不是一种道德热情，而是一种不断强化的生存恐惧，这种饥荒恐惧成了历代帝王和“农学家”农本思想的灵魂。

《礼记 · 王制》有云：“国无九年之蓄曰不足。无六年之蓄曰急。无三年之蓄曰国非其国也。三年耕必有一年之食，九年耕必有三年之食，以三十年之通，虽有凶旱水溢，民无菜色。然后天子食，日举以乐。”可知古代中国的生活原则是：“所以务耕织者，以为本教也。”[①]汉朝的贾谊和晁错的重农抑商思想统治了中国历史，他们坚持这个思想并不是因为他们脱离现实和缺乏“货币意识”，而是“过于”现实。贾谊和晁错的理论充分证明了频繁的灾变如何使中国人产生了顽固的生存恐惧和饥饿恐慌，以及在此基础上必然产生中国社会的农本主义精神。贾谊是在总结灾民历史的生活经验和教训的基础上得出著名的农本主义结论的：“夫积贮者，天下之大命也。”“古之人曰‘一人不耕，或受之饥；一女不织，或受之寒。’……今背本而趋末，食之甚众，是天下之大残也。……大命将泛，莫之振救……”[②]

这里“大命将泛”就是对干旱灾害的社会记忆和因此产生的焦虑。就连乾隆帝在连年旱灾的事实面前，心里居然也怀疑起祈雨的成效来，他在诗中对自己说：“十岁率逢九岁旱，常雩已是叹雩时。”[③]相对于迅即而在几个小时，乃至几天造成一个区域损害的水灾相比，干旱是一种渐进性的灾难。随着缺雨天数——久晴天候的延续，灾害进程将经历几个明显的愈加深重的阶段，与洪灾相比，一场严重的旱灾可能要持续几个月、一年，乃至更长时间，特别是在中国北方。

为了对抗“必然”将至的灾祸最重要的预防措施是发展农业，积累粮食，故曰“夫积贮者，天下之大命也”。然而，人类的活动使水源匮乏，水源的匮乏直接导致农业的减产，而农家的破产与农业生产规模的萎缩，最终成为旱灾带来的恶性循环中的灾难性结果。农本往往出于政治上的野心。在灾荒社会，占有粮食就

①《吕氏春秋 · 上农》。

② 班固：《汉书 · 食货志》。

③ 乾隆帝：《常雩礼成述事 · 四十七年》，出自《御制诗集 · 四集》卷 89。

意味着垄断了最重要的政治资源，在军事冲突中处于优势地位。

关于农本主义的政治动机，管子说得最为明确："凡有地牧民者，务在四时，守在仓廪……国有十年之蓄，而民不足于食，皆以其技能望君之禄也。君有山海之金，而民不足于用，是皆以其事业交于君上也。故人君挟其食，守其用，据有余而制不足，故民无不累于上上也。五谷食米，民之司命也，黄金刀币，民之通施也。故善者执其通施，以御其司命，故民力可得而尽也。……利出一孔其国无敌……予之在君，夺之在君，贫之在君，富之在君，故民之载上如日月，亲君弱上下。"[①]"不服从者不得食"这个理论，是管子最早提出来的。西汉时的那个"忧惶惶惧"的贾谊是这样解释的："苟粟多而财有余，何为而不成；以攻则取，以守则固，以战则胜，怀敌附远，何招而不至。"他的解释是出于投其所好以迎合君主专制的农本政策。

干旱为农业社会带来灾难

在干旱带来的漫长的生存危急的情况下，有产者会乘机扩张其土地占有量，从而扩大已有的社会分配失衡状况。其中在这种情况下经常起作用的机制，即抵押借贷。在持续旱灾的煎熬下，无奈的人们对当铺的需求骤然增加，这时的当铺经营者就可以压低典当物的价格，并提高利息率。对于那些有能力囤积粮食的人来说，长时间的旱灾是大发其财的机会，任何有粮食、货币可供出借的人都可以利用价格上涨之机投机贩卖来牟取额外利润。旱灾带来的饥荒给富人和穷人所带来的结果相反，收入的差距越发扩大，一部分人通过借贷获取高额收入，而另一部分人则债台高筑。

一旦旱情延续，每逢在危急之时就会有人"指田为当"，势必有越来越多被典押的土地无力回赎或被卖断，这种既便利又廉价的获取土地的形式，进一步加剧了土地所有权的过分集中，而这种不平等是所有对立、冲突的根源。土地兼并的

①《管子·四经篇》。

情况伴随着封建生产方式的产生即已开始出现，《孟子》就有“暴君污吏必漫其经界”的记载。他的“恒产”论和“井地”方案，事实上也有针对土地兼并而阐发的一层意思。在孟轲的时代，距离业已被封建生产方式废除的“井田制”时期不远，因此他还寄希望于恢复这样的土地制度。针对“漫其经界”的情况，他提出了“夫仁政，必自经界始”[①]的政策主张。

乾隆中后期，奉行了上千年的土地政策已经唱响了它最后的挽歌，土地兼并现象从未像清代中期以后那样变得如此普遍和不可逆。同时，如果灾难时间持续得过长，就会使农村中原本贫富对立的状态进一步加剧为一种紧张状态，乡村社会里的一种原本相安的平衡关系终被打破，在连年的干旱灾害的袭击下，佃户无力履行其义务，他们拒绝交纳地租和偿还借贷，而越来越倾向于摆脱这种“社会契约”，最终演变成暴动。

在农民不断走向破产的情况下，社会矛盾加剧，“贫民富民多不相得，富者欺贫，贫者忌富。贫民闲时已欲见事风生，一迫饥饿，则势必为乱，初或抢米，再之劫富，再之公然啸聚为贼”[②]。当饥民们蓄意攻击官府衙门和官粮储备设施时，暴乱已发展到最后的关头。饥民们最初的攻击目标是富民：那些待价而沽的囤积者们，那些既不肯在地租方面让步且又兼放高利贷的地主们，以及那些拒绝出售商品或漫天要价的商人们。不安定会促使富人将财富转移到较为安全的城市[③]。

与之同时期的是，城市经济商业化的日益增长，而且在中心城市，存在着相当规模的权力机构，因而有能力恢复秩序，这就促使土地资本的所有者向财富相对有保障的城市转移。而粮食储备与行政官员，连同救灾机构等都放在非农业生产体的城市里，这使作为农业生产体的农村抵御灾害与阻止混乱的能力进一步削弱，经过了一个时期之后，土地资本所有者所倡导的农本主义，就这样在农业王朝的最后时刻瓦解了。

再者，灾害持续的时间越长，对社会的正常秩序的破坏程度也就越大，政府的救援与援助将越来越难以奏效。乾隆朝出台的典章制度中所提到的控制饥荒的

---

①《孟子·滕文公上》。

②〔清〕魏禧:《救荒策》，出自《荒政丛书》卷1，宣统三年文盛书局石印本。

③《赈纪》卷5。提到灾荒初期富民即因无人相守而离村外出的情况。

各种措施基本没有什么新东西，而实际上，这一时期救济对象已有了显著变化。发生在明末清初的土地权的过度集中，导致了大量的雇佣劳动者和佃农每逢灾年，便加入接受官方救济的行列中，使传统的小自耕农不再是政府赈济的主要受益者。

同时，政府强迫地主完纳赋税，又劝诫他们同意佃户缓交田租，致使本已恶化的秩序进一步变得更加复杂。“因之，社会的政治控制有它自己的进化路线。它的趋向于复杂化的发展需要更多的劳动力储备。因为这个原因，它终于建立了一个庞大的佃农及无地农民的阶级，他们的经济需要使其成为顺服而低贱的劳工。这里要说，政治传统自始就敌视基本的精耕农业经济的任何改变，并视那些为着本地利益而从事粗耕，繁殖牲畜，尽力于多样活动，没有空闲，而各自独立的边缘群体为反叛”[①]。

另外，大量的赈济灾荒活动最终使国库入不敷出，国家财政陷入疲软。在和谐的社会关系不断受到侵蚀之后，荒歉之年，乾隆帝越来越依靠于国家财政，运用具有强大经济力量的“荒政”措施开展赈灾，而不再依靠有产阶级组织和承担救灾食物的再分配，特别是在乾隆末期，由中央政府提供的赈灾资金常常是相当“慷慨”的，如：乾隆四十三年（1778）赈济河南和湖北 220 万两，乾隆四十五年（1780）赈济直隶和江苏 185 万两，乾隆五十五年（1790）赈济山东、江苏和安徽 300 万两。这种寅时食剩卯时粮的现象终于轮到了含有报应意味的结算，嘉庆六年（1801），直隶又获得 100 万两赈济银。这一年引起执掌大权不久的新皇帝在上谕中悲叹仓储空虚，谕中接着指出，一旦出现灾情，即应求助于户部和内务府。但是，这种情况如果继续发展，则省库以及地方仓储，就将成为纸上谈兵的地方。嘉庆六年（1801）以后，有关的数字越来越少，即使是提到数量的地方，也极少提到实际数额[②]。

这一时期的因旱灾逃荒的资料证实，大量的人口外出逃荒，造成田地荒芜，田间已经无人耕作，由于农村劳动力枯竭，耕种者稀少，即使旱灾结束，仍是收成无望，在这种情况下，人们就更不愿回乡而最终放弃耕作。所以，关键是要使

①〔美〕拉铁摩尔著，唐晓峰译：《中国的亚洲内陆边疆》，江苏人民出版社 2005 年版，第 207 页。
②〔法〕魏丕信：《18 世纪中国的官僚制度与荒政》，江苏人民出版社 2003 年版，第 242 页。

农民继续固守在土地上。然后，唯一重要的是，他们是否拥有，以及何时才能拥有耕作资料——籽种、农具、耕畜[①]。然而，当我们阅读了上面提到的几方面情况后，就会意识到除了祈求降雨之外，其余的希望总是难以实现的。

另一种意义上的重农主义

也就在乾隆年间，在距离遥远的法国，也时兴过一种重农主义的思潮。1774年，也就是乾隆三十九年，法王路易十六任命重农主义学派重要人物安·罗伯特·雅克·杜尔哥（Anne Robert Jacques Turgot，1727—1781）为财政大臣。这一事件的历史背景是，18世纪中期法国封建王朝货币改革的失败和七年战争的失败，以及由此引发的贫穷与饥饿为特征的深刻的社会危机，这在思想界直接导致了法国重商主义的破产。重商主义作为资产阶级最初的经济学说，产生和发展于欧洲资本原始积累时期，反映了这个时期商业资本的利益和要求，它对资本主义生产方式进行了最初的理论探索。重农主义理论把研究对象从流通领域转向生产领域，认定只有农业部门才是唯一创造财富的生产部门，从而出现了与重商主义相对立的重农主义。

在就职财政大臣期间，杜尔哥提出了“不破产，不增税，不借款”的执政纲领，却遭到了贵族和行会的反对。两年之后，他被解职。

法国重农学派继承了17世纪下半期以来重视农业和主张经济自由的思潮，其理论的出发点和基础是自然秩序，视农业为财富的唯一来源和社会一切收入的基础。它被认为是永恒的、理想的、至善的，认为各种政治、经济和法令规章的人为秩序必须以自然秩序为准则。重农主义者预言，违背了自然秩序，社会就处于疾病状态。看来，“自然秩序”是被理想化了的资本主义社会。重农主义理论的核心是“纯产品”学说。他们认为，财富即物质产品和使用价值，财富来源于生产。在社会各部门中，农业是唯一创造财富的部门。而人身自由和财产私有是自然秩

---

①［法］魏丕信：《18世纪中国的官僚制度与荒政》，江苏人民出版社2003年版，第40页。

序所规定的人类最基本的自然权利，并认定保障财产权利和个人经济自由是社会繁荣的必要条件。

杜尔哥说道："……每人仅拥有生产其生活资料必需的土地，必然会消费掉其全部所得，从而无法提供任何东西用来交换他人的劳动。"①

饶有趣味的是，重农学派的另一个重要代表，也是其创始人弗朗西斯·魁奈（1694—1774），他所创立的有着较为完整的理论体系和共同信念的派别，所受到直接启发的竟是中国的儒家思想。魁奈生活的时代几与乾隆朝平行，他当时被追随者尊称为"欧洲的孔子"。他在儒家典籍中找到了强有力的攻击重商主义的思想武器，并把经济运作程序的构思从重商主义的模式中解放出来。他的弟子米拉波（1715—1789）认为，魁奈在政治经济学上的重要贡献之一，是"净产品"的概念，而这正是孔子关于道德教育普行于世的产物。1767 年他的《中国的专制政治》一书正式出版。他本人也在该书最后一章的导论中声明，此书只是"中国学说的系统说明，而中国的学说值得所有国家采用为楷模"。

法国重农学派的自然法则来源于儒家的道德意识，包括物质法则和精神法则两个方面。魁奈认为，由物质法则与精神法则合成的自然法则，在中国的学说中早就揭示过了。他所要做的，只是把中国学说中的这个意思加以系统地消化，以作为所有国家的典范。他明确提出，国家不可能在人民赤贫的情况下富强。他的一句名言是：要使国家富强，首先就得使农民富有起来。

重农主义的基本特征，是把社会的生产形式"看成社会的生理形式，即从生产本身的自然必然性产生的，不以意志、政策等等为转移的形式"②。魁奈通过来华耶稣会士的媒介，了解到中国农本主义的自然经济特征，并以中国作为证实"自然秩序"的最好例证。他在《自然法则》一书中把中国奉为按自然法则建立国家的圭臬。他说："自然法则是人类立法的基础和人类行为的最高准则……但所有的国家都忽视了这一点，只有中国是例外。"③

魁奈非常赞赏中国的重农主义和历代君主重视农业的传统，他曾鼓动法王路

①［法］杜尔哥著，唐日松译：《关于财富的形成和分配的考察》，华夏出版社 2007 年版，第 1 页。
②《马克思恩格斯全集》第 26 卷，人民出版社 1972 年版，第 15 页。
③［德］利奇温著，朱杰勤译：《十八世纪中国与欧洲文化的接触》，商务印书馆 1962 年版，第 96 页。

易十五仿效中国皇帝举行春耕“籍田”的仪式，以表示对中国重农传统的推崇。魁奈去世后，其学生在发表的悼词中，更把他的《经济图表》说成是孔子的“道德教训普行于世界”的一种实践。

杜尔哥早在就职于利摩日州州长时（1761—1774），就改革了行政区域内的丁税的征收方法，以货币缴税的方式代替了徭役的强迫劳动，在本州境内允许谷物自由流通，并建立了一种济贫制度。这种土地单一税政策的主张，正是出自中国古代的税制，特别是受《周礼》均田贡赋法的启示。他们认为数千年来中国政府之所以能使自己处于社会安定的局面中，其基本原则是劳动所得税和人头税的征收。在他们的想象中，中国人唯一的做法是向土地所有者的纯产品收入征税，以提供国家所需的赋税①。

18 世纪的法国启蒙思想家们的重要使命，除了对传统进行反叛消解外，更重要的就是要重新审视原有的文化，寻求新的文化路径。无论前者还是后者，都需要一个有别于传统自我的参照或“他者”，只有这样才能更好地认识自己。所以，当中国文化特别是儒家思想进入 18 世纪的法国时，便无意间成为其启蒙思想的一面镜子，一个“他者”。

启蒙思想家在对中国文化进行思考、阐述时，始终以自己的国情或需要为出发点，这就决定了他们在接纳这一文化的进程中，无一例外地表现出强烈的“为我所用”的实用主义取向。当启蒙思想家以这样一种亟思变革与急功近利的心态来阐释中国文化时，中国文化便有了被重新解释的可能。启蒙思想家所说的“中国文化”，特别是儒家思想的一些原理、原则，经过他们的“理解”和“解释”后，已然不再是中国的“重农主义”的本意了。

由一次入学考试的国文试卷带来的思索

中国的农本主义以商鞅变法中推行“利出一孔”的国家政策为滥觞，只允许

①《魁奈经济著作选集》，商务印书馆 1979 年版，第 412—414 页。

民众务农，不许从事其他的行业，诸如经商、当手工艺人，甚至于读书讲学者都被列入另册。不难发现，所谓“驱民归农”，其实质乃是“强国”“弱民”。中国历史上历朝历代的统治者越是“重农”，农民越是倒霉。把“上农除末”的调子唱得越高，越是持重农抑商、崇本抑末的主张，其结果就越是像晁错所说：“今法律贱商人，商人已富贵矣；尊农夫，农夫已贫贱矣。”于是农民成了“吏之所卑，法之所尊”，真所谓“上下相反，好恶乖迕”。

雍正帝曾宣称工商下贱，士人“不肖”，因此四民之中农民最贵。于是他创“老农总吏”之制，挑选模范“老农”授予八品顶戴。则“重农”的皇帝使政府强行干预起农户的经营来了，导致了严重的后果。粮食以外的作物尚且要禁，当然谈不上“保障财产权利和个人经济自由”。

结果哪有农民不倒霉的？农村破产是20世纪30年代中国思想界的另一大语境，在这种语境下“恨富怜贫”就成为时代的潮流。清华大学一次入学考试的国文试卷，很能说明这一潮流的普遍和深入程度：“本年清华大学入学试验，平沪两处参加的共2200多人。……这回的题目是《苦热》《晓行》《灯》《路》《夜》，考生只要选作一个，文言白话均可。但作文言的很少。五题中选《苦热》的似乎最多，其次是《夜》，又次是《晓行》；选《灯》《路》的最少。”这表明当时的青少年对于现实的主要观感是苦热和黑暗，而很少人能看到光明与出路。

再看作《苦热》这个题目的，北平考生“总是分两面立论：‘阔人虽也热得难受，但可以住洋房，用电扇，吃冰激凌，还可以上青岛、北戴河去。‘穷人’的热可‘苦’了，洋车夫在烈日炎炎的时候还得拉着车跑；跑得气喘汗流，坐车的还叫快走，于是乎倒地而死。”上海考生做这个题目，“也分阔人穷人两大段，但多说到洋车夫气喘汗流而止，不再说下去”。“做《夜》的也常有分阔人的夜与穷人的夜的；做《晓行》的……也常将农人的穷苦与苛捐杂税等发挥一番”。可见，有产阶级和无产阶级的观念，已经深入到大部分青少年的头脑中。①

朱自清在判完试卷以后感到，“这种恨富怜穷的思想，是这回南北试卷里的普遍思想。我不说根本思想，因为看出来这并不一定是考生诸君自己真正相信的思

① 摘引自张太原：《自由主义与马克思主义：〈独立评论〉对中国共产党的态度》，《历史研究》2002年第4期。

想。凡相信一件事，必知道得真，议论得切；但卷子里只是些人云亦云的门面话，像是哪儿捡来似的。”一考生注解说，“读诸杂志上谓时代渐趋于普罗文学，生遂追时代潮流”。“‘时代潮流’这一句话，我想可以说明这回卷子里大部分恨富怜穷的思想。我们知道这是近年来最流行的思想……，青年人不怕落伍？怕，便非追不可。”[①]作为生长在当时中国两个最繁华城市的中学生，竟也有这样的思想，或者没有这样的思想，为了怕落伍却不得不追随这种思想，足以说明一个时代的“主干思潮”。

中国以农立国，而搞好农业经济绝非一件容易的事。古代农家思想虽然主张君臣并耕，大家都要劳动生产，但对发展农业的技术问题，并未留下什么理论遗产。汉武帝以来。从中国官方思想孔子的言论中，也找不到农业经济思想和政策。充其量他说过“不患寡而患不均”等笼统的概念，这甚至于是一种“均贫（寡）”的消极性的观念。有人问过他农和圃的事，他回说，不如老农，不如老圃。他是谈治国平天下的人，怎么能谈这种事？因此，以礼貌而鄙视的态度，根本不予讨论。还是孟子讲过“五亩之宅，树之以桑”类似农业经济政策的话，其实完全不是改进农业的建议，只是粗枝大叶地提一下，目的是警告当权者不可采取杀鸡取卵、竭泽而渔的近利办法而已。

最后必须指出的是，以利用巫术祈禳为特征的中国农业社会意识，其暗藏的信仰缺失的隐患，终于在乾隆后期逐渐显现，加之西方列强的强力崛起，一场深重的社会危机正在无限迫近。

---

① 本段与上段所引皆出自朱自清：《高中毕业生国文程度一斑》，《独立评论》65 号（1933 年 8 月 27 日）。